기념의 역사에서 질문의 역사로

역순의 혁명

목소리 없는 자들의

홈리스 또는 세계의 상실

소리 목

빈자의 영역

부커진 R no.1.5, 2008

케어노동의 글로벌한 공급회로

'대항의 장'과 '재생산'의 보장

추방된 자들의 동맹

프랑스 폭동 어떻게 볼 것인가

성 프레카리오의 강림

반권력 리좀, 갖지 못한 자의 국제연대행동 모색

대중의 소수화

CONTENTS

부커진 R 1.5호 초판 1쇄 인쇄_2008년 3월 3일 / 초판 1쇄 발행_2008년 3월 10일

편집인 _ 고병권 / 편집위원 _ 고미숙, 이진경, 신지영, 조성천, 현민, 황희선
펴낸이 _ 유재건 / 주간 _ 김현경 / 책임편집 _ 진승우, 홍원기 / 편집 _ 박순기, 주승일, 박재은, 강혜진, 임유진
마케팅 _ 이경훈, 이은정, 정승연 / 영업관리 _ 노수준 / 경영지원 _ 양수연 / 유통지원 _ 고균석
펴낸곳 _ 도서출판 그린비 / 등록번호 제10-425호 / 주소 _ 서울시 마포구 동교동 201-18 달리빌딩 2층
전화 _ 702-2717 / 팩스 _ 703-0272 / E-mail _ editor@greenbee.co.kr

ISBN 978-89-7682-708-1 04300 / 978-89-7682-979-5(세트)
이 도서의 국립중앙도서관 출판시도서목록(CIP)은 e-CIP 홈페이지(http://www.nl.go.kr/cip.php)에서
이용하실 수 있습니다. (CIP제어번호:CIP2008000715)

발간사

목소리
없는
자들의
목소리

고병권

1.

지난 겨울 어느 다큐멘터리 감독을 만났다. 몇 해 전까지 그는 평범한 노동자였다. 회사 사정으로 실직한 후 카메라를 잡았다. 이유는 간단했다. "보이지 않는 것을 보여 주어야 합니다. 보여 주지 않은 것을 보이게 해야 합니다." 나는 그 말에 크게 공감했다. 그가 감추어진 진실을 믿는 리얼리스트인지, 비현실적인 것의 현실성을 믿는 초현실주의자인지는 중요치 않다. 내가 그 말에 공감했던 이유는 지금 한국 사회에서 '가시적인 것' the visible 의 구성, 더 나아가 '현실적인 것' the real 의 구성이 매우 중요한 정치적 문제가 되었기 때문이다.

하나 떠오르는 기억이 있다. 작년에 한미자유무역협정 협상에 반대하는 어느 집회에 참석하려고 시내에 나간 일이 있었다. 그런데 집회 장소를 찾는 게 쉽지 않았다. 삼보일배의 평화시위를 한다는 말을 들었는데 경찰 쪽에서 집회 허가를 내주지 않았던 모양이다. 주변을 돌아다니며 집회 장소를 찾고 있었는데 마침 근처에 전경버스 몇 대가 줄지어 있었다. 몸을 통과시키기는 커녕 안을 들여다볼 수도 없을 정도로, 버스들이 하나의 몸체인 양 딱 붙어 있었다. 거기가 바로 집회 장소였다. 어찌하여 안으로 들어가 보니 바깥과는 완전 딴 세상이었다. 바깥에는 시민들이 지나다니고 음악이 넘쳤다. 그런데 안쪽에서는 수백 명의 경찰이 백여 명 되는 사람들을 완전히 에워싸고 있었다.

부분적으로 몸싸움도 격렬했다.

'시위'란 말 그대로 '보여 주는' 것이다. 그러나 시위대가 소리를 내고 격렬하게 몸을 움직여도, 그들의 목소리와 몸짓은 불과 십여 미터 옆을 지나가는 사람들에게도 전달되지 않았다. 그때 그런 생각이 들었다. 고래고래 소리 질러도 들리지 않은 목소리, 온몸을 흔들어도 보이지 않는 몸짓. 그들은 존재하고 있었지만 존재하지 않는 것과 마찬가지였다. 경찰은 그들을 바깥에서 보이지 않게 안으로 싸 넣었고, 아무도 없는 바다에 내던져진 난민들처럼 그들은 살려 달라고 소리 지르고 있었다. 그 망망대해가 서울 시내 한복판이었고, 그 난민들이 바로 이 나라 시민들이었다.

이른바 문제집단을 비가시화하고 그들의 현실성을 박탈하는 것은 한국 사회에서 꽤 오래된 통제기술 가운데 하나이다. 노숙인, 노점상, 도시빈민들에 대한 해법은 군사정부 시절이나 현정부에서나 똑같다. 권력의 관심사는 그들을 양산하는 체제도, 그들의 처참한 삶도 아니다. 오로지 그들을 비가시화하고 그들의 실존을 무시하는 것이 사실상 유일한 해법이다. 그들은 어디론가 추방되고 감금되고 봉쇄된다.

권력의 이런 통제기술은 오늘날 훨씬 세련되고 전면화되었다. 물리적 추방이 결코 줄어들었다고 말할 수는 없지만, 그보다 심각한 것은 인식적 추방과 방치이다. 군사정부의 폭력은 물리적 공간에서는 문제집단들을 몰아낼 수 있었을지 몰라도, 인식의 영역에서는 그들의 존재를 더 부각시켰다. 그러나 오늘날의 권력은 추방된 자들을 인식장벽 바깥으로 추방한다. 그러기에 장벽 안에 있는 사람들은 바깥으로 추방된 사람들을 이해하기 어렵다. 보도를 통제해서도 아니고 물리적 위협을 가해서도 아니다. 안에 있는 자들에게 바깥에 있는 자들은 보이지도 않을 뿐 아니라, 간혹 보일 때조차 이해할 수 없는 난동자들인 경우가 대부분이다.

전체 인구를 하나의 국민으로 동원하는 양상이나 의미는 이전과 많이 달라진 것 같다. 우리가 신자유주의하에서 목격하는 것은 기업 및 국가의 경쟁력 강화라는 명목 아래 이루어지는 국민의 분할과 배제 메커니즘이다. 양극화는 과거의 통합적 국민의 이데올로기가 작동하는 데 현실적 한계가 되고 있다. 물론 그렇다고 해서 과거의 국민 만들기 프로젝트가 멈춘 것은 아니다.

국가권력은 여전히 자신의 인구를 훌륭한 국민으로 만드는 것에 큰 관심을 갖고 있다. 하지만 그것은 훌륭한 국민이 아닌 자들, 그것이 될 수 없는 자들, 경쟁력을 저해하는 자들의 현실성을 박탈함으로써, 그들을 일종의 유령으로 만듦으로써 가능해진다. 푸코의 말처럼 인구를 살리는 데 관심이 많은 근대의 생체권력은 인구의 건강에 저해된다고 판단되는 일부 집단에게는 한없이 잔혹한 권력이기도 하다.

온몸으로 울부짖어도 그 몸짓과 소리가 보이지도 들리지도 않는 사람들이 있다. 지금 우리사회에서 그들 존재가 현실성을 가질 때는 대개 그들이 더 이상 존재하지 않게 되었을 때이다. 가령 미등록 이주노동자들을 보자. 법무부가 작년에 조합 간부들을 전국적으로 잡아들여 강제추방한 사건을 알고 있는 이가 얼마나 될까. 고등법원에서 이주노동조합의 합법성을 인정했고 대법원의 판결을 앞둔 시점에, 이주노동자들의 조합을 결성한 주요 운동가들을 불법체류자라는 명목으로 일제 단속하여 추방해 버렸다.

그럼 언제 미등록 이주노동자들은 시민들 앞에 모습을 드러내는가. 작년 여수 외국인보호소 화재 사건 때, 그리고 몇 달 전 여주공장 화재 사건 때 그들은 죽은 모습으로 등장했다. 우리 사회는 그들이 어떻게 사는지, 어떻게 운동하는지에는 관심이 없고, 단지 그들이 죽었다는 사실에만 관심을 갖는다. 어디 이주노동자만 그런가. 농민이든 비정규노동자든 삶의 끝자락에 매달려 생과 사가 뒤바뀌는 순간, 잠시 여론의 눈길을 끌 뿐이다.

이제 투쟁은 점차 존재하기 위한 투쟁이 되어 가고 있다. 대중들의 정치 성향이 문제가 아니라, 그들의 존재 자체가 정치 문제가 되어 버렸다. 길거리에서 기어 다님으로써 자기 존재의 탈은폐를 가장 정치적인 투쟁으로 만들었던 중증장애인들처럼, 자기 존재를 가시화하는 투쟁이 무엇보다 대중들의 일차적인 투쟁이 되고 있다.

작년 가을 비정규보호법이 노사정위원회에서 논의될 때 포스콤과 이랜드, 기륭전자의 노동자들이 회의장에 뛰어들었다. 당시 언론의 표현을 빌리자면 '난입'을 한 것이다. 그들의 주장은 단 하나였다. 비정규노동자들의 문제를 다루면서 왜 비정규노동자들의 목소리를 들으려 하지 않는가. 바로 목소리가 박탈되었던 사람들의 목소리였다. 합의^{consensus}의 정치가 횡행하는 시

대, 저 신자유주의의 상징 '워싱턴 컨센서스'에서부터 노사정의 합작품 '비
정규보호법'에 이르기까지 '합의'를 통해 '명령'이 이루어지는 시대, 랑시에
르의 말처럼 이견dissensus의 투쟁, 이견의 정치가 구성되어야 하는 것 아닌가 싶
다. 이제 목소리 없는 자들의 목소리를 귀 없는 자들의 귀에 대고 고막이 뚫
릴 만큼 질러 댈 때이다. '난입'이 그 어느 때보다 중요한 정치적 실천이다.

2.

『R』1.5호는 『R』1호의 문제의식을 이어 '대중들의 소수화' 문제를 다룬다.
대부분의 글이 우리가 관심을 갖고 지켜보는 외국의 잡지에 실린 글들이다.
이번 호의 글들은 특히 '연구공간 수유+너머'의 모임인 '일본잡지읽기' 세
미나팀에서 기본 골격을 잡아주었고, '불어공부모임'이 일부 참여했다. 그래
서 일본에서 발행되는 『현대사상』과 『임팩션』, 프랑스에서 발행되는 『멀티튜
드』의 좋은 글을 실을 수 있었다. 『R』의 편집진은 앞으로도 잡지들 간의 지구
적 소통을 강화할 생각이다. 잡지들 간의 소통이 잡지들 간의 공동전선이 될
것이다. 앞으로 『R』의 문제의식을 전하는 데 필요한 경우 '.5'의 형식으로 특
별호도 발행할 생각이다.

　『R』은 답을 발견하는 것보다 질문을 발명하는 것이 더 시급하고 중요하
다고 생각한다. 지난 시절 우리의 이론과 실천을 지배해 왔던 질문들을 바꾸
어야 한다. '87년 항쟁' 20주년을 기념하는 자리에서 이진경이 발표한 글을
이번 호의 시작글로 삼은 이유가 여기에 있다. 그가 주장하듯이 87년 이후 한
국 사상의 변천은 사실상 질문들의 역사였다. 역사history를 돌아본다는 것은 과
거를 하나의 스토리story에 꿰맞추는 일이 아니라, 어떤 것으로도 환원될 수 없
는 각 질문들의 특이성을 연속적으로 체험하는 일이다. 과거를 추억하는 것
도, 회한에 잡혀 그 일의 완성에 매달리는 것도 과거를 기념하는 일이 될 수
없다. 니체의 말처럼 위대한 자는 과거의 위대함에 못지않은 위대함을 창조
함으로써만 과거의 위대함을 기념한다. 전선의 이동, 질문의 이동을 자각하
지 못하면, 선 채로 보수파가 된 진보파나 낡은 것을 새 것으로 발견하는 뉴라
이트처럼 역사적 희극의 주인공이 될 수 있다.

　좌파와 우파가 선진국에 대한 꿈을 두고 다투는 우리 시대는 길게는 백

여 년 전 개화기와 동시대이며, 짧게는 삼사십여 년 전의 새마을운동과 동시대이다. 이제는 이런 근대화와 발전주의의 꿈에서 깨어나야 할 것이다. 특히 좋은 국가, 일류 국가의 꿈은 빨리 거두어들이는 것이 바람직하다. 오히려 이번 호의 그로스포구엘이 언급하듯이 '탈식민주의 시대', 새로운 지구적 식민성의 고리가 된 국가주의를 경계해야 한다. 자주적 민족국가의 수립으로 탈식민주의 시대가 시작되었다고는 하지만 식민성 문제가 사라진 것은 아니다. 다만 식민성의 양상과 의미가 크게 달라졌을 뿐이다.

탈식민주의 시대라 불리는 오늘날, 우리는 과거 제국주의국가와 식민지국가 각각 내부에서 새롭게 생겨난 식민성의 문제를 마주하고 있다. 가령 프랑스의 방리유 사태나 미국의 미등록 이주노동자들의 투쟁에서 우리는 엄연한 탈식민화운동을 목격한다. 방리유 사태 당시 "우리는 공화국의 원주민이다"라는 선언이 울려 퍼진 것은 매우 시사적이다. 과거 식민지였던 한국 사회에서도 이주노동자들을 비롯해서 사실상 비국민 대우를 받고 있는 이들의 탈식민운동이 한창이다.

식민주의로 고통받던 한국 같은 나라에서 사람들은 좀처럼 자기 안에 새로운 식민주의가 작동한다는 사실을 인정하려 하지 않는다. 이제 한국 사회에서 탈식민화 과제의 성격은 크게 변화했다. 아직도 분단체제의 극복과 함께 완전한 자주적 민족국가 수립을 탈식민화의 지상명령으로 생각하는 사람들, 탈식민주의운동을 민족주의운동과 동일시해 온 사람들은 지금의 상황을 이해하지 못할 것이다. 지금 한국 사회의 탈식민화운동은 무엇보다 탈민족주의, 탈국민주의운동이 되어야 한다.

이번 호의 여러 글들에서 확인할 수 있는 것처럼 부와 권력의 영역에서 추방된 대중들이 형성하는 지대는 더 넓고 두터워지고 있다. 지역과 인종에 대한 차별은 계급과 성, 종교적 차별과 점차 수렴하고 있다. 온갖 이유로 경계를 넘어온 자들, 온갖 이유로 경계로 추방된 자들이 서로 섞이고 있다. 외부에서 밀려온 자들과 내부에서 밀려난 자들은, 니시자와의 표현을 빌리자면, 곳곳에서 '빈자의 영역'을 형성한다. 니시자와의 말처럼 이 영역에서는 국민화와 비국민화가 동시에 진행된다. 이곳 사람들은 한편으로 비국민화의 공포에 시달리며, 다른 한편으로 국민으로부터 탈주를 감행한다.

물론 우리가 자기 정부를 잃은 자들, 자기 직장을 잃은 자들, 자기 집을 잃은 자들을 대단한 투사처럼 그리는 것은 잘못일 것이다. 대중의 적극적 탈주는 이 불안정한 지대에서 생겨날 수 있는 하나의 방향, 그것도 매우 가능성이 적은 방향이다. 아마도 이 지대의 대부분의 사람들은 니시자와의 말처럼 "비국민적임을 부인함으로써 스스로 국민임을 입증하려 할 것이다". 한마디로 그들은 살기 위해서도 국가권력과 자본에 더 매달릴 것이다.

하지만 중요한 것은 대중들의 방향을 점치는 데 있지 않다. 정작 중요한 것은 우리가 어느 방향으로 나아갈 것인가이다. 이번 호에 글을 실은 많은 필자들이 공감하듯이, 사적인 울타리를 걷어 내고 서로 소통하는 것, 국가적 공공성이 아닌 대안적 공공성, 사회적 공공성을 구축하는 것이 무엇보다 중요하다. 삶의 불안정이 확대될수록 보장된 일자리와 보험상품이 눈에 먼저 들겠지만, 오히려 이런 때일수록 우리가 원하는 삶의 형태에 대해 물어야 한다.

랏차라토가 지적하듯, 안정된 삶은 중요하지만 그것이 무엇을 위해 중요한가를 알아야 한다. 우리가 원하는 삶의 형태는 무엇인가. 우리에게 필요한 것은 무엇보다도 다양한 삶의 생산과 소통, 그리고 협력이다. 국가와 기업에 대한 의존을 키우는 방식으로 삶의 안정성을 높이는 것은 더 큰 불안을 잠재화하는 일이다. 국가의 복지정책, 기업의 임금 및 고용정책을 무시하라는 말이 아니다. 국가와 자본과 싸우면서 만들어 가는 삶이 국가와 자본에 대한 의존을 더욱 키우는 것이어서는 안 된다는 말을 하려는 것이다.

새로운 협력적 삶의 형태를 창조해 내는 것이 정말로 중요하다. 그러나 그레이버가 잘 지적했듯이 "상황은 스스로 생겨나지 않는다! 여기에는 정말 엄청난 양의 작업이 필요하다". 이 점에서 우리는 혁명의 오래된 순서를 재검토해 볼 필요가 있다. 그것은 가두투쟁으로 시작해서 봉기로 이어지고, 봉기가 성공하면 축제를 벌이고, 축제가 끝나면 혁명 시대에 어울리는 새로운 제도와 의사결정 과정을 만들어내며, 최종적으로는 새로운 혁명적 일상을 발명한다. 이것이 혁명의 전통적 순서이다. 물론 현실에서는 그 끝이 대개 관료제에 의한 대중의 장악이지만.

그레이버는 직접행동에 대한 자신의 참여 경험과 페미니즘에 대한 고찰을 통해, 혁명의 순서를 역전시키는 것이 중요하다고 말한다. 이 인류학자가 관찰한 바에 따르면 직접행동의 참여자들은 대체로 일상을 새롭게 발명하는 것에서 시작한다. 그리고 그들은 협의회, 회의, 의사결정의 '과정'을 끊임없이 손질한다. 그리고 이렇게 손질된 과정을 거리행동과 대중 페스티발을 계획하는 데 이용한다. 거리행동은 결과적으로 국가의 대리자들인 무장경찰과의 대립을 낳기도 한다. 이런 대립이 혁명적 봉기로 발전했으면 하는 소망을 가진 사람들도 있긴 하지만, 어떻든 이들은 그런 일이 일어난다 해도 그것으로 현실이 극복된다고 생각지는 않는다. 그런 봉기는 대안을 창조하는 지속적 '과정'의 일시적 국면일 뿐이다.

국가와 시장을 장악하고 억압과 소외를 일거에 날려버릴 혁명의 한탕을 꿈꾸는 사람들의 눈에는 이런 생각이 지나친 패배주의로 보일 수도 있고, 소소한 일상에 매몰되는 것으로 보일 수도 있을 것이다. 그러나 국가와 시장에 덜 의존하게 되는 삶의 형태를 계속해서 실험하고, 대중의 자유로운 소통의 형식을 발명하려고 노력하는 '과정' 속에서 우리는 매번 소외의 극복, 즉 자유를 경험할 수 있다. 혁명 이후에야 혁명적 삶을 살 수 있다는 말은 틀렸다. 혁명적 삶이란 그것을 실험하고 생산하는 과정 속에서 우리가 매번 경험하는 것이다.

3.

끝으로 독자들에게 준비 중인 부커진 『R』에 대해 짧게 말씀드리고 싶다. 『R』 2호는 '한국 사회의 성격'을 주제로 지금 여러 필자들이 글을 준비하고 있다. 아마도 올봄이 가기 전에 선보이게 될 것 같다. 『R』 1호가 작년 봄에 나왔으니 거의 1년이 되는 셈이다. 시간과 영역에 구애받을 생각은 애초부터 없었지만, 앞으로는 조금 더 신속하고 조금 더 횡단적인 『R』이 되도록 노력할 것이다. 우리는 『R』이 언제나, 그리고 어디서나 시작될 수 있음을 믿는다.

『R』 1.5의 편집자 한 사람,
고병권 쓰다

R no.1.5

#1

질문 ___ 전선에___대한___질문

지난 시절 우리의 이론과 실천을 지배해 왔던 질문들을 바꿔야 한다. 역사를 돌아본다는 것은 과거를 하나의 스토리에 꿰맞추는 일이 아니라, 어떤 것으로도 환원될 수 없는 각 질문들의 특이성을 연속적으로 체험하는 일이다. 과거를 추억하는 것도 회한에 잡혀 그 일의 완성에 매달리는 것도 과거를 기념하는 일이 될 수 없다. 전선의 이동, 질문의 이동을 자각하지 못하면, 선 체로 보수파가 된 진보파나 낡은 것을 새 것으로 발견하는 뉴라이트처럼 역사적 희극의 주인공이 될 수 있다. ──라뮌 그로스구겔, 멀티튜드 (26호), 2007. 9.

기념의 역사에서 질문의 역사로 ── 87년 이후 한국 사회와 사상의 변화 ──── 이진경

역순의 혁명 ── 촛불 폭력의 정치적 조재론과 상상력의 정치적 조재론 사이의 갈등에 대하여 ──── 데이바드 그레이버

횡단근대성, 경계적 사유, 전지구적 식민성 ── 전지구적 자본주의를 재성의 할때, 인식론적 타자성이 갖는 힘의 ──── 마우리치오 랏자라또, 멀티튜드 (8호), 2002. 4.

보정소득 ── 다중을 위한 정치

기념의 역사에서 질문의 역사로

87년 이후 한국 사회와 사상의 변화

이진경

1. 기념의 역사, 질문의 역사

우리는 지금 87년 6월 항쟁을 기념하며 지난 20년의 지나간 역사에 대해 묻고 있다. 무엇을 묻고 있는가? 지난 20년간 한국 사회의 변화에 하나의 문턱이 되었던 87년 6월 항쟁의 의의에 대해, 그 항쟁으로 인해 얻은 것과 얻지 못한 것에 대해, 그리고 그 이후 사회의 변화 양상에 대해 묻고 있는 것처럼 보인다. 어떻게 묻고 있는가? 지금 자신의 입장에서 그동안 확보해야 한다고 생각하지만 확보하지 못한 것을, 혹은 다행히도 확보한 것을 문턱이 된 과거에 귀속시키는 방식으로 묻고 있는 것처럼 보인다. 하지만 이렇게 묻는다면, 우리는 이미 갖고 있는 것을 더 갖기 위해 묻게 되는 것은 아닐까?

사실 역사적 기념의 형식으로 무언가의 '의의'를 묻는다는 것은 이렇게 되기 십상이다. 어떤 사건에 대해 역사 안에 확고한 하나의 자리를 부여하고, 이후의 사건들에 대해 그것과 계열화하는 것, 이것이 아마도 하나의 사건에 대해 역사적 의의를 묻는 통상적인 방법일 것이다. 이 경우 질문은 이미 대답을 포함한다. 질문에는 언제나 이미 반쯤은 대답이 포함되어 있기 때문이다. 그 사건에 할당된 역사적 자리, 그것은 이미 그것과 연결되는 모든 사건들의 의미를 이미 규정하고 있다. 그리고 대답을 얻으려는 사람들은 흔히 그것에 이미 만족한다. 그것이 얻으려는 것이었기 때문이다.

87년 6월 항쟁이라는 역사적 사건을 통해 설정된 지난 20년이란 기간은 그 사건을 통해 이미 '해석의 지평'이 만들어진 기간이고, 그 지평을 통해 다듬어진 시간이며, 그리하여 그 안에 발생하는 사건들이 대개는 그 중심적 사건으로 수렴하게 마련인 시간이다. 그러나 정말 그 20년이 6월 항쟁으로 귀속되는 시간이었을까? 그 20년간의 사건들이 어떤 식으로든 그 사건과 계열화될 수밖에 없는 것이었을까? 차라리 그렇게 제시된 생각들에 대해 질문해야 하지 않을까?

87년 6월 항쟁 이후 20년간의 사회·사상적 변화에 대해 논의하자는 제안에 대해 나는 그것을 질문의 역사로서 검토하자고 말하고 싶다. 운동의 관점, 아니 좀더 넓게 말해 실천의 관점에서 접근하려는 사람에게 질문이란 사건과 사유가 만나는 접점이고, 사회와 운동이, 사태와 실천이 만나는 교차점이기 때문이다. 이 질문의 역사를 통해 우리는 무엇이 어떻게 사유되었나를, 아니 사유되어야 하는가를 사유할 수 있을 것이다. 비록 그 질문들이 당시에는 알아채기 어려운 것이었지만, 그래서 사태가 좀더 진행된 연후에야 비로소 명료하게 된 것이었다고 해도 말이다. 이럼으로써 우리는 다시금 사회와 운동이 우리에게 던지는 무엇을 대답으로 받아들이고 '따라가며' 사유하기보다는, 그것을 질문으로 받아들이고 그것과 '대결하며' 사유할 수 있으리라고 믿는다.

2. 혁 명 적 실 천 은 어 떻 게 시 작 하 는 가 ?

87년은 두 개의 사건에 의해 과잉결정되었다고 할 수 있지 않을까? 하나는 80년 광주항쟁이다. 그것은 6월 항쟁으로 치명상을 입게 되는 군사정권의 행로를 처음부터 결정지은 사건이었고, 그 정권과 대결하는 운동으로 하여금 혁명적 강밀도를 가질 것을 요구했던 사건이었다. 혁명적 봉기, 군사적 폭력과의 대결, 해방구적 상황, 그리고 거대한 패배, 80년 광주항쟁 이후 운동은 좋든 싫든 이 모든 것을 감당할 수 있었어야 했다. 좋든 싫든 이 모든 것을 감당하고자 하지 않고선 어떤 혁명도 불가능하다는 것을 가시적으로 확인해야 했다. 그렇다면 이 모두를 어떻게 감당할 것인가? ─ 그것은 이렇게 묻고 있던 게 아닐까?

다른 하나는 멀리 70년의 전태일 분신이었다. 그것은 한국에서 노동자의 삶에 대해 생각하지 않고는 어떠한 운동도 삶의 진실성을 담보할 수 없음을 보여 주었고, 그리하여 삶에 진지하거나 운동에 진지한 사람이라면 누구든 노동자에 대해, 노동운동에 대해 눈을 돌리지 않을 수 없게 만든 사건이었다. 오랜 잠행의 시간이 있었다. 하지만 그것은 혁명에 관해 질문하기보다는 삶에 대해, 노동에 대해, 노동자와 민중들에 대해 질문하게 만들었다고 해야 할 것이다. 진실한 삶이란 대체 어떤 것인가?

아마도 85년 대우어패럴 노조 연대파업과 서노련·인노련의 창립은 이 두 가지 사건의 효과가 응집되며 만들어 낸 사건이었다고 해야 하지 않을까? 노동조합을 넘어서는, 혁명을 꿈꾸는 노동자와 지식인의 연대, 그리고 군사정권의 폭력과 대결하며 존속할 수 있는 조직, 그리고 '부분 운동'을 넘어서 '전체 운동'을 자신의 과제로 삼는 운동. 물론 알다시피 서노련과 인노련은 이러한 질문에 대한 답이 되지 못했다. 그러나 자신이 직접 던진 것이든 아니든, 그들을 통해, 그 사건을 통해 우리가 이러한 질문을 자신의 질문으로 삼게 된 것을 누가 부정할 수 있을까? 노동자계급이 주도하는 사회주의혁명, 그것을 위한 직업적 혁명가의 조직, 아마도 이것이 그 질문을 통해 얻어 낸 대답이었을 것이다. 물론 그것은 종종 비판하기도 하듯이, 질문을 통해 사유된 것이라기보다는 이미 만들어진 형태로 '수입'된 대답인지도 모른다. 적어도 대답이 너무 빠르고 너무 쉽게 도출되었다는 것은 부정하기 어려울 것 같다. 그러나 그것을 '사유 없이 도입된 혁명'이라고 말할 수 있을까? 단순히 배우고 논문을 쓰는 데 원용되는 이론 아닌, 목숨을 걸어야 하는 실천의 이론이 '사유 없이' 도입되는 게 과연 가능할까? 비록 그 사유가 결코 충분하다고 할 수는 없었음이 사실이었다고 해도 말이다.

우연이었을까? 동형적인 이론적 배치가 출현한다. 종속이론이나 세계체제론 등 후진국이라는 특수성을 고려한 이론들에 대비하여, 노동자계급의 사상으로서 맑스주의이론의 보편성을 계급분화 양상을 통해 논증하고 이론적 수용에서 '사상적 원칙'을 수립할 것을 요구한 논문이 제출되면서, 다기한 이론들 사이에 배제와 선별의 선이 그어지기 시작한다. 그리고 혁명적 실천을 위한 혁명적 이론, 혁명전략을 고민하기 위한 이론적 연구가 아카데믹한 공간에서 벗어나 운동의 장을 형성하는 중요한 요소로 자리잡게 된다.

'사회구성체 논쟁'은 이러한 조건 속에서 이해되어야 한다. 그것은 한국 사회가 어떤 사회인가에 대한 대답의 시도이기 이전에, 맑스-레닌주의적 지반 위에서 혁명의 대상과 주체에 대한 질문이었고, 그 주체들을 하나의 대열로 결집하기 위해 필요한 과제에 대한 질문이었다. 그렇기에 대답은 그토록 많이들 달랐지만, 그 모두가 질문을 공유함으로써 형성되었던 하나의 이론적 장 안에 함께 있을 수 있었던 것일 게다.

87년 6월 항쟁은, 물론 그 직접적인 불씨는 고문치사 사건과 호헌선언이었지만, 그것은 점점 가속화되며 진행되던 이러한 사건들이 하나로 응축되며 폭발하게 한 하나의 계기였다고 해야 옳을 것이다.

3. 정 치 의 새 로 운 공 간

87년 항쟁의 직접적 결과물은 정치의 새로운 공간이 만들어졌다는 것이다. 야당은 물론 운동권의 정치적 활동을 가능하게 하는 합법적 정치 공간이 만들어졌다. 합법정당을 창당하고, 대통령 후보를 내서 공개적인 정치적 장에서 선전활동을 했던 것만을 말하는 것은 아니다. 다양한 종류의 운동단체들이 합법적인 조직으로 활동할 수 있게 되었고, 노동조합의 활동 역시 합법성의 폭이 확대되었다.

어느 정도 시차를 두기는 하지만 그람시의 이론을 비롯해 시민사회와 시민운동의 의의를 강조하는 이론들이 조명을 받게 되고, 그러한 관점에서 한국의 민주주의 내지 한국의 정치 공간을 분석하려는 시도들이 등장하게 되는 것은 이러한 조건의 산물일 것이다. 그것은 그렇게 획득한 것이 어떤 의미가 있는가를 개념적으로 확인하는 것이란 점에서, 6월 항쟁이라는 사건의 결과물에서 직접적으로 이어지는 이론적 대답이었던 셈이다. 그것은 새로이 확장된 공간에 대한 사유고, 그것을 이용하는 방법에 대한 사유며, 그것을 통해 얻을 수 있는 것에 대한 사유였다. 아마도 새로운 정치적 공간에 진출하여 그것을 이용해야 했던 한, 필연적으로 거쳐 가야 했고, 따라가야 했던 사유였을 것이다.

그러나 합법 공간에서의 정치는 합법 공간이 요구하는 규칙에 따라, 거기에 적합한 방식으로 행해진다. 가령 합법 공간을 가장 소극적으로 규정하여 합법적인 선전의 장으로 본다고 해도, 거기서 선전하기 위해선 막대한 비용을 요구할 뿐 아니라 다양한 진입장벽과 작동 방식으로 인해 항상-이미 부르주아지나 보수층에 유리하게 선규정된 게임의 규칙에 따라야 한다. 그게 아니라면 합법적 공간을 장악한 부르주아적 매체들과 대항해서 값은 싸지만 빈약한 선전물로 대결해야 하는데, 그것은 시작하면서부터 지는 게임일 게 분명했다. 그렇다면 합법 공간에서의 선전이 취하게 될 경로는 어느 정도 이미 결정된 것이라고 해야 하지 않을까? 그것이 다는 아니라고 해도, 그 경로에서 크게 이탈할 가능성은 처음부터 아주 적었다고 해야 하지 않을까? 맑스의 말을 빌려, "무엇을" 선전하는가보다 차라리 "어떻게" 선전하는가가 더 중요한 문제라고 한다면, 부르주아지와 대결하는 지점에서 "어떻게" 대결해야 하는가의 문제가 근본적인 지점에서 사유되어야 하는 것은 아닐까?

이는 선전만이 아니라 정치활동 자체에 대해서도 마찬가지일 것이다. 민중당을 비롯한 초기의 합법적 정당활동이나 대통령 선거 참여가, 그 성과가 없었다고는 하기 힘들지만, 합법적 공간에서 혁명은 그만두고라도 변혁의 가능성을 확신하게 하기에도 그 성과가 매우 적었음은 길게 말할 필요가 없을 것이다. 요컨대 합법적 정치 공간은 거기에 부합하는 정치활동의 '방식'에 따를 것을 요구하며, 그 방식은 물질적인 면에서나 정치적인 면에서의 기득권이 거대하다는 점을 그만두고라도 기존 정치인들이 훨씬 능숙한 방식이다. 그렇다면 그런 방식으로 싸워서 그들에게 과연 이길 수 있을까? 이길 수 없다면, 그것은 과연 혁명운동의 기회를 확장한 것이라고 할 수 있을까? 그람시의 용어로 말한다면, 부르주아지의 헤게모니에 대항해 합법적 정치 공간에서 벌이는 진지전이 과연 그들과 싸워 이기는 데 적합한 전술 형태일까? 그것은 이기기 위해선 부르주아지보다 좀더 부르주아적이 되어야 하고, 그렇지 않는다면 패배할 수밖에 없는 난점을 안고 있는 사태는 아니었을까? 그게 아니라면, 운동을 통해 확보한 합법적 공간을 포기하고 계속 지하로 달리는 노선을 고집해야 할까? 그거야말로 '좌익 소아병'이라고 비판받던 사람들의 오류를 답습하는 것은 아닌가?

아마도 합법적 공간과 합법적 활동의 관념을 바꾸지 않고는, 아니 합법과 비합법으로 정치적 공간을 사유하는 지반 자체를 바꾸지 않고는 이 난점을 벗어나기는 어려울 것이다. 이런 점에서 합법 공간의 확장은 보이는 것 이상으로 근본적인 사유를 요구하는 질문을 던지고 있던 것이 분명하다. 그것은 정치에 관한 기존의 관념에서 벗어나 새로운 방식으로 정치를 사유할 것을 요구하고 있었던 게 아닐까?

사실 이러한 질문은, 결코 근본적인 방식은 아니었지만, 많은 사람들이 피할 수 없었던 것으로 보인다. 그리고 그들은 묵시적으로, 그리고 편의적으로 나름의 대답을 한 것 같다. 가령 합법 공간을 적극적으로 받아들여 정치권에 들어가 활동하고자 하는 사람들의 대다수가 민중당이나 새로운 좌파가 아니라 기존 보수정당(심지어 한나라당!)을 선택함으로써, 합법적 공간이 요구하는 바에 충실히 따라갔다. 기존의 모든 비합법 지하조직을 합법화하고자 하면서 실질적으로는 해소의 길을 걸었던 한노당(준비위)의 시도는, 이런 난점에 대해 근본적으로 사유하기는커녕 사태를 통해 질문조차 하지 않은 채 합법정당이 전부라는 부르주아적 대답을 있는 그대로 받아들임으로써 결정적인 와해를 야기했던 극적인 사례였다. 그렇다면 합법적 정당을 단지 지하조직의 분견대로 간주하는 것이 이러한 난점을 피할 수 있을까?

어쨌건 이러한 질문과 근본적으로 대결하지 않는 한, 민주노동당이나 사회당이 앞서 말했던 난점을 넘어설 수 있을지는 의문이다. 유럽이나 일본의 사회당처럼 '성공'했던 경우에조차 게임의 규칙에서 벗어나지 못하는 한 부르주아적 정당의 하나가 되고 만다는 딜레마를 벗어나지 못했기 때문이다. 물론 그들이 정치 공간에 존재한다는 사실이 무의미하다는 게 결코 아님을 전제로 하는 말이지만 말이다.

사실 합법적 공간의 문제는 단지 정당정치만의 문제는 아니다. 노동운동이나 시민운동 또한 합법적 공간의 딜레마를 피할 수 없었던 것 같다. 가령 민주노총은 이와 다른 경로로 합법화가 갖는 난점을 다른 측면에서 잘 보여 준다. 알다시피 1999년까지 불법단체였던 민주노총은 김대중 정부 들어 합법화를 쟁취했고, 민주노조운동은 법적 지위를 확보하게 되었다. 나아가 민주노총은 노사정위원회라는 코포라티즘적 체제의 중심적 한 축이 됨에 따라 정부와 '사용자'의 파트너로서 지위를 얻었다. 그러나 합법적 공간에서의 지위가 확고해짐에 따라 민주노총은 앞서와 어느 정도 유사한 딜레마에 빠지게 된다. 즉 합법적 공간에서의 힘과 지위를 확보하기 위해선 합법 공간의 다른 두 축인 '사용자'와 '정부'의 협조자가 되어야 하는데, 그렇다고 그 협조자의 입장에서 벗어나려면 합법적 공간이 제공하는 대부분의 이점을 포기해야 한다는 것이다. 여기서도 합법적 공간은 그 공간이 요구하는 게임의 규칙, 게임의 방식을 제시하고 그에 따를 것을 요구하고 있는 것이다.

이러한 딜레마는 민주노총이 노사정위원회에 가입과 탈퇴를 반복하는 방식으로 드러난 바 있다. 이런 점에서 본다면 노동운동은 명료하다곤 할 수 없지만 이러한 상황이 던지는 질문을 어느 정도 감지하고 있는 것인지도 모른다. 그 질문과 대결하고 있다고 하긴 어렵다 해도 말이다. 이 질문과 대결하지 않고서 당면한 딜레마를 빠져나가기는 어려울 것이다. 그리고 그것은 아마도 합법적 활동의 개념을 바꾸는 것 이상으로, 민주노총이라는 조직의 형태 자체, 그리고 그것의 활동 방식 자체를, 아니 노동운동의 위상이나 의미 자체를 근본에서 다시 사유할 것을 요구하고 있는 게 아닐까?

시민운동의 경우에는 이런 동요가 별로 나타나지 않는 것 같다. 87년 이후 시민운동의 발전은 매우 급속하게 이루어졌고, 특히 '민주정부'나 '참여정부' 이후에는 시민운동이 정부의 정책이나 재벌의 활동 등에 대한 비판적 견제세력이 되었고, 비정부조직으로서 거버넌스의 한 요소로 확고하게 자리잡았으며, 그 결과 시민운동 단체는 '운동권'에서 정부나 정계로 진출하는 중요한 통로가 되었다. 총리나 장관은 물론 심지어 국정원 내부에까지 소위 '운동권' 인사들이 진출하게 되었다.

이와 나란히 시민운동은 '공익소송'처럼 법에 근거하여 정부나 재벌의 불법 행위를 따지고 비판 내지 '고발'하는 방식을 취하게 되었다. 혹은 문제가 많은 법에 대해 법의 정당성을 따지고 개정하려는 운동을 벌이기도 했지만, 그것 역시 헌법재판소의 판결이라는 또 다른 법적 소송에 기대는 방식으로 행해졌다. 이 모든 과정은 합법적 공간이 확대되고 법이 정권의 직접적 도구로부터 일정 정도 거리를 두게 되면서 가능했던 것이었지만, 거꾸로 그것은 시민운동이 법에 기초한 운동이지 그것을 전복하는 운동이기를 그쳤음을 뜻하는 것이었다.

이런 근본적 — 시민운동가들에 의해 통상 '비현실적'이라는 말과 동일시되는 — 문제와 다른 차원에서 좀더 현실적이고 심각한 문제는, 운동이 법을 기반으로 삼고 법적 고발의 형식을 반복하게 됨에 따라, 법적 판결을 최종적 판단으로 삼는 경향이 광범위하게 확산되게 되었다는 사실이다. 대통령 탄핵, 행정수도 이전, 국가보안법 개폐 등이 모두 헌법재판소의 판결로 귀착되었을 뿐 아니라, 이라크 파병

문제, 양심적 병역거부 문제 등 운동에 의해 해결되어야 할 사안이 거꾸로 법적 판결에 의해 운동 자체가 해소되는 것으로 귀결되었다. 이러한 양상의 가장 극적 형태는 새만금 사업에 대한 투쟁이었을 것이다. 오랜 기간을 많은 사람들이 혼신을 다해 싸웠고 그 성과 또한 환경과 생태 문제에 대한 국민적 인식을 전환시킬 정도로 성공적이었던 운동이, 대법원의 어이없는 판결 하나로 해소되고 중단되어 버렸던 것이다.

법이 운동의 상위에서 운동에 대해 판단하고 운동은 그것을 존중하고 그 판결에 따르는 현상, 이것만큼 합법적 운동의 아이러니를 잘 보여 주는 것은 없는 것 같다. 법관들은 고시 공부만으로 세상을 만났기에 법 바깥을 잘 모르는 사람들이지만, 좋든 싫든 법의 경계를 침범하고 위반하는 운동들을 통해 법 바깥을 고려하고 생각하게 되는 것인데, 운동은 역으로 법 안에 안주하게 됨에 따라 법적 통치의 게임이 현실이나 운동을 지배하게 되었다는 점에서, 법적 관점에서 보아도 사태는 매우 비관적인 결과로 귀결되고 있는 것 같다. 법정 드라마가 TV 시청자의 관심마저 끌게 되고, 모든 문제가 법적 소송의 문제, 유능한 변호사를 고용하는 문제로 귀착되는 미국의 상황이 이러한 사태의 멀지 않은 미래라고 하면 과장일까?

이런 점에서 시민운동은 합법적 공간이 제공하는 대답, 즉 합법적 공간을 최대한 이용하여 운동의 목표를 달성하고 시민의 정당한 권리를 확보한다는 대답에 충실했지만, 그것이 던지는 질문을 듣지 못했고 그것이 야기하는 딜레마조차 아직 보지 못하고 있는 것은 아닐까?

4. 사 회 주 의 의 붕 괴 이 후 좌 익 적 사 유 는 가 능 한 가 ?

운동과 사유의 지반을 가장 심층적인 층위에서 뒤흔들고 뒤바꿔 버린 사건은 87년 6월 항쟁과 전혀 다른 외부에서 왔다. 90~91년의 사회주의의 붕괴가 그것이다. 단절된 운동의 역사 속에서 사회주의 혁명을 꿈꾸며 레닌의 『무엇을 할 것인가?』를 읽고 전국적 전위정당의 건설을 시도하기 시작하던 바로 그 시기에, 마치 놀리기라도 하듯이 그 모든 꿈과 희망을 와해시키며 사회주의체제가 붕괴되었던 것이다.

이러한 사태에서도 스스로 던진 적이 없던 질문에 대한 확고한 대

답을 찾아내고 발빠르게 그 대답을 받아들이는 사람들이 있게 마련이
다. 그들에게 그것은 사회주의혁명의 불가능성, 혹은 맑스주의적 사
상의 무모성, 혹은 혁명의 꿈 자체의 불가능성을 뜻하는 것이었을 게
다. 자본주의가 문제가 많지만, 그래도 저 꼴 난 사회주의보다는 나으
며 그나마 덜 나쁜 체제라는 식의 생각, 혹은 자본주의의 문제를 사회
주의적 방식으로 해결하려고 했던 사회민주주의가 그나마 적절한 대
안이라는 생각이 거기 포함된 또 다른 대답이었을 것이다.

그러나 일전에 『맑스주의와 근대성』 서론에서 개인적인 상황과
체험의 형식으로 쓴 적이 있는 것이지만, 사회주의 붕괴는 무언가를
확고하고 확신하게 해 주는 대답이 아니라 여러 가지 근본적인 질문
들을 동시에 던지는 사건이었다.

다들 알다시피 한국에서 혁명운동 내지 변혁운동은 사회주의혁
명의 이념, 맑스주의라는 사상에 의해 시작된 게 아니었다. 그것은 이
념 아닌 삶의 문제였기에, 그래서 이념도 사상도 없이 운동했기에,
'자생성'과 '아마추어주의', '자족성' 등으로 비판되었던 것이 아닌
가? 삶 전체를 걸게 만들었던 현실과 사태가 달라지지 않았는데, 그 삶
을 걸고 가려던 길이 갑자기 끊어지고 깎아지른 절벽이 나타난 것이
다. 손쉬운 대답이나 발빠른 대안을 찾는 사람이라면 덜 나쁜 길을 찾
아갈 수 있겠지만, 미련하게 거기에 삶 전체를 걸었던 사람, 항상 근본
적으로 사유하려는 사람이라면 차라리 나아갈 수도 없고 돌아설 수도
없는 그 자리에 주저앉고 마는 것이 더 쉬웠을 것이다. 발빠른 변신을
시도한 사람들과 달리, '붕괴'에도 불구하고 지금까지 가던 길을 의연
히 계속하려는 사람들이 오히려 사태에 대해 좀더 진지했었다고 믿는
것은, 흔히들 말하는 것과 반대로 그들이 '이념에 집착'했기 때문이라
기보다는 삶에 진지했기 때문이라고 믿는 것은 이런 이유에서다.

그러나 맑스주의와 스탈린주의를 대비시키고, '진정한 사회주
의'와 '잘못된 사회주의'를 대비시키는 방식으로 이 사태가 해결될
수 있을 거라고 믿어도 좋을까? 스탈린에 의해 폐기된 사회주의이론
으로 회귀하는 것으로, 사회주의 없는 노동운동으로 우회하는 것으로
이 사태가 해결될 수 있을 거라고 믿을 수 있을까? 그것은 오히려 저
사태가 강력한 당혹의 힘으로 힘껏 던지고 있는 질문에 귀 막는 것은
아니었을까?

좋든 싫든 사회주의의 붕괴는 혁명이나 사회주의라는 이름으로

사유되던 삶의 문제, 새로운 삶의 방식의 문제가 근본에서 다시 사유되어야 하는 지점이었다. '사유되지 않은 채' 혹은 충분히 사유할 여지없이 받아들여야 했던 혁명이 근본적으로 다시 사유될 것을 요구하는 사태였다. "사회주의 붕괴 이후에 혁명이란 대체 무엇인가? 그것은 어떻게 가능한가?"

그것은 한편으론 맑스주의사상 자체에 대해 근본에서 다시 사유할 것을 요구하는 사태였다. 왜냐하면 사회주의혁명, 사회주의의 역사란 어떻게 말을 하더라도 맑스주의의 이름으로 진행되어 온 것인데, 맑스주의는 그 붕괴한 역사의 이유조차 이해할 수 없었기 때문이다. '돌아올 수 없는 다리'를 지났다는 사회주의가 어째서 붕괴했고 자본주의로 되돌아가고 있는 것인가? 대체 맑스주의는 자신의 이름과 결부된 이 역사를 어째서 이해할 수조차 없는가? 그것은 맑스주의 자체를 사유의 대상으로 삼아야 한다는 것을 뜻했다. 그렇다면 사회주의 붕괴 이후 맑스주의는 무엇이며 무엇이어야 하는가? 사회주의 붕괴 이후 자본주의의 극복을 위해 맑스주의자는 맑스주의에 대해 어떻게 사유해야 하는가? 자본주의와 사회주의, 공산주의의 선형적 배열을 넘어서, 역사철학적 종말/목적으로서 공산주의의 관념을 넘어서 자본주의와 다른 종류의 관계를 긍정적인 방식으로 구성하는 것, 그리하여 언젠가 다가올 미래의 형태로 현재로부터 분리되고 유예되는 공산주의가 아니라, 맑스 말대로 현재시제의 "현실적인 이행운동 그 자체"로서 코뮨주의를 다시 사유하는 것, 아마도 이런 과제가 이러한 질문들로부터 나온다고 해도 좋지 않을까? 코뮨적 관계, 코뮨적 구성체를 공산주의 내지 사회주의라는 이전의 개념으로부터 분리하여 다시 정의하고 다시 사유하는 것.

다른 한편, 그것은 자본주의와 외연을 달리하는 것으로서 '근대' 내지 '근대성'에 대해 다시 사유할 것을 요구하는 사태기도 했다. 왜냐하면 사회주의는 자본주의가 아님이 분명한데도, 자본주의와 마찬가지의 근대적 인간들, 근대적 통제체제, 근대적 관리체제들이 그대로, 혹은 좀더 거대하게 확대된 형태로 작동하고 있는 사회였기 때문이다. 그렇다면 자본주의로 환원될 수 없는 '근대성'이란 대체 무엇이며, 어떻게 작동하는가? 근대사회에 대한 푸코의 연구가 이 시기 맑스주의자에게 특별히 중요한 의미를 가질 수 있었다면, 그것은 이런 이유에서였을 것이다. 그리고 아마도 이런 문제의식이 한국 사회에서 근대성의 형성과 결부된 많은 연구들과 어떤 식으로든 결부되어 있었다고 말할 수 있지 않을까? 그렇다면 푸코의 그것을 포함하여, 이러한 연구들은 경제적 관점에 입각한 전통적인 사회구성체론과 다른 측면에서 '근대'라고 불리는 사회구성체에 대한 연구였다고 말해도 좋지 않을까?

이 두 가지 문제는 서로 상관적이며 서로를 규정한다. 한편으로 사회주의가 근대적이었다면, 그것을 방향 짓고 그것을 인도하던 이념인 맑스주의 역시 근대적이었을 것이라고 해야 하지 않을까? 그렇다면 맑스주의 안에서 근대적 요소들, 혹은 맑스주의의 근대적 지반은 대체 어떤 것이었던가? 그리고 그 근대적 지반을 넘어서는 사유는 어떤 방식으로 펼쳐질 수 있을 것인가? 전통적 맑스주의의 사상적 지반이었던 노동의 인간학 내지 휴머니즘, 그것의 경제학적 형태인 노동가치론, 계산 가능성의 사회적 전제로서 화폐적 형식, 그리고 생산성으로 생산력을 대체하고 그런 의미의 생산성 발전을 진보로 정의하는 공리주의적이고 개발주의적인 진보 관념, 그리고 생산의 사회화를 계산 능력의 사회화로 치환하고는 계산과 계획을 통해 정의되는 사회주의의 관념 등 모든 것들이 근본에서 다시 검토되어야 하는 게 아닐까?

다른 한편 맑스주의를 통해 근대성의 경계를 다시 사유하고 그것을 넘어서는 새로운 긍정적 관계를 구성하는 것, 근대적 삶의 방식, 근대적 주체 형태를 넘어선 새로운 삶의 방식, 새로운 주체 형태를 근대와의 대결 지점에서 사유하고 창안하는 것이 또 하나 모색되어야 할 과제가 아니었을까? 종종 포스트모더니즘의 그것으로 대체되어 이해되는 '근대의 종언' 내지 '탈근대사회'의 도래를 맑스주의적 관점에서 재정의하고, 그것을 통해 근대 이후 세계의 요소를 발견하고 확장하며 현재화하는 것이 필요한 게 아니었을까? 근대 내지 자본주의 안에 존재하는 그것의 외부들을 창안하고 구성하려는 시도로서 코뮨주의를 이런 맥락에서 이해하고 싶다.

이러한 질문들과 대결함으로써 우리는 사회주의 붕괴 이후에도 좌익적 사유가 가능하리라고 믿는다. 아니 이러한 대결을 통해 새로운 이론적 사유를 밀고 나갈 수 있다면, 사회주의 붕괴야말로 거꾸로 진정 좌익적 사유를 가능하게 하리라고 믿는다. 기성의 것들을 유지하고 보존하는 것으로서 보수주의와 반대로, 사회적 상황 내지 사태들과의 관계 속에서 이미 확보된 안정적 요소들에 대해서조차 전복의 힘을 작용시키는 것으로서 좌익적 사유를 정의한다면 말이다. 이전의 사회주의가 결코 사유되지 않은 혁명이 아니었다고 해도, 그것이 충분히 사유되지 않은 것은 사실이라고 할 때, 비로소 혁명에 대해 충분하게 사유하고 혁명을 향해 전위 ── '아방가르드'라는 의미에서 ── 적인 실험과 실천을 시작할 수 있게 되었다는 의미에서 말이다.

5. 문화주의의 시대?

사회주의 붕괴 이후 '문화'에 관한 관심이 부상하고, 문화이론이 이전의 '경제이론'을 대신할 듯한 이론적 구도가 만들어진 바 있다. 포스트모더니즘의 이론이 유행하기 시작했고, 더불어 라캉이나 푸코 등의 포스트구조주의이론이 읽히기 시작했으며, 그에 이어 페미니즘, 탈식민주의이론이 널리 영향력을 미치기 시작했다. 사회주의 붕괴 이후 최소한 외환위기 사태가 발생했던 1997년까지 이는 이론적 영역에서 지배적인 경향이었던 것으로 기억한다. 이는 사회주의의 붕괴에 따라 맑스주의의 영향력이 감소하고, 그 공백을 문화이론이 차지하게 되는 것으로 이해되면서, 많은 사람들이 '문화주의의 시대'가 시작된 거라고 간주했던 것 같다. 혹자는 긍정적으로, 혹자는 부정적 내지 냉소적으로.

　　일단 현상적인 측면에서 사태가 그러했다는 것은 분명했던 것 같다. 그리고 거기에 긍정적인 면이 있었음 또한 사실인 것 같다. '세상의 모든 것'에 대한 이론을 갖춘 통일적 세계관으로서의 맑스주의에 의해 다른 이론적 사유의 가능성이 닫혀 있던 상황이 해소되고, 전혀 다른 방식으로 세계를 보는 이론적 사유의 가능성이 열렸음을 뜻하는 것이기 때문이다.

　　반면 그러한 대립적 지점이 있었기 때문일 테지만, 그러한 사유의 개방은 자본주의 내지 근대에 대한 맑스적 사유 전체를 부정하는 것으로 간주되었다. 보드리야르나 리오타르가 프랑스 공산당을 왼쪽에서 비판하던 '좌파'였으며 그의 이론 역시 그런 좌익적 문제설정에서 시작된 것이었음은 잊혀진 채, 모든 '거대이론의 종말'이란 형태로 사소한 것에 집중하게 된 시대의 선언으로 읽히거나, 시뮬라시옹이라는 과잉실재의 세계에 대한 묘사를 통해 문화가 지배하게 된 시대에 대한 선언으로 읽혔던 게 아닐까? 매체나 문화의 강력한 힘에 도취된 '날라리' 이론. 이는 심지어 포스트모더니즘에 대해 비판적이었던 푸코에 대해서도 유사하게 적용되었던 것 같다. 자본주의와 친화성을 갖지만 그것으로 환원되지 않는 근대사회에 대한 근본적 비판은 잊혀진 채, 경제를 담론이 대신하고 국가권력을 미시권력이 대신하는 문화이론으로 간주되었던 게 아닐까?

명시적으로 맑스주의자임을 자처하며 68혁명을 이론화한 것으로 간주되는 들뢰즈·가타리의 이론 역시 마찬가지로 맑스주의에 반하는 날라리 문화이론의 하나로 간주되었던 것은, 이 시기 이론적 지형의 형상을 잘 보여 주는 사례일 것이다. 거기에는 이전의 맑스주의와 다른 모든 이론을 맑스주의에 반하는 이론으로, 그것을 대체하는 어떤 '대답'으로 간주하려는 의지가 일종의 헤게모니를 행사하고 있었던 셈이다. '문화이론' 내지 '문화주의'란 말이 이러한 의지와 나란히 가고 있었던 것은, 그것이 경제이론 내지 경제주의로 간주되었던 유물론과 대비되는 명칭이었다는 점에도 적지 않게 기인하는 듯하다. 새로운 형태의 페미니즘이나 탈식민주의이론 역시 이와 유사하게 어떤 근본적 질문보다는 이전의 이론을 대신할 대답으로 받아들여진 게 아니었을까? 그리고 그것은 어쩌면 프롤레타리아트 없는 운동의 가능성, 혁명 없는 운동의 불가피성을 뜻하는 것으로 받아들여진 것은 아니었을까?

1997년 이른바 IMF 사태가 또 하나의 변곡점으로 간주되었던 것은 정확하게 이런 이유에서였을 것이다. 왜냐하면 이러한 구도 속에서 그것은 잘나가던 '문화'의 화려함을 밀치고 '경제'가 다시 삶의 일차적 지점으로 되돌아오는 것을 뜻했기 때문이다. 가령 1998년 『진보평론』이 적어도 그 창간의 시점에서는 '신/구'를 가리지 않고 대부분의 맑스주의자들을 모을 수 있었던 것이나, 2003년 개최된 제1회 맑스코뮤날레가 백화점식 나열이란 비판을 들을 정도로 넓은 편폭의 대다수 맑스주의자들을 모을 수 있었던 것도 이와 무관하지 않을 것이다. 그러나 그렇다고 이전의 이론적 지형으로 돌아갈 수는 없었다. 맑스주의는 여전히 이전과 같은 헤게모니를 얻을 수 없었고, '정통'이란 이름의 분할과 배제의 이론적 메커니즘 역시 되살아날 수 없었다. '문화이론'이란 이름의 이론들 또한 앞선 시기와 같은 주도권을 유지할 순 없었지만, 그것은 그 나름대로 확보한 영향력을 유지할 수는 있었다. 어느 하나가 헤게모니를 확보하지 못한 채 대립의 강도가 완화되며 만들어진 이 거리 속에서 경제주의와 문화주의, 맑스주의와 '문화이론'을 가르던 경계는 와해되었고, 새로운 이론적 사유의 공간이 만들어진 게 아니었을까? 이론이 대답 아닌 질문으로 이해되기 시작한 게 아니었을까? 적어도 맑스주의 진영 안에서는 그랬던 것 같다. 비록 모두가 그랬다고는 할 수 없다고 해도 말이다.

사회주의 붕괴 이후의 혁명에 대해, 혹은 사회주의 붕괴 이후의 세계에 대해, 그리고 맑스주의 붕괴 이후의 좌익적 사유에 대해 질문들이 시작되었고, 이런 의미에서 맑스주의 안에서 새로운 분화와 분기의 지점들이 만들어지기 시작했던 게 아닐까? 정보가치를 둘러싸고 노동가치론 자체에 대해 논쟁을 하기도 하고, 맑스주의에서 노동의 인간학이 논란의 대상이 되었으며, 제국주의를 대신한 제국의 개념에 대한 논쟁이 진행되었고, 레닌주의적 당조직을 대신하는 네트워크식의 조직이, 혹은 평의회식 사회주의가, 신자유주의적 세계화를 대신하는 사회주의적 세계화가 새로운 토론의 대상들로 떠올랐다는 것을, 나는 이런 맥락에서 이해하고 있다. 자율주의나 아나키즘, 푸코나 들뢰즈·가타리의 사상이 단순한 거부나 지지의 방식을 넘어서 이론적으로 검토되기 시작했다는 것 또한 나는 이런 맥락에서 이해하고 싶다. 그렇다면 '문화주의'는? 잘 모르겠다.

6. 전 선 의 이 동, 혹 은 소 수 자 의 정 치 학

박정희 체제 이래 한국의 다양한 정치적 세력들을 분할하고 결집시키던 적대의 구도는 이른바 '민주/반민주'의 대립이었다. 상이한 이해, 상이한 입장을 갖고 있어도, 독재정권에 대해 반대하며 투쟁할 의사가 있다면, 모두가 민주/반민주를 가르는 전선에서 민주의 편에 선 것을 뜻했다. 그러나 이러한 '민주/반민주'의 대립구도는 87년 이후, 혹은 더 뒤로 잡아도 양 김씨의 집권 이후에는 유효성이 소실되었다. 그렇다면 그 이후의 정치적 대립을 전체화하는 전선의 양상은 어떻게 달라졌는가?

그 이후의 정치 전반을 규정하는 새로운 전선의 형태는 오랫동안 가시화되지 않았다. 정치투쟁 혹은 계급투쟁이 새로운 양상으로 펼쳐지고 있음이 분명했지만, 그래서 가령 이전에는 관제동원에 지나지 않아 거의 무의미하던 우익단체의 행동이 새로이 '자발적' 운동의 형태를 취하고 기독교단체들의 우경화가 아주 뚜렷하게 진행되는 한편, 대중운동 역시 이전과 다른 양상으로 진행되고 있음에도 불구하고, 그것을 하나로 모아 주고 집약해 주는 대립의 형태는 뚜렷하지 않았다. 즉 '민주 대 반민주'의 전선을 대체한 다른 전선의 형태가 명료하게 드러나지 않고 있는 것이다.

투쟁은 빈발하고 다양한 형태의 운동과 대결이 존재하지만, 그것이 하나의 전선으로 결집되지 않고 직접적으로 대립하는 세력들 간의 대결 이상으로 확장되지 않는 상태, 그래서 지원과 지지의 형태가 존재함에도 불구하고 대립하는 세력 전체가 하나의 장으로, 하나의 전선으로 응집되지는 않는 상황, 그것이 우리가 87년 이후 통과한 시기를 특징지어 준다. 다양한 투쟁들은 있지만 그 투쟁들이 응축되어 하나의 전선, 하나의 '주요모순'으로 응축되지 않는 상황, 그래서 각각의 투쟁들은 해당 지점에서 각개약진하는 방식으로 진행되는 상황, 아마 알튀세라면 이를 '과소결정' underdetermination 이라 불렀을 것이다.

물론 미군반대운동과 대통령 선거로 대중운동이 강력하게 집중되었던 2002년이나, 탄핵을 둘러싸고 국민 전체가 양분되어 대결하던 시기를 들어 응축이 발생하지 않았던가라고 반문할 수도 있을 것이다. 그러나 가령 2002년의 사태는 대중의 흐름이 강력하게 형성되어 가시화되었음에도 불구하고 그것이 월드컵과 반미운동, 대통령 선거라는 전혀 다른 성격의 투쟁, 전혀 다른 대립의 지점으로 이동하며 진행되었다는 사실이야말로, 응축이 수반되는 과잉결정이 아니라 응축이 없이 다양한 투쟁이 상이한 지점에서 진행되는 과소결정의 상태를 보여 주는 사례라고 할 것이다. 거기서 하나로 결집된 것은 모순이나 전선이 아니라 대중이라는 흐름 자체였다. 그것은 다양한 세력이나 투쟁을 응집하는 단일한 전선이 가시화된 게 아니라, 다양한 종류의 사람들이 인터넷이라는 새로운 흐름의 공간을 통해 단일한 대중으로 형성되기 시작했음을 보여 주는 것이었다. 그것은 새로운 전선, 새로운 대결의 지점을 보여 주는 것이 아니라, 대중이 움직이는 새로운 방식, 새로운 대결의 방식을 보여 주는 것이었다. 그것은 우리가 대결해야 할 하나의 중심적인 적을 보여 주는 게 아니라, 이런저런 종류의 적들과 대결하는 새로운 종류의 대중을, 새로운 종류의 운동 방식을 보여 주는 것이었다.

　새로운 대결의 지점은 다른 곳에서, 그리고 서서히 형성되고 있었던 것 같다. 그것은 여러 영역에서 진행되고 있는 이른바 '양극화'와 결부되어 있다. 특히 IMF사태 이후 이는 본격화되기 시작했는데, 이전과 다른 점은 양극화가 부르주아지와 프롤레타리아트 두 계급으로의 분해가 아니라, 각각의 내부에서조차 진행되고 있다는 사실이다. 가령 대기업과 중소기업의 영업이익률은 1998년 각각 6.5%와 5.2%였던 것이 2004년에는 9.4%와 4.1%로 벌어졌다. 이러한 양상은 노동이나 일자리와 관련해서 더욱 현저하다. 1998년 중소기업이 고용한 인력은 전산업 고용인구의 75.3%였고 그 사람들에게 지불된 임금은 전체 임금의 76.2%였던 반면, 2003년에는 고용 비중이 87%로 늘어났지만 그들에게 지불된 임금은 전체 임금의 65.8%로 줄어들었다. 이는 중소기업에 고용된 사람들의 임금이 급격한 속도로 줄어들고 있으며, 반대로 대기업 고용인력의 임금이 그만큼 빠르게 늘어나고 있음을 의미한다. 전체 일자리 역시 상위 수준의 일자리와 하위 수준의 일자리가 모두 급격히 늘어나고 있는 반면 중간 수준의 일자리는 급격히 감소하고 있다.

　좀더 분명한 것은 전체 고용인구 가운데 비정규직 노동자가 매우 급속한 속도로 증가하고 있다는 사실이다. 2004년 8월 전체 노동자의 반이 넘는 56%가 비정규직 형태의 일자리에 고용되어 있다. 노동자계급이 정규직과 비정규직이라는 두 개의 층으로 급속하게 분화 내지 분해되고 있는 것이다. 더욱이 여성의 경우 비정규직의 비율은 70%에 이른다. 비정규직 노동자의 임금은 정규직 노동자 임금의 60% 정도에 머물고 있으며, 4대보험, 퇴직금, 상여금, 유급휴가 등 다른 급여적 요소들 역시 정규직에 비해 형편없이 열악한 조건에 처해 있다.[01]

　이러한 양극화는 맑스주의자라면 자본주의사회 어디서나 발견하던 것 아닌가? 그러나 지금 진행되는 양극화가 고전적인 맑스주의 계급이론에서 말하는 양극화와 크게 다르다는 점은 특별히 강조될 필요가 있다. 고전적인 계급이론에서 그것은 중간계급인 프티부르주아지가 일부 소수는 부르주아계급으로, 대다수는 프롤레타리아계급으로 분해되는 것을 지칭한다. 반면 지금의 양극화는 노동자계급 내부에서 정규직과 비정규직, 대기업 노동자와 중소기업 노동자 간의 실질적인 격차를 만들면서 진행되고 있다는 점에서 이전의 그것과 다르다. 중

01
고병권, 「한미FTA와 한국사회의 양극화」, 한미FTA저지 범국민운동본부 정책기획연구단 엮음, 『한미FTA 국민보고서』, 그린비, 2006.

no.15

간계급만 분해되는 게 아니라 노동자계급 자신도 두 층으로 분할 — 아직은 분해라고 해야 할지, 분화라고 해야 할지 모르겠지만 — 되고 있는 것이다. 그리고 부르주아지나 중간층 역시 유사하게 양극화되고 있다는 점이 여기에 추가되어야 할 것이다.

이러한 분할은 단지 경제적이고 객관적인 현상만이 아니다. 잘 알다시피 2000년 한국통신 비정규직 노조의 파업은 비정규직 노동자에 대한 정규직 노동자의 배타적인 태도로 아주 유명하다. 이는 현대자동차 등의 대기업에서 비정규직 노동자, 특히 비정규직 여성노동자들에 대해 보여 준 배타적인 태도와 더불어 2000년대 노동운동의 지형을 규정하는 아주 근본적인 요인으로 자리잡았다. 노동운동 자체도 경제적 양극화의 선을 따라 분할되며 양극화되고 있는 것이다! 더욱이 기아자동차 노동조합 간부나 민주노총 간부의 '비리' 사건은 노동조합이나 노동운동이 이젠 이익을 확보하고 따로 챙기는 자본주의의 고질적 병폐에서 자유롭지 못함을 보여 준 상징적 사건이었다 하겠다. 덧붙이자면, 서구 노동조합운동이 걸어간 길이 이와 무관하지 않을 것이다.

이처럼 노동자 내부에서 정규적인 일자리를 갖고 높은 임금을 받아 안정적인 생활을 확보한 주류적인^{major} 노동자와 비정규적이고 낮은 임금, 불안정한 생활을 감수해야 하는 소수적인^{minor} 노동자로의 분할이 아주 빠른 속도로 진행되고 있다. 그런데 소수적인 노동자의 문제는 단지 노동자 내부에서의 분할에 그치는 것은 아니다. 힘들고 위험한데 임금마저 낮아 한국인들이 피하는 최하위층 일자리를 담당하는, 이미 40만을 넘어선 이주노동자들 역시 한국에서 소수적인 노동자층의 핵심적인 요소다. 여기에 태생적으로 시장에 취약한 농산물을 생산하고 판매해야 하는 농민들, 남성들에 비해 어디서나 2차적이고 저급한 대우를 감수해야 하는 여성 등등의 수많은 소수적인 층, 소수적인 집단들이 여러 영역에서 만들어지고 있다. 그 수가 많다는 의미에서가 아니라 확보한 이권이나 이득이 많다는 의미에서 '다수적인' ^{major}층과, 수는 많지만 이권이나 이득이 적다는 의미에서 '소수적인' 층의 대립이 점점 더 많은 영역으로 확대되고 있으며, 그 대립의 양상 역시 본격화되고 있다.

이상의 사태를 요약하면, 여러 영역에서 다수자(이른바 '주류')와 소수자 간의 분할과 대립이 가시화되고 있다는 것인데, 결국 다수자

가치에서 노동자의 삶으로 본 1987 이후 한국 사회의 사상적 변화

028

와 소수자의 대립이 현재 한국 사회를 양분하는 주요모순이 되고 있
다고 해야 하지 않을까? '민주/반민주의 전선'이 '다수자/소수자의
전선'으로 대체되고 있는 것이라고 해야 하지 않을까? 비록 아직은 다
양한 영역에서의 대립이 하나의 전선으로 응축되는 과잉결정의 상황
이 발생한 것은 아니라고 해도 말이다. 하지만 이미 급속도로 진행되
고 있는 한미FTA는 이러한 상황을 빠르게 가속화하게 되지 않을까?
IMF 이후의 구조조정이 비정규직이나 소수자를 급격하게 양산하기
시작했음을 안다면, 그보다 훨씬 강도 높은 신자유주의적 '구조조정'
이 수반될 한미FTA가 이러한 사태를 매우 강하게 밀어붙이며 다양한
소수자들을 하나로 응집시키리라고 추측할 수 있지 않을까?

　　나는 노무현 정권이 보여 주는 아이러니의 이유를 이러한 전선의
변화를 통해 이해할 수 있다고 믿는다. 대중들의 강력한 지지와 투쟁
을 통해 집권했을 뿐 아니라 탄핵 사태라는 위기에서 승리할 수 있었
던 노무현 정부가 집권 기간 내내 진보적이라고 할 만한 어떤 개혁도
이루어 낸 것이 없으면서도 자신은 '진보'라고 믿고 있으며, 자신이
하는 일은 모두 진보적이라고 믿고 있다는 아이러니가 그것이다. 실
제로 노무현 정부에 들어와 유효하게 실행된 정책은 모두 진보진영에
반하는 '보수적' 정책 일색이었다. 새만금이나 천성산 문제처럼 자신
이 공약으로 내걸었던 것도 모두 뒤집었고, 언론개혁처럼 자신이 원
했던 것을 하지 못했으며, 국가보안법처럼 거의 다 죽은 악법조차 의
회에 과반수 의석을 갖고서도 폐지하지 못했다. 그린벨트를 과감하게
풀어 개발주의를 가속화했고, 스스로 공언하던 아파트 원가 공개조차
포기했고 거꾸로 부동산 가격을 이전 어느 정권보다 급속하게 올려놓
았다. 미국과 거리를 두던 초기의 입장은 어느새 사라지고 미군기지
의 확장을 비롯한 미군의 새로운 세계전략에 파트너가 되어 주었고,
진보운동진영의 반대에도 불구하고 전세계에 몇 안되는 이라크 파병
국이 되었다. 그리고 급기야 모든 진보진영이 일치하여 반대하는 한
미FTA를 미친 '곤조' 하나로 밀어붙였고, 덕분에 견원지간이던 보수
언론이나 보수정치인들에게 '위대한 지도자'로 칭송받기도 했다. 그
런데도 그는 자신이 '진보적'이라고 믿고 있으며, 이 믿음 자체는 거
짓이라고 보이지 않는다. 왜 노무현은 자신이 선택한 정책이 그렇지
않은데도 자신이 진보라고 믿고 있는 것일까?

　　그것은 그가 서 있는 곳이 예전과 같은 곳 그대로라고 믿고 있기

때문이다. 즉 독재정권과 투쟁하던 민주진영의 일원으로서 자신이 싸우던 곳에 그대로 서 있다고 믿고 있기 때문이다. 그가 걸핏하면 내세우는 '도덕적 정당성'은 단지 선거에 의해 선출되었다는 사실보다는 이러한 전선상의 위치에 대한 자평이라고 해야 할 것이다. 그 점에서 그가 민주진영 사람들의 열광적 지지를 얻을 만큼 훌륭한 일원이었음은 사실이다. 그런데 문제는 무엇보다도 그는 그 자리에 그대로 서 있었다고 해도(그게 사실인지도 지금은 의문이지만), 사회적 대결의 양상을 규정하는, 즉 진보와 보수를 가르는 전선이 이동해 버렸다는 것이다. 지금은 군부독재에 반대하는 민주인사라는 것이 '진보적'이라고 말할 어떤 이유도 제공하지 않게 된 것이다. 양 김씨 주변에 있었기에 자동으로 '반독재' 진영에 속했던 사람들이 지금은 대개 보수파임이 분명해졌으며, 거꾸로 과거 운동권에 속했던 사람들이 보수파 정객이 된 경우가 얼마나 많은가! 이처럼 전선이 이동하는 경우, 민주/반민주의 이편에 있다고 해도, 다수자에 속하는 경우 전선의 저편에 있다고 해야 한다. 한국통신 노조처럼 민주노동운동의 중요한 일부였지만, 소수자들의 적대세력이 된 경우처럼 말이다. 하지만 자신이 무언가 의도적으로 이동한 것은 아니기에, 그는 여전히 자신이 진보적이라고 믿고 있는 것이다. 민주노조운동의 많은 노조들, 특히 대기업노조들이 그러하듯이.

여기서 정말 웃기는 코미디는 전선이 이동한 것을 이해하지 못하고, 그대로 있어도 보수파가 될 일군의 사람들이, 이제는 진보를 그만두고 보수가 되겠다고 전선 저편 멀리 훌쩍 이동한 것이다. 그들은 새로이 보수파가 되려는 의도를 갖고 이동했기에 자신이 '뉴라이트'라고 믿지만, 그들이 옮겨 간 곳은 민주/반민주 전선의 저편, 즉 '올드라이트'가 서 있던 곳이다. 그들이 하는 말이나 행동, 그들이 제시하는 역사 해석 등이 한결같이 낡은 올드라이트의 그것에서 한치도 벗어나지 못하는 것은 정확하게 이런 이유에서다. 이런 점에서 본다면 한국 사회에서 '뉴라이트'는 그들이 아니라, 자신이 진보라고 믿으면서 그 자리에 선 채 전선의 저편으로 이동한 사람들, 즉 노무현이나 안정적인 주류가 된 노동조합이다.

여기서 진보적이 되기 위해 '소수자'를 선택한다면, 그것은 너무 쉽게 대답을 구하는 것이다. 현재의 상황이 새로이 던지고 있는 질문을 듣지 못하고, 그것을 사유하지 못한다면, 그 대답은 상황이 조금 달라지면 또 금방 잘못된 대답이 되고 말 것이 분명하기 때문이다. 이 상황이 던지는 질문은 사실 보기보다 훨씬 근본적이다. 두 계급으로의 분해가 아니라 노동자계급 자신이 다수자와 소수자로 분할되고 있다면, 그리하여 전투적인 역사를 갖는 민주노조조차 가던 길을 그대로 가는 한 다수자가 되고 만다면, 노동운동이 진보적이기 위해선, 즉 노동운동이 '소수적'(이는 숫자의 문제가 아니다!)이기 위해선 어떻게 해야 하는 것일까? 민주/반민주가 정권이라는 근대적 총체성의 담지장치를 통해 작동하기에 반독재세력의 결집과 응집이 자연스럽고 용이했지만, 소수화는 여러 영역으로 분할되어 진행될 뿐 아니라 시장의 힘이라는 분산적 권력에 의해 진행되기에 응집과 결집이 어렵다면, 다수자에 대한 소수자의 투쟁은 언제나 과소결정 상태에서 진행되어야 하는 것일까? 그렇다면 전통적 의미에서 권력의 전복을 뜻하는 혁명이란 불가능하게 되는 것은 아닐까? 연대나 동맹의 관념이 이제는 계급이란 개념을 통해서가 아니라 그것을 가로질러 작동해야 하는 것일까? 등등.

그렇다면 6월 항쟁이라는 미완의 혁명, 미완의 민주주의를 완성하는 방식으로는 혁명적이기는 물론 진보적이기도 어렵다는 것을 굳이 따로 지적할 필요가 없지 않을까? '20주년 기념'의 형식으로 현재를 어떤 식으로든 6월 항쟁과 연속적인 지점에 두고 연결하기보다는, 차라리 6월 항쟁과 현재 사이에 존재하는 단절과 변환을 포착하는 것이 정작 필요한 게 아닐까? 그것이 6월 항쟁의 정신에 더 충실한 것이라고 해야 하지 않을까?

7 . 추 기 : 두 전 선 의 사 이 에 서

이 글은 2007년 6월, 6월민주항쟁20주년사업추진위원회에서 주최한 토론회를 위해 씌어진 것이다. 그런데 그 뒤 그리 긴 시간이 지난 것은 아니지만, 잘 알다시피 대통령 선거가 있었고, 그 많은 스캔들에도 불구하고 이명박 씨가 대통령에 당선되었다. 따라서 한국 사회에서 '주요모순'의 변화와 관련해 노무현 정권의 아이러니에 대해 쓰고 있는 부분은 이미 때 지난 것이 되고 말았다. 그러나 새로 변화된 사태에 대해 말해야 함은 분명하지만, 그렇다고 여기 쓰인 내용이 무효화되었다고는 생각하지 않는다. 지금의 상황은 87년 이후 여러 가지 변곡점을 거치면서 진행되어 온 사건의 흐름 속에 있지만, 이전 사건의 의미를 뒤집거나 무효화하는 어떤 근본적 변위가 있었다고 보이지 않기 때문이다.

과거는 변하지 않으며, 다만 현재시제로 발생하는 사건들이 이미 있는 그 과거들에 추가된다는 믿음은 아주 소박한 선형적 역사관에 갇혀 있는 것이다. 이미 지나간 '솔' 음 다음에 어떤 음이 오는가에 따라 그 '솔' 음은 I도 화음이 될 수도 있고, IV도 화음이 될 수도 있다. 긴 글 마지막에 어떤 문장을 덧붙이는가에 따라 앞의 글 전체의 의미가 달라질 수 있음 또한 마찬가지다. 사건도 그와 같아서 계열화되는 과거의 사건들의 집합 전체는 현재 거기 추가되는 사건에 따라 이전의 의미와 전혀 다른 게 될 수 있다.

그러나 지금, 어찌 보면 정권이 바뀌는 사건, 그것도 대중들의 고집스런 선택에 의해 이전의 '진보적' 정권을 부정하고 보수적 인사를 선택한 사건이 발생했음에도 이전의 정치적 지형이 근본적으로 달라지지 않는 것은, 이전의 정치적 지형이 현재의 보수적 정권과 근본적으로 연속성을 갖는다는 점에 기인한다. 김대중 정부가 들어서면서 처리해야 했던 가장 중요한 일은 소위 IMF 사태로 인한 경제위기를 해결하는 것이었고, 이를 위해 그는 IMF를 필두로 한 미국 및 국제 금융자본의 요구에 따라 구조조정 프로그램을 받아들여 시행했다. 그 내용이 국제 금융자본의 자유로운 투자와 이득을 보장하기 위한 일련의 조치들이었고, 이를 통해 통상 '신자유주의'라고 불리는 체제가 자리 잡게 되었음은 잘 알려진 사실이다. 노무현 정권의 경제정책 역시 이를 그대로 이어받고 있었을 뿐 아니라, 한미FTA를 통해 전지구적 금융자본이나 투기적 외국자본의 자유로운 흐름을 보장하는 경제적 통합을 한층 더 심화시키고자 했음 또한 잘 알려진 사실이다. 보수언론은 물론이고 한나라당의 다른 보수적 정치인들 역시, 노무현에 대해 그토록 강한 거부감을 갖고 있으면서도, 그를 '위대한 지도자'라고 추켜세웠던 것은 양자 사이에 입장의 연속성을 보여 주는 단적인 징표일 것이다.

북한에 대한 입장 차이 정도를 제외한다면, 이들의 차이는 기대성장률의 차이처럼 사소한 것이거나 사립학교법처럼 사적인 이해관계에 물린 것이다. 재벌이나 부자들 중심의 경제정책이 예전과 달라진 것도 아니요, 비정규직을 양산하면서 진행되는 '사회적 양극화' 또한 이미 김대중 정부(IMF 사태) 이후 시작된 것이며, 노동운동에 대한 예상되는 탄압이 김대중·노무현 정권 시절이라고 느슨했다고는 결코 말할 수 없을 것이다. 물론 금산분리 규제의 해제처럼 결코 같지 않다고 할 것도 있겠지만, 이미 그것은 고삐 풀린 말을 꼬리라도 붙잡고 있을 것인가 그냥 놓아줄 것인가 하는 정도의 차이 이상은 아닐 것이다. 가령 한미FTA안이 통과된다면 외국자본들에 대해서는 가해지지 않는 그러한 규제 조치가 한국의 재벌들에게만 가해지는 일이 일어날 거라고 생각할 순 없을 것이다.

　그렇기에 대통령 선거 전에 보수주의자들이 빈번하게 말하던 '잃어버린 10년'은 매우 아이러니하게도 실질적으로는 우파 아닌 좌파들이 잃어버린 시간을 뜻하는 것이었다. 좌파정권이 들어선 10년 동안 좌파정권의 이름으로 행해진 것들이 대개는 보수적이고 우파적인 것이었고, 이런 조치들에 대해 좌파들은 이른바 '좌파정권'이라는 이유로 비판의 칼날을 내려놓은 채 오른쪽으로 오른쪽으로 밀려가면서, 그들의 실패로 인한 비난은 모두 짐 져야 하는 곤혹스런 사태에 처해 있었다. 반면 우파들은 아무것도 책임지지 않은 채, 그저 비난하는 것이면 충분한 자리에서, 사실상 자신들이 하고자 하는 것을 대개 얻었기 때문이다. 아마도 이후에 달라질 게 있다면, 이전이라면 노골적으로 내놓고 하기 힘들었던 것들을 이제는 훨씬 쉽게 할 수 있게 되거나, 사적 이해에 얽힌 일들을 공적 이름으로 공식화되는 정도가 아닐까?

　따라서 이명박 정부가 들어서는 것으로 이전의 정치적 지형이 근본적으로 달라질 것은 별로 없어 보인다. 북한 문제 또한 미국 및 인접국과의 관계 속에서 진행되는 것이기에, 현재의 지형을 크게 바꾸며 진행될 가능성은 적어 보인다. 그리고 이 점에서는 이명박 정부가 이회창을 지지하며 '정통보수세력'을 자처하던 층들처럼 '반북'의 이념에 충실하다고 보기는 어렵다. 다시 말해 미국이나 인접국과의 관계를 틀면서까지 북한에 대한 입장을 반북의 방향으로 밀고 나갈 가능성은 별로 없을 것 같다. 다른 한편 미국의 군사전략이 대북 방어 기능에 제한되어 있던 한반도 미군을 대북 전선에서 빼내 중국이나 다른 지역적 문제들을 '해결'하기 위해 파견할 수 있는 것으로 전화하였다는 사실은, 미국의 관점에서도 한반도에서 북한 문제의 위상이 이전과 같지 않음을 보여 준다고 하겠다. 따라서 북한 문제에 대한 입장의 차이가 한반도의 정치지형을 크게 바꾸어 놓을 가능성은 별로 없어 보인다.

그렇다면 대통령 선거와 집권세력의 변화로 인해 달라지는 것이 아무것도 없단 말인가? 그렇지는 않을 것이다. 먼저 집권세력이 이전의 보수파라는 점에서, 이제는 정부의 정책이나 성격이, 그게 성공하든 실패하든, 이전처럼 '진보세력'들의 명시적 내지 암묵적 지지하에 이루어지기는 힘들게 될 것이다. 가령 새만금 개발 문제나 한미FTA에 대해서 환경운동단체나 시민운동단체가 확고하게 싸우기보다는 어설픈 타협이나 비판적 지지를 보이며 어중간한 입장에 섰던 사태가 예전과 동일한 양상으로 반복될 거라곤 생각되지 않는다. 지금은 더구나 이명박 정부나 보수파들이 이전의 '진보세력'들에 대해 확실한 분리의 선을 그으려고 하는 상황이기에, 이런 모호한 절충의 지대, 타협의 지대는 확실하게 축소될 것으로 보인다. 더욱이 '승리감'에 취한 보수세력 — 정권에 직접 들어가 있든 그렇지 않든 간에 — 은 최근 전교조 소속 교사들의 '귀양' 사태에서처럼 좌파들에 대한, 특히 이전 정권에 대한 인접성을 갖던 좌파들에 대한 공격을 가할 것이며, 이로 인해 대립의 범위는 확대될 것이고 그들이 포섭할 수 있는 세력의 범위는 축소될 것이다(물론 그렇다고 '진보단체'들이 확고하게 단호하게 싸울 것이라고 낙관할 순 없을 것이고, 정규직 노동자들의 노동조합이 이를 계기로 이주노동자나 비정규직 노동자와 적극적으로 연대하며 노동운동이 새로이 활성화될 것이라고 낙관하기는 쉽지 않겠지만 말이다).

이런 이유로 인해 필경 민주/반민주의 전선과 다수자/소수자의 전선 사이에 약간의 변화와 교착이 발생할 것이 분명하다. 물론 이전의 정권과 이명박 정부가 근본적으로 동일한 지형을 공유하고 있다는 점에서, 전선의 축을 형성하는 다수자/소수자의 모순은 여전히 달라지지 않을 것이다. 가령 '통합신당'이나 새로운 '야당'이 한미FTA의 문제나 비정규직 문제, 이주노동자 문제 등에 대해 태도를 달리할 가능성은 없다. 노동조합운동이나 노동자 대중 역시 이주노동자나 비정규직 노동자의 투쟁에 대해 공식적으로는 지지한다고 하지만, 실질적으로는 외면하거나 소극적 지지 이상을 하지 않는 사태 역시 근본적으로 달라질 것 같지 않다. 그러나 승리감에 취해 성급하게 진행되는 우파들의 공세는 민주/반민주와 다수자/소수자의 두 전선 사이에 끼인 여러 세력들의 입지점을 축소시킬 것은 분명하다. 아마도 환경, 여성, 문화, 교육 등의 영역에서 이미 집권 이전부터 진행되고 있는 것처럼 이전 정권에 인접한 층들을 적극적으로 밀어낼 것이다. 두 개의 전선 사이에서 부동하며 벌어지는 권력투쟁이 두 전선 사이에 있는 층들로 하여금 현재의 자리에서 이탈하여 이동하게 만들 것이다. 적어도 현재의 양상은 빼앗겼던 자리를 되찾으려는 욕망과 그것을 뒷받침해 주는 승리감으로 인해, 그리고 거기에 노무현 정권 이상의 미숙함이 더해지면서, 그 동요하는 층들을 강하게 밀쳐 낼 것으로 보인다. 아마도 다수자와 소수자를 분할하는 전선은 좀더 '위'로 이동할 것이고, 그 대립의 양상은 정권을 배경으로 삼는 보수파의 공격으로 인해 강화될 것이고, 그로 인해 소수자 사이에서 응집의 요소들은 확대될 것이다. 이전에 두 전선 사이에서, 의도와 무관하게 '뉴라이트'(실질적으로는 올드라이트인 자칭 '뉴라이트'가 아니라, 스스로 진보 내지 좌파로 믿지만 우파로 거듭난 이들)를 형성했던 층들은 분해되어 전선의 이편으로 이동하는 적극적인 층과 여전히 자신이 진보라고 믿으면서 주류적인 입장에서 자신의 이익을 지키려는 층으로 분할될 것이다. 이전 시기에 비해 잠재적 '뉴라이트'의 층은 얇아지고 약해질 것이다.

그러나 동시에 현재의 전선 이편으로 이동하지 않으면서도, 정권을 장악한 층과 대립하고 투쟁한다는 이유로 자신이 진보임을 믿는 '뉴라이트'들의 확신 역시 강화될 것이고, 그들이 자신의 동지라고 믿는 소수자 대중 역시 늘어날 것이다. 전선의 이편으로 이동한 층은 말할 것도 없지만, 그 전선의 저편 중간지대에서 '올드라이트'와 싸우는 '뉴라이트'의 대립이나 투쟁 역시 연대의 확장이란 관점에서 보자면 결코 무의미하다고 할 수 없다. 그러나 그들은 자신의 적들과 투쟁하기 위해 손을 내밀면서도, 소수자의 입장에 서거나 그들의 입장을 적극적으로 옹호하여 활동할 가능성은 별로 없어 보인다. 이를 오해한다면, 그래서 그들을 전선의 이편으로 이동한 '진보적 세력'이라고 착각한다면, 두 전선 사이에서 이전의 그들이 그랬듯이, 그것은 현재의 전선에서 벌어지는 투쟁을 교란시키고 무마시키는 요인이 될 것이 분명하다. 정권과 대립한다는 이유로, 혹은 '올드라이트'와 대립한다는 이유로 그들이 서 있는 곳이 '진보적'이라고 믿는다면, 이미 노무현 정권 시절에 보았던 착각이 다시 회귀할 것이고, 그 시기에 범했던 오류들이 다시 반복될 것이다.

역순의 혁명
혹은 폭력의 정치적 존재론과 상상력의 정치적 존재론 사이의 갈등에 대하여[01]

데이비드 그레이버(David Graeber) ^{번역} 황희선

01
이 글은 아나키스트 인포샵 뉴스 홈페이지(Anarchist Infoshop ; http://www.infoshop.org/inews)에 기고되었던 글로 저자의 허가를 얻어 옮겨 싣게 되었다. 일부 수정된 글을 온라인 저널 『급진주의 인류학』(Radical Anthropology ; http://www.radicalanthropologygroup.org/journal.htm) 1호에서도 읽을 수 있다. 원문에는 주석이 없으며 글의 모든 주는 옮긴이가 삽입한 것이다. 주석 31과 33은 저자와 메일 교환한 내용에 기초하여 작성했다.

02
'Power'는 일차적으로 '힘', '능력' 또는 '역량'이라는 의미를 갖는다. '힘의 단위'(units of power)라는 표현 하나를 제외하고는, 일반적인 번역과 문맥을 참고하여 '권력'과 '역량'이라는 두 가지 번역어를 택했다. ①'국가권력'(state power), '주권권력'(sovereign power), '강제권력'(coercive power)과 같이 힘의 독점을 통해 작동한다고 보아도 큰 무리가 없는 경우에는 '권력'으로 옮겼다. ②반드시 힘의 독점을 의미하지는 않지만 '제헌권력'(constituent power)과 같이 일반적인 번역어가 있는 말 역시 '권력'으로 옮겼다. ③현실을 변화시킬 수 있는 능력을 의미하는 경우에는 '역량'이라고 옮겼다.
그밖에 'force'는 '힘'으로(주6 참조), 'capacity'는 '능력'으로 번역했다.

"모든 역량[02] power을 상상력에게." "현실주의자가 되어 불가능한 것을 요구하라." 급진정치에 개입하고 있는 사람이라면 누구나 이런 표현을 수천 번은 들어 왔다. 이 표현들은 처음 들을 때는 대개 매혹적이고 자극적이지만, 익숙해져 감에 따라 결국 진부한 느낌을 주게 되거나 급진적 삶을 둘러싼 배경 소음 속으로 그냥 사라져 가게 된다. 진지한 이론적 성찰의 대상이 되는 법은 거의 없다.

현재의 역사적 고비에서라면 여기에 대해 성찰해 보는 것도 그리 나쁘지 않을 것 같다. 결국 오늘날은 표준적 정의들이 혼란스러워진 시기다. 우리는 혁명적 순간을, 어쩌면 혁명의 연속을 향하고 있을 수도 있다. 하지만 우리는 더 이상 그 의미가 뭔지에 대해서 분명한 개념조차 갖지 못한다. 그리하여 이 글은 현실주의[03] realism, 상상(력)[04], 소외, 관료제, 혁명과 같은 용어들 그 자체를 다시 사유하기 위한 지속적인 노력의 결과물이다. 나는 대안지구화운동, 그 중에서도 특히 가장 급진적이고 아나키스트적이며 직접행동[05] direct action 지향의 원리를 갖는 운동에 6년여 간 참여해 온 후 이 글을 쓰게 되었다. 이 글을 이론적 보고서를 위한 서론쯤으로 생각해 주었으면 한다. 나는 다른 무엇보다 이런 질문들을 던지고 싶다. 오랫동안 잊혀 왔던 1960년대의 논쟁을 환기시키는 것처럼 보이는 이 용어들이 아직도 이 세력 내에서 공명하는 까닭은 무엇일까? 급진적 사회변혁과 관련된 개념들은 왜 하나같이 '비현실적'으로 보일까? 과거의 억압구조와 단 한 번에 격변적으로 단절할 것을 기대하는 사람이 한 명도 없는 시점에서 혁명은 무엇을 의미하게 될까? 이 질문들은 이질적으로 보일 수 있으나 내게

는 서로 연결된 답을 갖는 질문들로 여겨진다. 이 글에서는 과거 이론들을 슬쩍 언급하고 지나가는 일이 자주 있으며, 의도적으로 그랬다는 점을 밝혀 둔다. 이들 운동의 경험과 그 자원이 되었던 이론적 사조에 기대어 뭔가 새로운 것을 만들어 내기 시작할 수 있는지 알아 볼 참이기 때문이다.

내 주장의 요점은 다음과 같다.

1) 우파와 좌파의 정치관은 무엇보다도 역량의 궁극적 실체에 대해 서로 다른 전제를 받아들이며 출발한다. 우파의 토대는 폭력의 정치적 존재론political ontology of violence이다. 이 관점에서 볼 때 현실적이기 위해서는 파괴의 힘[06]을 참작해야 한다. 좌파는 여기에 대한 회답으로 다양한 형태를 취한 상상력의 정치적 존재론political ontology of imagination을 끊임없이 제안해 왔다. 이 관점에서 궁극적 실체로서 참작해야 할 필요가 있는 힘은 사물들을 만들어 내는 힘(생산력, 창조력……)이다.

2) 힘(구조적 폭력)으로 지탱되는 체계적인 불평등은 편향되고 분열된 상상의 구조를 항상 만들어 내기 때문에 상황이 복잡해진다. 분열된 구조 속에서 살아가는 이 경험을 우리는 '소외'라고 부른다.

3) 혁명은 보통 반란insurrection으로 개념화된다. 국가를 전복함으로써 현존하는 폭력적인 현실을 쓸어 없애 버리고, 대중의 상상력과 창조력을 해방시켜 소외를 만들어 내는 구조를 극복한다는 발상이다. 어떻게 하면 한층 더 폭력적이고 소외시키는 구조를 새로 만들지 않고도 그런 창조력을 제도화할 수가 있는지가 진정한 문제라는 사실이 20세기의 경험을 통해 분명해졌다. 그 결과로 반란 모델은 실행력을 잃었지만 무엇으로 그 모델을 대체할 수 있는지는 분명치 않다.

4) [여기에 대한] 하나의 반응은 직접행동의 전통을 부활시키는 것이었다. 대중행동은 실천 과정에서 일반적인 반란 순서를 역전시킨다. 국가권력과의 극적 대치가 첫 사건으로 발생하고, 그 뒤를 이어 대중적인 축제가 분출되며, 새로운 민주주의 제도가 창조되고, 궁극적으로는 일상생활이 재발명되는 순서가 아니다. 하위문화 집단 출신자가 많은 활동가들은 대중동원을 조직하는 과정에서 새로운 직접민주주

03
'Realism'은 '현실주의'로, 'real'은 '현실적'으로, 'reality'는 '현실' 또는 '실체'로 옮겼다. 이 글에서 'real'이 갖는 의미는 크게 두 가지다. 저자는 정치적인 맥락에서 볼 때 '현실'이 무엇을 의미하는가의 문제를 다루고 있으며, 현실이 생산되거나 변화되는 두 가지 역량의 원천으로 폭력과 상상력을 비교하고 있다. 이런 의미에서 폭력과 상상력은 권력 내지 역량(power)의 실체라고 이야기할 수 있다. 무엇이 현실로 간주되는지의 문제를 제기하는 맥락에서는 '현실'로, 무엇이 실제로 작동하고 있는 역량인지의 문제를 제기하는 맥락에서는 '실체'로 옮겼다.

04
'Imagination'은 문맥에 따라 '상상력', '상상'으로 옮겼다.

05
직접행동은 정치적 의사를 대의제를 통해 표현하지 않고 당사자가 직접 표현하는 정치전략을 일컬으며, 직접민주주의와 깊은 관련을 맺는다. 또한 직접행동은 전술과 정치적 목표 사이에 보다 직접적인 연관관계를 표시하는 방법으로 이뤄지는 경우가 많다. 벌목을 막기 위해 삼나무 위에서 738일 동안 버텼던 환경운동가 줄리아 힐(Julia Hill)의 사례가 대표적이다.

06
'Force'는 대부분 '힘'으로 옮겼다. 'Power'에 비해서 물리적이고 양적이며 외부로부터 작용하는 의미가 강조되는 말이다. 정치학적 맥락에서는 동의나 소통에 기초해 작동하는 힘보다는 강제적이고 물리적인 방식으로 작동하는 힘을 의미하는 경우가 자주 있기 때문에, 문맥에 따라 '강제력'이라고도 옮겼다. 또 'forces of production'은 '생산력'으로, 'forces of creativity'는 '창조력'으로 옮겼다.

의 제도를 창조해 '저항의 페스티벌' 을 조직하며, 이것이 궁극적으로 국가와의 대치로 이어진다. 이것은 보다 포괄적인 재-형식화^{reformulation} 운동^{07}의 오직 한 측면이며, 아나키즘에 의해 일부 촉발된 것처럼 보이지만 페미니즘에 훨씬 더 큰 영향을 받은 것처럼 보인다. 페미니즘 운동의 궁극적 목표는 이들 반란의 순간이 갖는 효과를 지속적으로 재창조하는 것이다.

이 내용을 하나씩 살펴보도록 하자.

1. "현실주의자가 되라"

2000년 초반부터 2002년 후반까지 나는 뉴욕에 있는 직접행동네트워크^{08} ^{DAN}에서 일하고 있었다. DAN은 당시 뉴욕에서 전지구적 정의운동^{09} $^{Global Justice Movement}$의 일환으로 대중활동을 조직하고 있던 주요 단체다. 사실 DAN은 엄밀히 말해 단체는 아니었고 탈중심화된 네트워크였는데, 정교하면서도 놀랄 만큼 능률적인 합의 형식에 따라 직접민주주의 원칙 위에서 가동되었다. 이 조직은 내가 이전에 여기^{10}에 썼던 에세이에 나오는 것처럼, 새로운 조직 형태를 창조하기 위한 꾸준한 노력 속에서 중심적인 역할을 담당했다. DAN은 순수하게 정치적인 공간 속에서 존재했다. 등록해야 할 물리적 재산도 없었고, 주요 기금과 같은 것도 없었다. 그러던 어느 날 누군가가 DAN에 차를 한 대주었다. 이 일은 작지만 지속적인 위기를 불러 일으켰다. 우리는 곧 탈중심화된 네트워크는 차를 법적으로 소유할 수 없다는 사실을 발견하게 되었다. 차는 개인에 의해 소유되거나 허구적 개인인 법인에 의해서 소유될 수 있다. 차는 네트워크에 의해서는 소유될 수 없다. 비영리법인이 되려면 우리 네트워크를 전면적으로 재조직하며 평등주의 원칙 대부분을 포기해야만 했고, 그렇게 할 생각이 없는 한 유일한 방편은 법적인 목적을 위해서 소유주 신고를 할 자원자를 찾는 것이었다. 하지만 그렇게 하면 그 자원자가 모든 벌금과 보험료를 지불해야만 했고, 다른 사람들이 주^{state} 경계를 넘어 차를 몰고 갈 때 허가증을 작성해야 했으며, 차가 견인되었을 때 찾아올 수 있는 유일한 사람이 되었다. DAN의 차는 곧 끊임없는 문제들을 만들어 냈다. 우리는 그냥

07
의사결정, 합의와 같은 집합적 제도의 형식(form)들을 보다 민주적인 형태로 수정하거나 새로 고안해 내는 운동을 일컫는다.

08
Direct Action Network. 아나키스트 활동가 집단의 연대체로 WTO 반대행동을 비롯한 여러 대중행동을 해 왔다.

09
대항지구화운동의 한 계열로 기업 논리를 따르는 전지구화 추세에 반대하는 국제운동.

10
아나키스트 인포샵. 주1 참고.

차를 포기해 버렸다.

여기에 뭔가 중요한 게 있는 듯한 느낌이 내게 들었다. DAN과 같은 프로젝트 — 사회민주화 프로젝트 — 가 견고한 물리적 실체처럼 보이는 것과 만나게 되면 녹아 사라져 버리는 부질없는 꿈처럼 인식되는 일은 왜 그리 자주 생기는 것일까? 우리 경우에 관한 한 [조직의] 비효율성과는 아무런 상관이 없었다. 전국의 경찰서장들은 우리를 지금까지 다뤄 본 중 가장 잘 조직화된 세력이라고 불렀다. 내게는 현실효과(만약 그렇게 부른다면)가 발휘되는 까닭이 급진주의적 프로젝트가 크고 무거운 사물들, 즉 빌딩, 차, 트랙터, 배, 공업용 기계의 세계로 들어가는 순간 붕괴하는 경향, 최소한은 끝없이 어려워지는 경향이 있기 때문인 것처럼 보였다. 사물에 민주적으로 관리하기 까다로운 본성과 같은 것이 있어서가 아니다. DAN의 차가 그렇듯, 끊임없는 정부 규제에 포위되어 있을 뿐만 아니라 무장한 정부대리자들의 눈을 피해 숨기기가 실질적으로 불가능하기 때문이다. 나는 미국에서 이와 같은 사례들을 끝도 없이 봐 왔다. [예를 들면] 한 점거[squat]운동이 오랜 투쟁 끝에 합법화된다. 그러면 갑자기 건물조사원들이 나타나 법대로 하면 만 달러에 달하는 수리비가 들 것이라고 공지한다. 조직자들은 이후 수년간을 빵 판매와 모금활동 조직에 소비하며 보내야만 한다. 이것은 은행계좌를 개설해야 한다는 것을 뜻한다. 그 다음 차례로는 이런 집단이 기금을 받거나 정부를 상대하기 위해서는 어떻게 조직되어야 하는지를 법이 명시하게 된다는 것을 의미한다(물론 이런 집단 역시 평등주의적이지 않다). 이 모든 규제들이 폭력에 의해 강제된다. 분명 일상적으로는 경찰이 술집에 들어와 건물관리법을 강제하는 일은 거의 없다. 하지만 아나키스트들이 자주 깨닫게 되듯이 그런 법규들이 존재하지 않는 듯 행세한다면 언젠가는 벌어질 일이다. 경찰 곤봉이 실제로 나타나는 일이 드문 것은 단지 폭력을 더욱더 보기 힘들게 할 뿐이다. 이것은 이 모든 규제들 — 정상적인 개인관계는 항상 시장에 의해 매개되며 정상적인 집단은 위계적으로 조직화되어 있다는 가정을 언제나 달고 있는 규제들 — 의 효과가 발산되는 원천이 정부가 힘의 사용을 독점하기 때문이 아니라 사물 자체가 크고 단단하며 무겁기 때문인 것처럼 보이게 한다.

이때 '현실주의자'가 될 것을 요구받는다면, 인식하라고 요구되는 현실은 자연적이거나 물리적인 사실들이 아니다. 그것은 어떤 사

11
법적 소유권과는 별도로 사용권의 문제를 제기하는 정치활동 방식. 임대차계약 같이 소유권자와의 법적 계약 체결을 통해 획득한 점유권과는 달리, 점거 대상이 되는 공간과의 관계 속에서 구성되는 권리를 주장하는 개념이다. 점거자들은 국가나 법인, 개인 등이 법적으로는 소유하지만 실질적으로 사용하고 있지 않은 건물이나 공터를 거주나 텃밭 가꾸기, 예술활동 등에 사용한다. 거주지가 필요해서 개인적으로 점거하는 경우라 하더라도, 실질적 삶의 필요가 법적 등기라는 형식을 통해 타인에게서 이용권을 박탈하는 법적 소유권보다 우선한다는 정치적 의미를 가질 수 있다. 이보다 좀더 명시적으로 정치적인 입장을 강조하는 점거활동은, 소유권에 의해 사유화된 공간을 공공의 공간으로 재전유한다는 의미를 갖는다.

람들이 가정하듯 인간 본성의 추한 진실들도 아니다. 대개는 폭력에 의한 체계적 협박이 갖는 효과를 인식하라는 것이다. 이는 우리의 언어조차 관통하고 있다. 이를테면 왜 건물은 '실물재산' real property 이나 '실물자산' (부동산) real estate 이라고 불리는가? 이 용법에서 '실' real 이라는 말은 라틴어 레스 res, 즉 '사물' 로부터 유래하는 말이 아니다. 이것은 스페인어 레알 real, 즉 '왕실의' royal, '왕에 속하는' 을 의미하는 말로부터 온다. 주권영토 내부의 모든 땅은 궁극적으로는 주권에 속한다. 법적으로는 여전히 그렇다. 국가가 규제를 강제할 권리를 갖는 까닭은 여기에 있다. 하지만 궁극적으로 주권은 완곡하게 '힘' 이라고 일컬어지는 것, 즉 폭력의 독점이다.[12] 주권권력의 관점에서 볼 때 어떤 것이 살아 있는 까닭은 죽일 수 있기 때문이라는 조르지오 아감벤[13] Giorgio Agamben 의 유명한 주장과 마찬가지로, 소유물이 '현실적인' real 까닭은 국가가 빼앗거나 파괴할 수 있기 때문이다. 같은 방식으로 국제관계에서 '현실주의적' 입장을 취한다면, 국가는 국익 추구를 위해서라면 자신이 처분할 수 있는 역량은 무력을 포함해 무엇이든 사용할 것이라고 가정하게 된다. 여기서 인식되는 '현실' 이란 무엇인가? 분명 물리적 현실은 아니다. 국가가 목적과 이해관계를 갖는 인간과도 같은 존재자라는 생각은 전적으로 형이상학적인 개념이다. 프랑스 국왕이라면 목적과 이해관계를 갖고 있다. [하지만] '프랑스' 는 그렇지 않다. [국가가] 자신이 하는 일을 '현실적' 으로 보이게끔 하는 것은, 국민국가의 통치자들이 군대를 파견하고 침략을 개시하며 폭탄을 투하할 수 있는 역량을 지닌 탓에, 자신들이 '국익' 이라고 부르는 것의 이름으로 이런 수단 및 다른 방법들을 통해 조직적 폭력을 사용하겠다며 협박하기 때문이다. 그리고 그런 가능성을 부정하는 것은 어리석은 일이다. 국익은 바로 당신을 죽일 수 있기 때문에 현실적이다.

여기서 결정적인 용어는 '힘' force 으로, '국가의 강제력 coercive force 사용의 독점' 에서 쓰인 힘과 같은 의미에서다. 이 말을 들을 때 우리는 하나의 정치적 존재론 속에 있게 된다. 이 안에서는 파괴하거나 타인을 고통스럽게 하고, 또는 부수고, 상해를 입히고, 몸을 갈기갈기 찢어 (아니면 그냥 남은 평생 동안 작은 방 안에 가둬) 버리겠다고 위협하는 권력이 우주를 운행하는 에너지의 사회적 등가물로 취급된다. 예를 들어 다음의 두 문장을 구축할 수 있게 해 주는 은유와 전위[14] dislocation 를 생각해 보자.

12
힘을 행사할 수 있는 역량을 주권자에게 양도함으로써 만인의 만인에 대한 전쟁으로 묘사되는 자연상태를 벗어난다는 홉스(Thomas Hobbes)의 이론으로부터 유래하는 개념이다. 하지만 근래의 정치철학에서 활발하게 논의되는 국가에 의한 폭력의 독점이라는 주제는 발터 벤야민(Walter Benjamin)의 「폭력의 비판을 위하여」(Kritik der Gewalt, 문학과지성사에서 출간된 「법의 힘」에 수록)라는 글에 보다 직접적인 기원을 두고 있다. 이 글에서 벤야민은 사형이나 무력진압 같이 주권에 의해 행사되는 적법한 폭력과, 살인이나 상해 같이 범죄로 이해되는 불법적인 폭력 사이의 구분은, 법이 폭력 자체를 없애기 위한 이상을 갖고 있기 때문이 아니라, 법 자신의 보존을 위해 법이 '정당화된' (berechtige) 폭력을 독점하려 하기 때문이라고 주장한다. 벤야민은 이러한 독점을 법보존적 폭력이라고 부른다.

13
이탈리아의 미학자이자 정치철학자. 이 내용은 1995년에 출간된 아감벤의 대표 저작인 「호모 사케르―주권권력과 벌거벗은 생명」(Homo sacer ― Il potere sovrano e la nuda vita [박진우 옮김, 「호모 사케르 ― 주권권력과 벌거벗은 생명」, 새물결, 2008])에서 전개되는 논의다.

14
'Dislocation' 은 위치를 바꾼다는 뜻으로, 관절이 위치를 벗어나는 의학적인 맥락에서만이 아니라, 인문학적인 맥락에서도 '탈구' 라고 번역되기도 한다. 이 부분에서 '전위' 는 '힘' 이나 '법', '과학' 과 같은 용어들이 자연학에서 정치학의 맥락으로 전위되면서 폭력의 논리와 자연의 논리가 동일시되는 현상을 지적하고 있다. 뒤에 등장하는 '상상적 전위' 는 타인의 입장에서 바라보는 것, 즉 상상을 통해 자신을 타인과 동일시하는 것을 뜻한다.

과학자들은 우주를 통치하는 힘을 이해하기 위해 물리법칙의 본성을 탐구한다.

경찰은 사회를 통치하는 법을 강제하기 위해 물리적 힘을 과학적으로 적용하는 전문가다.

내 느낌에는 이것이 우익 사고의 본질이다. 그런 미묘한 수단들을 통해 폭력이 사회적 실존과 상식의 척도를 정의하도록 허용해 주는 정치적 존재론.

반면 좌파는 언제나 무엇이 궁극적으로 현실적인지, 정치적 존재의 진정한 토대가 무엇인지에 대해 다른 전제를 택해 왔다. 좌파는 분명 폭력의 현실성을 부정하지 않는다. 많은 좌파 이론가들은 이 점에 대해 사유를 거듭해 왔다. 하지만 그들은 [폭력에] 동일한 근본으로서의 지위를 주지 않으려 한다. 나는 대신 좌파의 사유가 내가 '상상력의 정치적 존재론'(창조력, 또는 생산이나 발명의 존재론이라고 부를 수도 있지만)이라 부르고 싶은 것에 기초한다고 주장하려 한다. 오늘날 우리 대다수는 이것을 사회혁명과 물질적 생산의 힘을 강조하는 맑스의 유산으로 간주하는 경향이 있다. 하지만 맑스의 용어들은 사실상 노동운동이든 아니면 다양한 계열의 낭만주의이든, 동시대의 급진주의세력에서 이루어졌던 가치, 노동, 창조력에 대한 폭넓은 논의의 흐름으로부터 생겨난 것이다. 맑스 자신은 당대의 유토피아적 사회주의자들을 경멸했음에도 불구하고, 인간이 다른 동물과 다른 까닭은 건축가가 벌과는 달리 상상 속에 먼저 구조를 만들기 때문이라는 주장을 단 한 번도 포기하지 않았다. 맑스가 볼 때 먼저 사물을 상상하고 그 이후에 만들어 내는 것은 인간 고유의 속성이었다. 이 과정을 그는 '생산'이라 불렀다. 비슷한 시기에 생시몽과 같은 유토피아적 사회주의자들은 예술가들이 새로운 사회질서의 아방가르드 혹은 '전위'가 되어(그의 표현) 당시의 산업이 실현시킬 역량을 제공해 줄 수 있는 장대한 비전을 제시할 필요가 있다고 주장하고 있었다. 당시에는 괴짜 팸플릿 발행자의 환상처럼 보였던 것이, 산발적이고 불확실했지만 오늘날까지 지속될 만큼 명백히 영구적인 동맹의 강령이 되었다. 그 이래로 예술적 아방가르드와 사회혁명가들이 서로에 대해 묘한 친연성을 느끼면서 서로의 언어와 개념들을 빌려 왔다면, 그 까닭은 양쪽 모두 세계의 궁극적인 숨은 진실은 우리가 만드는 어떤 것이고, 또 그런

만큼이나 쉽게 다르게 만들 수 있다는 생각을 포기하지 않았기 때문
이다. 이런 의미에서 "모든 역량을 상상력에게"와 같은 문구는 좌파의
핵심 본질을 표현한다.

물론 우파는 창조력과 생산력을 강조하는 혁명론자들이 국가, 군
대, 암살자, 야만인의 침입, 범죄자, 통제 불가능한 폭도 등 '파괴 수
단'이 갖는 사회적, 역사적 중요성을 체계적으로 무시한다고 반응하
는 경향이 있다. 그런 것들이 없는 척하거나 소원을 빌면 사라지는 듯
이 행세하면 [오히려 그런 일이 발생하게끔] 보증해 주는 결과를 낳기 때
문에, 좌익체제는 보다 '현실적'인 접근을 취하는 지혜를 지닌 자들에
비해 실제로는 보다 많은 죽음과 파괴를 창출해 낼 것이라고 주장하
는 것이다.

분명 이 이분법은 너무 단순하다. 균형을 맞추기 위해 다른 사례
들을 수도 없이 댈 수 있을 것이다. 이를테면 맑스 시대의 부르주아지
는 극단적일 만큼 생산주의적인 철학을 지니고 있었다 — 그래서 맑
스가 부르주아지를 하나의 혁명세력으로 볼 수 있었던 것이다. 또 우
파 분자들에는 예술적 이상이 묻어 있었고, 20세기의 맑스주의체제들
은 본질적으로는 우익적인 역량론을 포용하면서 생산의 규정성
determinant nature of production 에는 립서비스 정도만 할애하는 경우도 종종 있었
다. 그럼에도 불구하고 나는 이 말들이 유용하다고 생각한다. '상상
력'과 '폭력'을 세상에 숨겨진 유일한 진실이 아니라 내재적인 원칙,
즉 어떤 사회현실을 구성하는 동등한 구성요소라고만 보아도, 다른
틀로는 볼 수 없던 것을 많이 밝혀낼 수 있다고 생각하기 때문이다. 그
렇게 생각하는 첫째 이유는, 상상력과 폭력이 어디서든 예측 가능하
고 또한 무척 중요한 방식으로 상호작용하기 때문이다.

폭력에 대한 몇 가지 이야기들로부터 시작해 보자. 이 이야기들
은 내가 다른 글에서 보다 자세하게 전개해 온 논의를 아주 도식적으
로 개괄한다.

2. 폭력과 상상적 전위에 대하여

나는 직업 인류학자다. 폭력에 대한 인류학적 논의의 대부분은, 폭력
행위는 소통 행위여서 고유한 의미를 갖고 있으며 바로 이 점이 진정

으로 중요하다는 진술로부터 시작된다. 다른 말로 하면, 폭력은 주로 상상을 통해 작동한다는 것이다.

　이 모든 것은 사실이다. 나는 두려움과 공포가 인간 삶에서 차지하는 중요성을 평가절하할 생각은 거의 없다. 실제로 많은 경우 폭력 행위는 소통 행위가 될 수 있다. 하지만 다른 형태의 인간 행동들도 이 점에서는 마찬가지다. 내 생각에 폭력에 관해 정말 중요한 것은, 폭력은 소통하지 않고도 타인에게 영향을 줄 수 있는 유일한 인간 행위 형식일 수 있다는 사실이다. 좀더 자세하게 이야기해 보자. 폭력은 타인을 전혀 이해하지 않은 상태에서도 그 사람의 행동에 비교적 예측 가능한 효과를 미칠 수 있는 유일한 길이 될 수 있다. 서로의 행위에 영향을 주기 위해서 여러 가지 다른 방식을 시도해 볼 수 있지만, 그렇게 하려면 스스로를 어떤 사람이라고 생각하는지, 그리고 상대에 대해서는 어떤 사람이라고 생각하는지, 그가 그 상황에서 원하는 것이 무엇인지, 그리고 이와 비슷한 수많은 다른 것들에 대해 약간의 개념 정도는 갖고 있어야만 한다. 이 전부는 머리를 충분히 세게 내려치면 별 상관이 없는 문제가 된다. 사람을 때려 얻어 낼 수 있는 효과가 매우 제한된 것은 사실이다. 하지만 구타는 충분히 현실적이다. 또한 다른 대안적 행위 형식은 공유된 의미나 이해에 호소하지 않고서는 어떤 효과도 발휘하지 못한다는 사실 역시 그대로다. 타인에게 영향을 주려는 시도로 폭력을 가하겠다며 위협할 때조차 이해를 어느 정도 공유할 것이 요구되지만(최소한 상대편은 자신이 위협당하고 있다는 사실을 이해해야 하며, 자신에게 요구되는 것이 무엇인지도 이해해야 한다), 다른 어떤 대안보다도 이해의 필요가 적다.

　대부분의 인간관계, 특히 오랜 친구나 오랜 적과 같이 ·지속적인 관계들은 극단적으로 복잡해서, 경험과 의미의 무한한 밀도를 지닌다. 그런 관계는 지속적이고 미묘한 해석 작업을 요구한다. 그 관계에 개입된 사람들은 모두 타인의 관점을 상상하기 위해 지속적인 에너지를 투입해야 한다. 반면 신체적 상해를 입히겠다는 협박은 이 모두와 단절할 수 있는 가능성을 제공한다. 훨씬 더 도식적인 관계를 가능하게 해 주는 것이다. 예를 들어 "이 선을 넘으면 쏴 버리겠지만, 그렇지 않으면 네가 누구든 뭘 원하든 전혀 상관하지 않겠다"처럼. 어리석은 자들이 폭력을 무기로 선호하는 까닭이 여기에 있다. 폭력은 지적 반응을 통해 대응하기가 가장 어려운 어리석음의 형식이기 때문에, 어리석은 자들의 최후 카드라고 부를 만하다.

하지만 한 가지 결정적인 조건이 맞아야 한다. 양측이 폭력의 능력^capacity에서 동등할수록 이 모든 경향이 타당성을 잃는다. 상대적으로 동등한 세력과 폭력 경쟁에 가담하고 있다면, 가능한 한 상대를 이해하려 노력하는 것이 좋다. 군대 참모는 맞수의 머릿속으로 들어가려 노력할 것이 분명하다. 신체적 상해를 야기할 수 있는 능력에서 어느 한 편이 압도적으로 유리한 위치에 있을 때에만 그런 일이 벌어지지 않는다. 물론, 어느 한 편이 압도적으로 유리할 때는 실제로 쏘거나 패거나 날려 버릴 필요조차 없다. 협박만으로도 대개는 충분할 것이다. 이것은 이상한 효과를 낳는다. 폭력에서 가장 특징적인 면모 — 상상적 동일시가 거의 개입되지 않는 아주 단순한 사회관계를 강제할 수 있는 능력 — 가 실제적이고 신체적인 폭력이 가장 덜 발현될 때의 상황에서 가장 두드러지는 것이다.

우리는 여기서 (많은 사람들이 이야기하듯) 구조적 폭력^15 Structural violence에 대해 이야기할 수 있다. 즉, 힘의 위협이 궁극적 지지대가 되는 체계적 불평등이 그 자체 폭력의 형식으로 간주될 수 있다는 것이다. 구조적 폭력의 체계는 언제나 극단적으로 치우친 상상적 동일시의 구조를 생산하는 것처럼 보인다. 해석 작업이 이뤄지지 않는다는 뜻이 아니다. 인식할 수 있는 모든 형태의 사회는 해석 없이는 작동할 수 없다. 차라리 그 노동의 압도적인 짐이 [구조의] 희생자들에게 전가된다고 말할 수 있다.

가사에서 시작해 보자. 1950년대 미국 시트콤에 지속적으로 등장했던 주요 요소 하나는 여성을 이해하기가 불가능하다는 농담이었다. 농담하는 사람은 물론 언제나 남성이었다. 여성의 논리는 언제나 낯설고 이해할 수 없는 것으로 취급되었다. 한편 여성이 남성을 이해하는 데 큰 어려움을 겪고 있다는 인상은 없었다. 여성에게는 남성을 이해하는 것 외에는 선택의 여지가 없었기 때문이다. 이 시기는 미국의 가부장제적 가족이 정점을 맞은 때였고, 여성은 자신의 수입이나 자원을 갖지 못했기 때문에, 결정권을 쥔 남성의 생각을 이해하려 상당량의 시간과 에너지를 투자하는 것밖에는 도리가 없었다. 실제로 여성의 미스테리에 대한 이런 유형의 수사는 가부장제적 가족의 변함없는 특징에 해당한다. 여러 세대의 페미니스트들이 지적해 온 것처럼, [어떤] 구조는 여성에 대한 남성의 권력이 있는 한 구조적 폭력의

15
요한 갈통(Johan Galtung)에 의해 1969년에 최초로 제시된 개념이다. 가시적이고 돌출되는 소규모의 물리적 폭력과 달리 상대적으로 비가시적이며 당연한 것으로 간주되는 사회 제도나 구조 역시 폭력일 수 있으며, 그 심각성이 한층 더할 수 있다는 내용을 담고 있다.

형태로 간주될 수 있으며, 간접적이고 은폐된 방식일 때가 많지만 모든 형태의 강제력의 지지를 받고 있기 때문이다. 하지만 수 세대의 여성 소설가들 — 버지니아 울프가 제일 먼저 떠오른다 — 은 이 상황의 이면 또한 기록해 왔다. 겉보기에는 무신경한 것처럼 보이는 남성들의 자아를 관리하고 유지하며 적응시키기 위해 여성이 지속적으로 행하고 있는 일들을 말이다. 끊임없는 상상적 동일시의 작업, 즉 내가 해석노동interpretive labor이라고 불렀던 것이 여기에 포함된다. 모든 수준에서 이런 일이 벌어진다. 여성은 언제나 남성의 관점에서 사태가 어떻게 보일지를 상상하고 있다. 남성은 여성을 위해 절대 그런 일을 하지 않는다. 노동분업의 젠더화가 뚜렷한 대다수 사회에서 (즉, 거의 대부분의 사회에서) 여성은 남성의 일상을 무척 잘 알고 있지만, 남성은 여성이 하는 일에 대한 개념이 거의 없는 까닭은 이것이다. 여성의 관점을 상상하려 노력해야 하는 상황이 되면 많은 남성이 겁에 질려 움찔한다. 학생들에게 자신의 성별이 바뀌었을 때를 상상하며 반대 성별의 구성원으로 하루를 살아가는 것이 어떤 느낌일지를 묘사하라는 과제는, 미국 고등학교 문예창작 선생님이 즐겨 사용하는 한 가지 수법이다. 결과는 언제나 거의 똑같다. 수업을 듣는 여학생은 모두 그 질문을 생각하는 데 상당한 시간을 소비했음을 보여 주는 길고 자세한 글을 써 온다. 남학생의 절반가량은 글쓰기 자체를 거부한다. 대개의 남학생들은 여성이 되면 어떨지를 상상해야 하는 상황 자체에 대해서 깊은 혐오감을 표현한다.

　　이와 비슷한 사례들을 늘리는 건 아주 쉬운 일일 것이다. 레스토랑 주방에서 문제가 생겨 점장이 사태를 수습하려 나타나면 노동자들은 일제히 달려들어 자신의 관점에서 이야기를 늘어놓겠지만, 점장이 여기에 관심을 보일 가능성은 거의 없을 것이다. 아마도 점장은 모두 입 다물라고 말한 다음 어떤 일이 벌어졌을지 자신이 결정해 버릴 것이다. "너 신참이지. 네가 망친 거지. 또 그런 짓 하면 해고하겠어." 실제 무슨 일이 벌어졌는지를 알아내는 노동을 해야만 하는 사람은 아무나 골라 해고시킬 수 있는 권력이 없는 사람들이다. 가장 사소하고 내밀한 수준에서 발생하는 일이 사회 전체의 수준에서도 일어난다. 오늘날 '공감피로'compassion fatigue라는 딱지가 붙은 것을 가장 먼저 언급한 사람은 정말 신기하게도 애덤 스미스Adam Smith였다. 이 내용은 그의 책 『도덕감정론』Theory of Moral Sentiments(1761년에 쓰여짐)에 등장한다. 스미스의 관찰에 따르면 인간은 스스로를 동료들과 상상적으로 동일시할 뿐만 아니라, 그 결과 타인의 기쁨과 고통을 실제로 느끼는 경향 또한 있다. 하지만 가난한 자들은 너무 비참한 상태를 계속 유지하기 때문에, 관찰자들은 자기 자신을 방어하기 위해 [그런 감정을] 제거해 버리는 경향이 있다. 결과적으로 바닥에 있는 자들은 꼭대기에 있는 자들의 관점을 상상하기 위해서 많은 시간을 소비하며 실제로 그들에게 마음 쓰는 반면, 반대의 일은 거의 절대로 일어나지 않게 된다. 이것이 내 진짜 핵심이다. 주인과 하인, 남성과 여성, 고용자와 노동자, 부유한 자와 가난한 자들 중 어떤 경우를 다루건, 메커니즘은 다를지라도 비슷한 일이 항상 발생하는 것처럼 보인다. 구조적 불평등 — 구조적 폭력 — 은 이와 동일한 치우친 상상적 구조를 항상 만들어 낸다. 그리고 스미스가 정확히 관찰했던 것처럼 상상력은 공감을 수반하는 경향이 있기 때문에 구조적 폭력의 희생자는 그 수혜자에 대해서 마음을 쓰고, 아니면 최소한 이 수혜자들이 [희생자] 자신에 대해 마음을 쓰는 것보다 훨씬 더 그들에게 마음 써 주는 경향이 있다. 이는 사실상 (폭력 그 자체를 제외하면) 그런 관계를 존속시키는 유일하고도 가장 강력한 힘일지도 모른다.

관료주의적 과정을 이 현상의 확장으로 보기는 손쉬운 일이다. 관료주의적 상황 그 자체는 어리석음이나 무지의 형태가 아니며, 구조적 폭력의 현존 덕에 이미 존재하게 된 어리석음과 무지에 의해 만들어진 조직화 상황의 양태라고 말할 수도 있다. 관료주의적 절차들은 분명 어리석음의 한 형태처럼 작동한다. 현실적인 인간 존재가 갖는 모든 미묘함을 무시하고 모든 것을 이미 정립된 기계적, 확률적 공식으로 환원시키기 때문이다. 양식, 규칙, 통계, 혹은 설문지 등 어떤 문제가 되었건, 관료주의는 언제나 단순화의 문제다. 그 효과는 걸어들어와 문제를 임의적이고 즉흥적인 방식으로 판단하는 점장과 궁극적으로 크게 다르지 않다. 복잡하고 모호한 상황에 아주 단순한 도식을 적용하는 문제인 것이다. 사실 똑같은 일이 경찰에서도 발생한다. 결국 경찰은 총을 든 하위급 관리자에 불과하기 때문이다. 경찰사회학자들은 범죄와 조금이라도 관련된 경찰 업무는 극히 일부라는 사실을 오래 전부터 보여 줘 왔다. 경찰은 그보다 국가의 폭력 독점을 직접 재현하는 존재로, (누군가가 관료주의적으로 내려진 정의에 적극적으로 도전한 경우와 같은) 상황을 적극적으로 단순화하기 위해 다가오는 사람들이다. 이와 동시에 경찰은 현대 산업민주주의, 그 중에서도 특히 미국에서 거의 강박적인 수준으로 대중적인 상상적 동일시의 대상이 되어 왔다. 사실 대중[16] the public은 천 개는 될 법한 텔레비전 프로그램과 영화를 통해 지속적으로 경찰의 관점에서 세계를 보게 된다. 상상 속 경찰관의 관점이기 때문에 범죄와 싸우기 위해 시간을 보내지, 깨진 후미등이나 공공장소 및 차량 내 음주 금지법[17] Open container laws과 같은 문제에 개입하는 일은 별로 없지만 말이다.

2-1. 초월적 상상 대 내재적 상상에 대한 보론

물론 상상 속의 경찰관과 상상적 동일시를 하는 것은 실제의 경찰관과 상상적 동일시를 하는 것과 다르다(사실 대부분의 미국인은 진짜 경찰을 오물을 보듯 피한다). 점점 더 세계가 디지털화되어 가면서 둘을 혼동하기가 쉬워지지만, 이것은 결정적인 구분이다.

여기서 '상상력'이라는 말의 역사를 고찰해 보는 것도 도움이 될 것 같다. 고대와 중세에 공통된 개념으로 우리가 '상상력'이라고 부르는 것은 현실과 이성 사이의 통로로 여겨졌다. 물리적 세계에 대한 지각은 상상력을 거쳐야만 했는데, 합리적인 정신이 그 의미를 포착하기 위해서는 이 과정에서 [지각이] 온갖 종류의 환상과 뒤섞이고 감정이 실려야 했다. 의도와 욕망은 반대 방향으로 움직였다. '상상력'이라는 말이 현실적이지 않은 것, 즉 상상 속의 생물체, 상상 속의 공간(중간계, 나니아, 먼 은하계의 행성, 프레스터 존의 왕국 등)[18], 상상 속의 친구 등, 특별한 의미[곧, '공상']를 지니게 된 것은 데카르트 이후다. 물론 이런 정의 속에서는 '상상력의 정치적 존재론'은 모순된 말이 된다. 상상력은 현실의 근거가 될 수 없다. 상상력은 정의상 생각할 수는 있지만 현실성은 없는 것이기 때문이다.

나는 후자를 '초월적인 상상력 개념'이라고 부르려 한다. 왜냐하면 몇 번을 읽든 상관없이 똑같은 것으로 남아 있는 상상의 세계를 창조하는 소설이나 다른 허구 작품들을 모델로 삼고 있는 것처럼 보이기 때문이다. 엘프나 유니콘, 텔레비전 경찰 등 상상 속의 존재들은 현실세계의 영향을 받지 않는다. 존재하지 않기 때문에 그럴 수도 없다. 내가 여기서 이야기하고 있는 상상력은 이와는 대조적으로 과거의 내

16
사람들의 집합이 사적 영역과 대비되는 공적 영역에서 출현할 때 부르는 말이다. 사회과학에서는 많은 사람들의 무리를 의미하는 'mass'를 '대중'으로 번역하며, 'public'은 단어가 지닌 공적 성격을 반영하기 위해 '공중(公衆)'이라고 번역하기도 한다. 하지만 이 글의 원문에서 'mass'라는 표현이 나오지 않는다는 점을 감안하여, 보다 자연스럽게 읽히는 '대중'으로 옮겼다. 글에서 이 말을 사용하는 맥락들을 볼 때, 저자는 '대중'을 무엇보다 스펙터클의 소비자로 이해하고 있다.

17
공공장소나 차량에서 뚜껑이 열린 술 용기를 소지하거나 술을 마시는 것을 금지하는 미국의 주 법안. 술을 마시는 행위뿐만 아니라, 뚜껑이 열린 술병이나 술통을 소지하는 행위도 음주 예비 행위로 간주하여 동등한 제한을 가하게 된다. 미국에서는 5개의 주와 2개 주의 일부 지역을 제외하고는 다 채택되어 있다.

18
J.R.R. 톨킨(John R. R. Tolkien)의 『반지의 제왕』이나 C.S. 루이스(C.S. Louis)의 『나니아 연대기』, 존 버컨(John Buchan)의 『프레스터 존』과 같은 널리 알려진 판타지 소설이나 SF 소설에 등장하는 상상적 공간들.

재적인 개념에 훨씬 더 가깝다. 그런 상상력은 정적이거나 독립된 것이 절대 아니며, 물리적 세계에 현실적 효과를 발휘하려는 목적을 지닌 행동의 프로젝트 속에 있고, 그런 까닭으로 인해 언제나 변화하며 적응해 간다는 점이 결정적인 차이다. 칼을 만들거나 장신구를 만들 때, 또는 친구의 기분을 상하지 않게 하려고 노력할 때도 마찬가지다.

상상력에 역량을 준다는 68년의 슬로건으로 돌아가면 이 구분이 얼마나 중요한지를 느낄 수 있다. 만약 이 슬로건이 초월적 상상력을 일컫는다고 생각한다면(가령 이미 형성되어 있는 유토피아적 도식), 결과는 우리가 알고 있는 것처럼 재앙에 가까울 것이다. 역사적으로 보면 그것이 폭력을 통한 강제를 의미하는 경우가 많았다. 한편 같은 이유로 혁명 상황에서 다른 상상력, 내재적인 상상력에 역량을 주지 않겠다고 주장한다면 마찬가지로 재앙이 될 것이다.

폭력과 상상력의 관계는 훨씬 더 복잡하다. 구조적 불평등은 매우 다른 방식이기는 하지만 모든 경우 사회를 상상적 노동을 하는 사람과 그렇지 않은 사람들로 분리하는 경향이 있기 때문이다. 자본주의는 이 점에서 매우 극적인 사례가 된다. 정치경제학은 자본주의사회의 노동을 두 영역으로 나뉘어 있는 것처럼 보는 경향이 있다. 즉, 언제나 공장이 패러다임인 임노동, 그리고 가사와 육아처럼 대부분 여성에게 전가되는 가사노동. 전자는 무엇보다 물리적 대상을 만들고 유지하는 문제로 간주된다. 후자는 무엇보다 사람과 사회적 관계들을 만들고 유지하는 문제로 보는 것이 가장 합당하다. 분명 이 구분은 거친 묘사의 일부에 불과하다. 엥겔스가 살던 맨체스터가 되었든 빅토르 위고가 살던 파리가 되었든, 대부분의 남성이 공장노동자였고 대부분의 여성이 전업주부였던 사회는 단 한 번도 없었다. 그럼에도 불구하고 흥미로운 분화를 드러내 주기 때문에 시작점으로는 유용하다. 산업의 영역에서는 꼭대기에 있는 사람들이 상상력을 더 많이 발휘하는 작업(즉, 생산품을 디자인하고 생산을 조직하는 일)을 스스로 떠맡는 반면, 사회적 생산의 영역에서 불평등이 출현할 때는 바닥에 있는 사람들이 주요 상상적 작업(예를 들어 내가 '해석노동'이라고 부르는, 삶이 지속되게 하는 수많은 일들)을 하게 되는 것이 일반적이다.[19]

의심의 여지없이 이 두 가지를 근본적으로 다른 종류의 활동으로 보는 것이 훨씬 쉽다. 그래서 우리는 해석노동, 또는 대개 여성의 일이라고 여기는 것을 노동으로 인식하는 것조차 어렵게 된다. 내 생각에

19
여기에서 저자는 상상의 생산물인 대상과 소외되지 않는 관계를 맺게 하는 작업, 즉 상상력을 더 많이 필요로 하는 작업(the more imaginative tasks)과, 상상의 생산물인 타인과 소외된 관계를 맺게 하는 작업, 즉 주요한 상상적 작업(the major imaginative tasks)을 구분하고 있다.

는 [이 일들을] 일차적인 노동 형태라고 인식하는 것이 더 나을 것 같다. 분명하게 구분할 수 있다면, 인간을 향하는 보살핌, 에너지와 노동이 근본적인 것으로 간주되어야 한다. 우리가 가장 신경을 많이 쓰는 — 사랑, 열정, 경쟁, 탐닉의 — 대상은 언제나 다른 사람들이다. 그리고 대부분의 비자본주의사회에서 물질적 재화의 생산은 사람을 만드는 보다 폭넓은 작업 과정의 하위 항목으로 간주된다. 사실 나는 자본주의에서 가장 소외적인 측면은 현실이 마치 그렇지 않은 듯이, 그리고 사물의 생산을 증가시키는 것이 사회의 일차적 존재 이유인 듯이 행세하게 만드는 것이라고 주장하고 싶다.

3. 소외에 대하여

> 20세기에는 죽음보다 진정한 삶의 부재가 더 공포스럽다. 죽고 기계화되고 분화된 행위들은 몸과 마음이 완전히 소진되고 죽음이 닥쳐올 때까지 삶의 작은 일부를 하루에도 수천 번씩 훔쳐 낸다. 죽음은 삶의 끝이 아니라 부재가 최종적인 포화상태에 도달한 것이다.
> — 라울 바네겜, 『일상생활의 혁명』

창조력과 욕망 — 정치경제학 용어로 보통 '생산'과 '소비'라고 부르는 것 — 은 본질적으로 상상력의 운송 수단이다. 구조적 폭력이라고도 부를 수 있는 불평등과 지배의 구조는 상상력을 편향시키는 경향이 있다. 소수의 엘리트만이 상상력을 발휘하는 노동에 종사하고 노동자는 정신을 둔하게 하고 지루하며 기계적인 노동에 종사하게 됨으로써, 그 결과 노동자는 자기 자신의 노동으로부터 소외되어 있고 자신의 행동이 다른 사람에게 속한다는 느낌을 갖게 될 수 있다. 또한 국왕, 정치가, 유명인이나 CEO 등이 주변의 모든 것을 잊고 거들먹거리는 동안, 그들의 아내, 하인, 직원, 매니저들은 그들의 환상을 지속시키기 위한 상상적 노동에 모든 시간을 소비하도록 만드는 사회적 상황도 생겨날 수 있다. 불평등의 상황 대부분은 두 요소 모두를 결합하는 것 같다.

우리가 '소외'라는 말로 지시하는 것은, 이렇듯 치우친 상상력의 구조 속에서 살아가는 주관적 경험이다.

학계 좌파가 오래 전에 내버린 소외론이 혁명세력에서 지속적인 호소력을 가져 온 까닭은 다른 설명이 없는 한 이 관점에서 설명할 수 있을 것 같다. 세계 어디서든 아나키스트 인포샵[20]에 들어갔을 때 보게 될 가능성이 높은 프랑스 저자들은, 아직도 대개 기 드보르 Guy Debord 나 라울 바네겜 Raoul Vaneigem과 같은 상황주의자들, 위대한 소외 이론가들(코르넬리우스 카스토리아디스[21] Corneliuss Castoriadis와 같은 상상력 이론가들과 더불어)일 것이다. 나는 오랫동안 왜 그토록 많은 미국 교외 지역 [중산층] 십대들이 라울 바네겜의 『일상생활의 혁명』 The Revolution in Everyday Life과 같은 책에 매료되는지가 몹시 궁금했다. 결국 이 책은 무려 40년 전에, 그것도 파리에서 쓴 책이기 때문이다. 나는 바네겜의 책이 사춘기의 어느 한 시점에 중산층의 실존과 대면하게 되었을 때 느끼게 되는 분노, 지루함, 그리고 반감과 같은 감정에 대한 최고의 이론적 표현이기 때문임이 분명하다는 결론을 내렸다. 궁극적 의미나 통합성과 같은 것은 전혀 없이 삶이 조각조각 부서지는 감각. 냉소적인 시장체계가 그 희생자들을 상품과 스펙터클[22] Spectacle로 팔아 치우는 데 대한 감각. 이는 그 자체가 시장이 파괴해 버린 총체성, 기쁨, 그리고 공동체 감각에 대한 작고 거짓된 이미지들을 표상한다. 모든 관계를 교환관계의 형태로 치환시켜 버리고, 삶을 '생존'을 위해 희생시키며, 금욕을 위해 쾌락을, 공허하고 동질적인 힘 power의 단위나 '죽은 시간'을 위해 창조력을 희생해야만 하는 경향. 이 모두는 어떤 수준에서는 여전히 참이다.

그럼에도 불구하고 질문은 왜다. 현대 사회이론은 여기에 대해 거의 설명해 주지 못한다. 68 직후에 출현한 포스트구조주의[23] Poststructuralism는 대체로 이런 종류의 분석을 거부하는 데서 출발했다. 사회가 존재하는 자연스러운 방식이 있다고 가정하지 않고서는 사회를 '비자연적'이라고 정의할 수 없으며, 진정한 인간 본질이 있지 않는 한 '비인간적'이라고 정의할 수 없고, 통합된 자아 따위를 가질 수 없다면 자아는 '분열되어 있다'라고 말할 수 없다는 등의 생각이 사회이론가들 사이에서는 평범한 상식이 되어 있다. 이런 입장들은 지지될 수 없기 때문에 — 왜냐하면 사회의 자연적 조건, 진정한 인간 본질, 통합적 자아와 같은 것이 없기 때문에 — 소외의 이론은 근거가 없다는 것이다. 오직 논쟁으로서만 받아들인다면 [포스트구조주의의 주장은] 반박하기 어려워 보인다. 하지만 그렇다면 [소외의] 경험들에 대해

20
글이 게재되었던 아나키스트 인포샵. 주소는 주1 참고.

21
터키 태생의 정신분석학자이자 정치철학자.

22
스펙터클은 일차적으로 볼거리나 구경거리를 뜻하는 말이다. 상황주의 맥락에서 보면 어떤 존재가 스펙터클이 된다는 것은 의미를 상실한 기표, 즉 내용 없는 이미지가 된다는 뜻이다. 현실과 단절된 이런 이미지들은 무엇보다 상품으로 생산되며, 자본주의사회 사람들의 관계를 소비주의적으로 매개하는 허상이다. 보다 자세한 논의는 기 드보르의 『스펙터클의 사회』를 참조하라.

23
'탈구조주의', '후기구조주의', '후-구조주의' 등으로도 번역된다. 'post-'라는 접두사는 '탈'의 경우와 같이 수식을 받는 개념(여기서는 '구조주의')으로부터 벗어난다거나, '후기'의 경우와 같이 개념의 안에서 전·후반을 가른다기보다는, 구조주의-이후를 지칭하는 말로 읽는 것이 적합해 보인다. 포스트구조주의는 구조주의 이론에 대한 비판을 통해 성립된 이론들의 계열을 지칭한다. 구조(structure)는 문화 현상이나 경험을 가능하게 하는 선험적 조건을 지칭하며, 겉보기에는 다양한 경험과 현상들을 관통하는 보편적 조건을 의미한다. 포스트구조주의자들은 이러한 조건의 불안정성이나 변화, 조건에 내재한 균열을 강조하는 경향이 있다.

서는 어떻게 설명할 수 있을 것인가?

정말로 생각을 해 보면 그 주장은 겉보기보다 훨씬 덜 강력하다. 결국 학계 이론가들의 얘기는 무엇인가? 그들은 단일한 주체, 총체적 사회, 자연적 질서와 같은 개념들이 비현실적이라고 말하고 있다. 이 모든 것은 그저 우리 상상력이 만들어 낸 환상일 뿐이다. 정말로 맞다. 하지만 그 이외에 또 무엇이 될 수 있는가? 그리고 왜 그것이 문제가 되는가? 만약 상상력이 사회적·물리적 현실을 만들어 내는 과정에서 구성요소가 된다면, 총체성의 이미지를 생산해 냄으로써 진행된다고 믿을 이유가 수도 없이 많다. 이것이 바로 상상력이 작동하는 방식이다. 실제로 있는 것은 무한하게 복합적인 존재들이지만 그런 존재들을 생산해 내기 위해서는 자신과 타인을 통합된 주체로 상상해야 하며, 실제로 있는 것은 사회관계들이 이루는 혼란스럽고 경계가 없는 네트워크지만 그런 사회관계를 생산해 내기 위해서는 통합적이고 경계가 있는 '사회'를 상상해야 한다. 일반적으로 사람들은 격차와 더불어 살아갈 수 있는 것처럼 보인다. 내가 볼 때 문제는 왜 특정 시간과 장소에서는 격차에 대한 인식이 분노와 절망에 불을 붙이고 사회적 세계가 공허한 날조나 사악한 농담처럼 느껴지게 하는가다. 나는 이 것이 구조적 폭력의 필연적 결과로, 상상력이 뒤틀리고 파괴되는 결과라고 주장한다.

4 . 혁 명 에   대 하 여

상황주의자들은 60년대의 많은 급진주의자들과 마찬가지로 직접행동 전략을 통한 반격을 희망했다. 스펙터클의 논리를 뒤엎는 창조적인 전복 행위의 '상황들'을 창조하고 행위자들이 일시적으로나마 자신의 상상의 역량을 되찾을 수 있도록 하는 것이다. 그들은 동시에 이 모든 것이 거대한 반란의 순간, 엄밀히 말해 '바로 그' 혁명 the revolution 을 반드시 이끌어 낼 것이라고 느꼈다. 68년 5월의 사건이 보여 준 것이 있다면, 국가권력을 빼앗는다는 목표가 있지 않은 한, 한 번의 근본적 단절 따위는 있을 수 없다는 것이다. 상황주의자들과 그들에게 가장 열광하는 현대 독자들 사이의 주요한 차이는 천년왕국적 요소가 거의 탈락되었다는 점이다. 천지가 곧 개벽할 것이라고 생각하는 사람은 없다. 하지만 한 가지는 위로가 된다. 결과적으로 진정한 혁명적 자유의 경험에 가까워질수록 그 자유를 즉각 경험할 수 있게 된다는 것이다. 아마도 오늘날 상황주의 전통 속에서 활동하는 집단 중 가장 고무적이라고 할 수 있을 젊은 아나키스트 선동가 집단 크라임에스 Inc[24] ^{Crimethinc.}의 선언을 살펴보도록 하자.

> 우리는 현실이라는 직물에 구멍을 내고 우리를 형성할 새로운 현실을 일궈 나가며 우리의 자유를 만들어야 한다. 계속해서 새로운 상황 속으로 들어가는 것이 습관, 관습, 법, 또는 편견의 관성에 방해받지 않는 결정을 내릴 수 있는 유일한 방법이다. 그리고 이런 상황들의 창출은 전적으로 스스로의 몫이다.
>
> 자유는 혁명의 순간에만 존재한다. 그리고 이런 순간들은 생각보다 드물지 않다. 변혁, 혁명적 변혁은 어디서나 계속해서 진행되고 있다. 그리고 모든 사람이 그 속에서 하나의 역할은 담당하고 있다. 의식적으로든, 무의식적으로든.

직접행동 논리를 이보다 우아하게 서술하기는 힘들 것이다. 이미 자유롭다는 듯이 행동한다는 도전적인 주장! 분명한 문제는 어떻게 하면 전체 전략에 기여할 수 있는가, 국가와 자본주의 없는 세계를 향해 나아가는 누적적 운동으로 연결될 것인가이다. 어떤 사람도 이 점을 확신할 수는 없다. 대부분은 이 과정이 끊임없는 즉흥곡의 한 부분이 될 수밖에 없을 것이라고 추측한다. 반란의 순간들은 분명 있을 것이다. 아마도 일부이겠지만. 하지만 지금 시점에서는 그 완전한 윤곽을 알기를 바랄 수 없는, 훨씬 더 복잡하고 다면적인 혁명 과정의 한 요소가 될 가능성이 가장 크다.

되돌아보면, 한 번의 봉기나 성공적인 내전을 통해, 최소한 국토 내의 특정 지역 한 곳에서는 구조적 폭력장치 전체를 중립화시킬 수 있고, 그 영토 안에서는 우익의 현실이 그냥 사라져 버려서 혁명적 창조력이 거침없이 분출될 수 있는 열린 장만이 남게 될 것이라는 낡은 가정만큼 대단히 순진한 생각도 없어 보인다. 하지만 그렇다고 한다면 정말로 알 수 없는 점은, 몇몇 역사적 순간에는 바로 그런 일이 벌어지고 있는 것처럼 보였다는 사실이다. 만약 새롭고 창발적인 혁명의 개념을 얻고자 한다면, 이런 반란의 순간들이 갖는 특성에 대해 재

24
1990년대 중반에 구성되기 시작한 아나키스트 활동가 집단 네트워크다. 이들은 상황주의의 맥락 속에서 탈-노동자화와 탈-소비자화를 주장하며, 삶을 스스로 생산할 것을 주장하는 정치철학을 갖고 있다. FTAA나 선거 등에 맞서는 다양한 대중 행동을 조직해 왔고, 여러 권의 책들을 발간했다. (홈페이지 주소: http://crimethinc.com)

고찰해 보는 것으로 시작할 필요가 있다는 것이 내 생각이다.

그런 순간들과 관련해 가장 주목해 볼 만한 점은 어떻게 [이런 순간들이] 아무 곳도 아닌 곳으로부터 터져 나오는 것처럼, 또 그 후에는 재빠르게 사라져 없어져 버리는 것처럼 보일 수 있는가다. 이를테면 파리코뮌이나 스페인 내전에서와 같이, 같은 '대중'이 불과 두 달 전에는 매우 온건한 사회민주주의체제에 표를 던졌다가, 그 투표에서 극히 일부 표만을 받았던 초-급진주의자들에게 갑자기 목숨을 거는 일이 어떻게 발생할 수 있었을까? 아니면 68년 5월로 돌아가 보면, 같은 대중이 학생/노동자 봉기를 강하게 지지했거나 최소한 공감하는 것처럼 보였다가, 이후 즉시 투표로 돌아가 우익정부를 선출하는 것은 또 어떻게 가능했을까? 가장 일반적인 역사적 설명 — 혁명세력은 실제로 대중 또는 그들의 이익을 대표한 것이 아니었고, 대신 대중의 일부가 비합리적 흥분 사태에 사로잡히게 되었다는 설명 — 은 분명히 부적절해 보인다. 무엇보다 그들은 '대중'이 시간이 흘러도 비교적 일정한 의견, 이해관계, 그리고 충성 따위를 갖는 존재자라고 가정한다. 사실 우리가 '대중'이라고 부르는 것은 다른 무엇이 아니라 여론조사, 텔레비전 시청, 투표, 청원서 서명, 선출된 관료들에게 편지를 쓰는 것 또는 공청회 참석과 같은 행위의 특정한 형식을 허용하는 특정한 제도 속에서 창조되고 생산되는 것이다. 이 행위의 틀은 말과 생각, 논쟁, 토론의 특정한 방식을 함의한다. 유흥용 화학물질 사용에 탐닉하고 있는 동일한 '대중'이 동시에 그런 탐닉을 불법화하는 투표를 할 수 있다. 같은 시민 집합이라도 의회체계, 컴퓨터 국민투표, 또는 중첩된 일련의 대중집회 등 조직 방식의 차이에 따라 자신이 속한 공동체에 영향을 줄 수 있는 문제에 대해 전적으로 다른 결정을 내릴 수 있다. 직접민주주의를 재발명하고자 하는 아나키스트 프로젝트 전체는 그것이 사실이라는 가정에 기초하고 있다.

내가 말하고 싶은 내용을 좀더 자세하게 설명하자면, 미국의 경우 한 맥락에서는 '대중'이라고 일컬어지는 동일한 사람들의 집합이 다른 맥락에서는 '노동력'이라고 일컬어질 수 있다는 것이다. 다른 종류의 활동에 참여하고 있을 때는 물론 '노동력'이 된다. '대중'은 노동하지 않는다 — 적어도 "미국 대중의 대부분은 서비스산업에 종사한다"와 같은 문장은 결코 잡지나 신문에 실리지 않을 것이다. 기자가 그런 문장을 쓰려고 하면 분명 편집장이 바꾸려 들 것이다. 이건 참으로 이상한 일이다. 대중은 겉보기에는 분명 일을 하러 가야 하는 것처럼 보이기 때문이다. 이것은 좌파 비평가들이 불평하곤 하는 것처럼, 미디어는 항상 교통파업이 통근자들의 능력을 감소시키고 대중에게 불편을 야기하는 것처럼 묘사하지만, 파업 중인 사람들 그 자신이 대중의 일부라거나 성공적인 임금 인상이 그 자체 대중의 이익인 것처럼 생각하는 법이 없는 까닭이다. 그리고 물론 '대중'은 거리로 나가지도 않는다. 그들의 역할은 공공 스펙터클의 시청자, 그리고 공공서비스의 소비자다. 사적으로 공급되는 상품과 서비스를 사거나 이용하려 할 때 똑같은 개인들의 집합이 다른 무언가('소비자')가 되며, 다른 행위의 맥락에서는 '민족', '유권자', 또는 '인구'라는 또 다른 딱지가 붙는다.

이 모든 존재자들은 제도 및 제도적 관행의 산물이며, 특정한 가능성의 지평을 한정한다. 따라서 국회의원 선거에서 투표할 때는 '현실적인' 선택을 해야 한다는 의무를 느끼게 되는 것이다. 반면 반란의 상황에서는 갑자기 모든 것이 가능해 보인다.

최근의 혁명 사유의 상당수가 던지는 본질적인 질문은 이것이다. 그렇다면, 이 사람들의 집합은 반란의 순간에 무엇이 되는가? 지난 몇 세기 동안의 관습적 대답은 '인민' the people이었고, 모든 근대 법체제들은 자신의 적법성을 궁극적으로 '제헌권력' [25] constituent power의 순간, 즉 무장한 채 봉기하는 민중이 새로운 헌법질서를 창조하는 순간으로 거슬러 올라가 찾는다. 반란 패러다임은 사실상 근대국가의 개념 그 자체에 내장되어 있다. 여러 유럽 이론가들은 [이제] 그 기반이 변했다는 것을 이해하며 새로운 용어 '다중' [26] the multitude을 제안했는데, 이 존재자는 정의상 새로운 민족국가 또는 관료주의국가의 기초가 될 수 없다. 나에게는 이 프로젝트가 매우 양가적인 것처럼 보인다.

내가 전개해 나가고 있는 용어들 속에서 '대중', '노동력', '소비자', '인구' 모두는 본성적으로는 관료주의적인 제도적 행위틀에 의해 존재하게 된다는 점에서 공통되며, 그 결과 깊은 소외효과를 불러일으킨다. 선거부스, 텔레비전 화면, 사무실 칸막이, 병원, 그들을 둘러싼 의례 — 이것이 바로 소외의 장치라고 말할 수 있다. 이 장치들이 인간의 상상력을 짓뭉개고 파괴하는 도구들이다. 반란의 순간은 이런 관료주의적 장치가 중립화된 순간이며, 언제나 가능성의 지평을 넓게 여는 효과를 불러 일으키는 것처럼 보인다. 그 장치가 수행하는

25
문맥을 고려해서 '제헌권력'으로 옮겼다. 네그리(Antonio Negri)와 하트(Michael Hardt)의 용법을 따르면 이 말은 '구성하는 역량'으로 번역할 수 있다.

26
마키아벨리가 처음 도입했고 후에 홉스, 스피노자와 같은 일련의 정치철학자들에 의해 논의된 개념이다. 현재는 네그리와 하트, 실베르 로트링게(Sylvère Lotringer), 파올로 비르노(Paolo Virno)와 같은 자율주의 정치사상가들의 입장을 요약하는 대표적인 개념이 되었다. 다중은 공통의지나 동일성을 갖는 단일한 주체인 인민(the people) 혹은 일자(一者)와 대립되는 개념으로, 내부적인 이질성과 다양성을 강조한다. 그들은 스피노자에게는 다소간 중립적이었던 다중의 개념에서 생산적이고 긍정적인 측면을 부각시킨다. 그들의 목표는 전지구화의 맥락 속에서 '다중'이라는 개념을 통해, 세계가 단일주권 아래에 있음을 뜻하는 제국적 통치체제의 변혁 가능성을 찾으려는 것이다. 네그리와 하트는 구성하는 역량(constituent power)과 구성된 권력(constituted power)을 구분한다. 이들의 논의에 따르면 현행적인 주권은 구성된 권력이다. 반면 다중은 구성된 권력으로 환원되지 않는 구성하는 역량을 보유하며 현행적인 제도와 체제들을 변혁시킬 수 있다.

역순의 혁명 혹은 포락의 김이야 상상력과 존재권력이라는 마력에 대하여

정상적인 일 중 하나는 매우 제한된 가능성만을 강제한다는 것이다 (레베카 솔닛[27] Rebecca Solnit이 관찰했던 것처럼 사람들이 자연재해 상황에서 매우 비슷한 경험을 하게 되는 이유일 가능성도 있다). 이것은 사회적, 예술적, 지적 창조력의 분출이 언제나 혁명적 순간을 뒤따르는 것처럼 보이는 까닭을 설명해 줄 수 있을 것이다. 대개 상상적 동일시의 불평등한 구조가 붕괴되며 모든 사람이 세계를 낯선 관점에서 바라보려 노력하는 실험을 한다. 불평등한 창조력의 구조가 붕괴됨으로써 모든 사람이 권리의 측면에서만 아니라 자기 주변에 있는 모든 것을 재창조하고 재상상해야 한다는 즉각적인 실용적 필요를 느낀다.

따라서 재명명의 과정은 양가적이다. 한편으로는 급진적인 주장을 내놓고 싶어 하는 사람들이 누구의 이름으로 그런 주장들을 만들어 내고 있는지를 알고 싶어 한다는 점을 이해할 만하다. 반면 만약 내가 지금껏 말해 온 내용이 사실이라면 우선 혁명적 '다중'을 명명하고, 그 다음으로 배후에 놓인 역동적인 역량을 찾기 시작하는 전체 프로젝트는, 결국 자신이 찬양하는 모든 것을 죽여 없애 버리게 될 제도화 과정의 첫걸음처럼 보이기 시작한다. (대중, 인민, 노동 인구 등) 주체는 본질적으로 행위틀인 특정 제도적 구조에 의해 만들어진다. 하는 일이 바로 존재이기 때문이다. 혁명세력이 하는 일은 현존하는 틀을 파괴해 새로운 가능성의 지평을 창조하는 것으로, 사회적 상상력을 급진적으로 재구조화하도록 하는 행위다. 이것은 정의상 제도화될 수 없는 행위 형식의 하나일지도 모른다. 이것이 이탈리아의 라파엘레 라우다니[28] Raffaele Laudani로부터 아르헨티나의 콜렉티보 시투아시오네스[29] Colectivo Situaciones에 이르는 상당수의 혁명사상가들이 '구성'이 아닌 '탈제도화의 역량'[30]을 이야기하는 것이 낫지 않겠냐고 제안하기 시작한 까닭이다.

4-1. 역순의 혁명

혁명에 대한 맑스의 접근에는 이상한 패러독스가 있다. 일반적으로 말해, 맑스는 물질적 창조력에 대해 언급할 때는 '생산'이라고 이야기하며, 이때 그는 앞에서 말했던 것처럼 먼저 사물들을 상상하고 이후 그들을 실제로 존재하게 하려 노력한다는 점이 인간성을 정의해 주는

27
예술·문화 비평가 및 큐레이터이자, 환경·반핵·인권운동에 참여하고 있는 활동가.

28
볼로냐대학의 정치학 교수로 마르쿠제 연구자.

29
아르헨티나의 정치투사 집단.
(홈페이지 : www.situaciones.org)

30
탈제도화(destitution)는 저자가 구성하는 역량(constituent power)과 탈제도화의 역량(destituent power)을 대비시키고 있는 것에서 볼 수 있듯, 네그리를 비롯한 자율주의 계열 이론가들의 이론과 거리를 둔다. 국가와 대의제를 기반으로 하는 정치 개념에 대항하고 있다는 점에서는 자율주의 이론가들과 일치하지만, 제도 생산 행위를 강조한다는 점에서 구분된다. 탈제도화는 무엇보다도 현존하는 국가장치를 중지시킬 수 있는 힘과, 제도화의 가능성의 지평을 넓히는 변화를 의미한다. 이때 그 공동체는 진공상태에 존재하는 것이 아니라, 다른 규칙들의 생산을 모색하고 실행(institute)한다는 특성을 갖는다. 그레이버는 이 부분에서는 구성의 역량과 대비되는 탈제도화의 역량을 강조하고 있지만, 글 전반, 특히 후반부에서 합의 과정 및 직접민주주의의 제도화 실험들을 폭넓게 언급한다. 그가 구성하는 역량과 긴밀하게 연계된 다중의 개념에 반대하는 까닭은, '인민'(the people), '대중'(the public), '노동력'(workforce)으로 호명하는 것과 마찬가지로 상상력을 반감시키는 특정 주체를 생산함으로써, 행위 가능성의 지평을 제한하는 효과를 가지는 특정 제도로 귀결될 수 있기 때문이다. 그레이버나 다른 탈제도화 이론가들에게 보다 시급한 것으로 체험되는 문제는 변혁의 주체를 명명하며 존재론적으로 해명하는 것이 아니라, 기존의 폭력적 제도를 중지시키고 가능성의 지평을 넓힘으로써 직접민주주의적 제도 생산 활동을 촉발하는 것이다.

면모라고 주장한다. 반면 사회적 창조력에 대해 이야기할 때 맑스는 거의 항상 혁명의 용어들을 사용하지만, 여기서 그는 무언가를 상상하고 그것을 실존케 하려는 노력은 절대 해서는 안 되는 일이라고 주장한다. 그것은 유토피아주의가 될 것이다. 그리고 그는 유토피아주의에 대해서는 지독하게 경멸하기만 했다.

여기에 대한 가장 관대한 해석은 맑스가 어떤 수준에서 사람과 사회적 관계의 생산은 다른 원칙에 따라 작동한다고 생각했지만, 그 원칙이 무엇인지에 대한 이론은 없다는 점을 스스로 알고 있었다고 보는 것일 듯하다. 내가 초창기의 분석에서 편견 없이 참조하고 있는 페미니스트 이론이 출현하지 않았다면 이 쟁점들에 대한 체계적 사고는 불가능했을 것이다. 나는 이것이 페미니스트 이론이 자신의 하위분야로 재빠르게 후퇴하여 대부분의 남성 이론가들의 작업에 거의 영향을 주지 못했던, 구조적 폭력이 상상력에 미치는 효과에 대한 깊은 성찰이라는 점을 추가하고 싶다.

그렇다고 볼 때, 최근에 새 혁명 패러다임을 개발하는 진정한 실천 작업의 대부분이 페미니즘의 작업이기도 했다는 사실과, 그 변환 속에서 주요 추동력이 된 것이 페미니스트적 관심사였다는 사실은 우연이 아닌 것처럼 보인다. 현재 미국에서 합의 및 다른 직접민주주의 과정의 형식에 대한 아나키스트적 강박의 직접적 기원은 페미니스트 운동의 조직화 문제로 거슬러 올라간다. 60년대 후반과 70년대 초반, 아나키스트의 영향을 받은 작고 친밀한 집단으로 시작한 조직들이 빠른 규모 성장을 겪으며 위기에 처하게 되었다. 대다수는 의사결정에서의 합의 추구를 포기하기보다는 같은 원칙을 보다 형식적인 형태로 개발하려 노력하기 시작했다. 그 다음에 생겨난 것은 (그 이전에는 자기 자신의 합의 도출 과정을 종교적 실천으로 간주했었던) 몇몇 급진적 퀘이커교도[31] the Quakers의 훈련 집단이다. 이미 70년대 후반 반핵 캠페인의 직접행동 시기에 친연집단[32] affinity group, 대표자회의[33] spokescouncil, 합의와 촉진 기구 전체가 현대와 유사한 형태를 취하기 시작했다. 그 결과로 쏟아진 새로운 합의 과정 형식들은 지난 수십 년 동안 혁명적 실천에서 가장 중요한 기여가 되었다. 그 대다수가 실천적 조직화에 참여했던 페미니스트들의 작업이었다. 그리고 그 중 대다수는 아마 아나키스트 전통 안에 있었을 것이다. 이는 바닥으로부터의 조직화나 아나키스트적 의사결정 과정에 직접 참여한 적은 없지만 원칙으로서 아나

31
퀘이커는 17세기 영국 개신교 분파에서 유래했으며, 공식 명칭은 '친구들의 사회' (A Society of Friends)다. 이들은 평화주의자들이며 합의에 기초한 직접민주주의 제도를 실천해 왔고, 종교적 원칙들을 고수하며 19세기 노예제폐지운동을 비롯한 사회운동에도 개입해 왔다. 퀘이커의 의사결정 기술, 합의 과정은 종교의 일부로 간주되었기 때문에 외부인에게 공개되지 않았다. 하지만 1970년대에 이르러 몇몇 급진주의 퀘이커 활동가들이 다른 배경을 지닌 활동가들과 '교육 집단' 을 꾸리면서 외부에도 알려졌다.

32
사전적으로는 '유연단체' 라고도 번역되는 '친연집단' 은 정치적인 맥락에서는 소규모 활동가 집단을 일컫는 경우가 많다. 민족이나 젠더, 이해관계와 같은 특정한 정체성이나 본유적인 소유/속성(property)이 아니라, 선택과 상호간의 친근감과 비슷한 관심사에 기반하고 있다는 점에서 특징적인 정치결속이다.

33
집단의 규모가 커서 의사결정 과정에서 모든 사람에게 발언권을 주기가 힘들 때, 그 안에 있는 친연집단에서 대변인을 선출하여, 대변인들의 합의 과정에 의해 전체의 의사결정을 내리는 제도.

키즘에 이끌렸던 남성 이론가들이 다른 경우에는 공감하는 발언을 했음에도 불구하고, 이렇듯 명백하게 비실용적이며 그림의 떡인, 비현실적 합의 개념에는 당연히 동의할 수 없다고 말해야 할 의무를 자주 느꼈다는 사실을 보다 더 아이러니하게 만든다.

대중행동의 조직 그 자체 — 자주 그렇게 일컬어지듯 저항의 페스티벌 — 는 해방의 경험, 현기증 나는 상상력의 재편, 성공적인 자연발생적 반란의 경험에서 가장 강력한 모든 것을 제도화하려 했던 실천적인 실험들로 간주될 수 있다. 제도화까지는 아니더라도 필요할 때면 만들어 낼 수 있어야 했던 것이다. 참여자들에게 미친 효과는 마치 모든 것이 역순으로 일어나는 듯 보였다. 혁명적 봉기는 가두투쟁으로 시작되며, 성공했을 경우 대중적인 흥분과 축제의 분출로 이어진다. 이후 차분한 마음으로 돌아오면 새로운 제도, 의회, 의사결정 과정, 그리고 궁극적으로는 일상의 재발명이라는 업무를 수행해야 한다. 최소한 그런 것은 이상이고, 인간 역사에서는 비슷한 일들이 일어나기 시작한 순간이 분명 있었다. 그런 자연발생적 창조는 언제나 새로운 형식의 폭력적 관료제가 잠식해 버리며 끝나는 것처럼 보였지만 말이다. 하지만 내가 언급했던 것처럼 다소간 피할 수 없는 결과인데, 관료주의가 권력적 상황과 구조적 맹목을 조직화하는 역할을 얼마나 직접적으로 했던, 자신이 혁명의 순간들을 창조하지 않았기 때문이다. 관료주의는 대개 그런 것들을 관리하기 위해 진화할 뿐이다.

이것은 직접행동이 반대 방향으로 진행되는 이유 중 하나다. 대다수의 직접행동 참여자는 그 전반이 일상을 재발명하기 위한 것인 하위문화로부터 왔을 것이다. 그렇지는 않더라도 행동은 협의회, 회의, 그리고 '과정'에 대한 끊임없는 주의 등 새로운 집합적 의사결정 형식을 창조하는 것으로부터 시작되며, 이 형식들은 거리행동과 대중적popular 페스티벌을 계획하는 데 이용된다. 결과는 대개 무장한 국가 대리자들과의 극적인 대치다. 대부분의 조직자들은 사태가 대중적 반란으로 고양되는 것을 보고 싶어 하며 또 그와 비슷한 일이 가끔 일어나지만, 대부분은 어떤 종류든 현실과 영구적 단절의 징조가 될 것이라고 기대하지는 않는다. 그보다는 보다 느리고 고통스러운, 대안 제도를 창조하는 투쟁을 위한 일시적 광고 — 시식이나 시각적 자극의 경험이 더 적절한 표현일 수도 있다 — 의 한 꼭지 역할을 한다.

내 생각에 페미니즘의 가장 중요한 기여는 모든 사람에게 '상황'

은 스스로 생겨나지 않는다는 점을 계속 주지시킨 것이다. 여기에는 엄청난 양의 작업들이 필요하다. 역사의 대부분에서 정치로 여겨졌던 것은 본질적으로 연극 무대에서 상연되는 일련의 퍼포먼스와 같은 것으로 이루어져 왔다. 정치사상에 대한 페미니즘의 가장 큰 선물 중 하나는 이런 무대를 만들고 준비하고 청소하며, 심지어는 그 무대를 가능케 하는 비가시적 구조들을 유지하는 사람들이 있다는 사실을 계속 인식시켜 왔다는 것이다 — 그 사람들은 압도적인 대부분이 여성이었다. 정상적인 정치 과정은 물론 그런 작업을 해야 하는 사람들을 사라지게 하는 것이다. 여성의 일의 주요 기능은 그 자체를 사라지게 하는 것이다. 직접행동세력 내에서의 정치적 이상은 차이를 지우는 것이라고 말할 수도 있다. 다르게 말하자면, 행동은 상황의 생산 과정이 상황 그 자체만큼이나 해방적인 것으로 경험될 때 진정으로 혁명적이라고 볼 수 있다. 그것은 상상력의 재배치 속에서 진정으로 소외되지 않은 경험의 형식을 만들어 내는 실험이라고도 이야기할 수 있다.

결 론

(최소한 지구의 많은 지역에서) 이것은 국가권력이 일시적 중지 상태에 있기는커녕 일상 경험의 모든 측면을 뒤덮고 있어서, 수표를 발행하거나 자동차를 소유하고 운전하도록 허가된 집단의 내적 조직 구조를 무장한 국가대리자들이 규제하려 개입하는 배경 속에서 시도되고 있다. 현재의 신자유주의 시대에서 주목할 만한 점은 관료제가 모든 것을 포위하고 있어 관료제 자체가 더 이상 보이지도 않는다는 것이다. 결국 지금은 사상 최초로 실질적인 전지구적 행정체계가 만들어진 시기다. 이와 동시에 끊임없는 규제와 억압, 성차별주의, 인종적 지배와 계급적 지배의 맥락 속에서 작동하는 압력은 직접행동의 정치에 가담한 사람들이 의기양양함과 신경쇠약 사이에서, 모든 게 가능해 보이는 상황과 불가능해 보이는 상황 사이에서 반복적으로 널뛰기하는 경험을 하게 한다. 세계의 다른 지역에서는 비교적 쉽게 자율성을 획득할 수 있지만, 그러기 위해서는 고립 또는 거의 전적인 자원 박탈이라는 대가를 치러야 한다. 서로 다른 가능성의 지대 사이에 어떻게 동맹을 창조할 것인가가 근본적인 문제다.

하지만 이런 주제는 이 글의 범위를 넘어서는 전략의 문제다. 이 글에서의 내 목표는 그보다 소박했다. 내게는 많은 전선에서 혁명 이론은 혁명적 실천보다 훨씬 느리게 전진해 온 것처럼 보인다. 직접행동의 경험으로부터 역방향으로 작업하여 새로운 이론적 도구들을 만들어 낼 수 있는지 시도해 보는 것이 내가 이 글을 쓸 때의 목표였다. 결정판을 쓰려는 생각은 전혀 없다. 심지어는 쓸모가 없을지도 모른다. 하지만 어쩌면 재-상상이라는 보다 넓은 프로젝트에 기여할 수 있을지도 모르겠다.

횡 단 근 대 성, 경 계 적 사 유, 전 지 구 적 식 민 성

전지구적 자본주의를 재정의할 때, 인식론적 타자성이 갖는 함의[01]

라몬 그로스포구엘(*Ramón Grosfoguel*) ᵇᵉᵞ 현민

01
원문은 스페인어이다. Anouk Deville와 Anne Vereecken이 「멀티튜드」 제26호(2006년 가을)에 프랑스어로 번역한 것을 우리말로 옮겼다.
본문의 소제목은 원래 있던 것이지만, 가독성을 위해 옮긴이가 추가로 문단을 나누었다.
표제적 선명성을 고려하여 본래의 제목과 부제를 바꾸었다. (옮긴이)

02
저자가 두 가지를 엄격하게 구분하고 있지는 않으나 connaissance는 '앎' 으로 épistémologie와 관련된 단어는 일관되게 '인식-' 으로 옮겼다. 드물게 문맥에 따라서 connaissance를 '인식' 으로 옮긴 경우에는 원어를 명기하였다. (옮긴이)

03
Enrique Dussel, *Hacia una Filosofía Política Crítica*, Espagne, Desclée de Brouwer, 2001.

04
Walter Mignolo, *Local Histories/Global Designs : Essays on the Coloniality of Power, Subaltern Know-ledges and Border Thinking*, Princeton University Press, 2000.

05
Aníbal Quijano, "Coloniality of Power, Ethnocentrism, and Latin America", *NEPANTLA*, Vol.1, n°3, 2000.

'정체성의 정치'ᵖᵒˡⁱᵗⁱᑫᵘᵉˢ ᵈᵉ ˡ′ⁱᵈᵉⁿᵗⁱᵗᵉ를 넘어설 수 있는 반체제적이고 급진적인 정치를 생산하는 것이 가능한가? 국가주의적·식민주의적 담론들을 넘어설 수 있는 비판적인 세계주의ᶜᵒˢᵐᵒᵖᵒˡⁱᵗⁱˢᵐᵉ를 절합하는 것이 가능한가? 정치경제학 패러다임과 문화연구 패러다임 간의 고전적인 이분법을 극복할 수 있을까? '제1세계'와 '제3세계'의 유럽중심적 근본주의자들이 만든 근대성 안의 해방적인 요소들을 포기하지 않으면서, 어떻게 유럽중심적인 근대성을 극복할 것인가? 이 논문은 식민적 차이에서 출발하고, '타자'의 앎[02]의 지정학ᵍᵉᵒᵖᵒˡⁱᵗⁱᑫᵘᵉ ᵈᵉ ˡᵃ ᶜᵒⁿⁿᵃⁱˢˢᵃⁿᶜᵉ에 기반한 인식론적 관점이 위와 같은 논쟁에 기여할 수 있다는 점을 드러내고자 한다. 이 관점은 전술(前述)한 이분법과 이항대립을 넘어서, 세계체제 안에서 우리가 자본주의를 일반적으로 인식하는 방식을 재정의/탈식민화할 것이다. 더불어 이 관점은 좌우파의 유럽중심적 유토피아가 [똑같이] 봉착한 곤경과 악몽으로부터 벗어날 수 있는 출구로서, 횡단근대성[03] ᵗʳᵃⁿˢᵐᵒᵈᵉʳⁿⁱᵗᵉ, 경계적 사유[04] ᵖᵉⁿˢᵉᵉ⁻ᶠʳᵒⁿᵗᵃˡⁱᵉʳᵉ, 권력의 사회화[05] ˢᵒᶜⁱᵃˡⁱˢᵃᵗⁱᵒⁿ ᵈᵘ ᵖᵒᵘᵛᵒⁱʳ를 제시하고, 그것들이 구성하는 정치적·인식론적 대안들을 토론에 부칠 것이다.

비 판 적 인 식 론

종족-인종적 타자성ᵃˡᵗᵉʳⁱᵗᵉˢ과 페미니즘의 타자성은 부분적인 관점들에 기반한 인식론을 전개한다. 유럽중심적 패러다임의 헤게모니는 지난

500년 동안 근대적/식민적, 자본주의적/가부장적인 유럽의 세계체제 안에서 서양의 철학과 과학을 만들었다. 유럽중심적·헤게모니적 인식론은 보편적·중립적·객관적 관점을 고수한다. 미국의 흑인 페미니스트와 치카노[06] chicano 페미니스트[07], 중심부 거대도시metropoltiain 인류에 있는 제3세계 사상가[08]들은 우리에게 다음과 같은 사실을 상기시켜준다. 우리 모두는 권력관계 안에 있는 특수한 지역에서 발화할 수밖에 없다는 사실을. 누구도 자본주의적/가부장적/근대적/식민적 세계체제의 계급·인종·성·젠더[09] genre 위계와 언어적·지리적·영성적spirituelles 위계로부터 빠져나갈 수 없다. 북미 페미니스트 도나 해러웨이[10] Donna Haraway는 우리의 앎은 항상 상황적situées이라고 주장한다. 즉 흑인 페미니스트들이 아프리카중심적인 관점에서 인식론이라고 명명한 것을[11], 라틴아메리카의 해방철학자 엔리케 두셀[12] Enrique Dussel은 '앎의 지정학'이라 불렀고, 프란츠 파농[13] Franz Fanon과 글로리아 안잘두아[14] Gloria Anzaldúa라면 그것을 '앎의 신체정치학'corpo-politique de la connaissance이라고 말했을 것이다. 물론 인식론은 당연히 색couleur과 성sexualité을 지니고 있다.

여기서 우리는 앎의 생산에 개입해 있는 사회적 가치보다, 우리의 앎이 항상 부분적이라는 사실에 더 흥미를 갖게 된다. 경계적 관점에서 중심은, 전지구적 권력의 좌표 안에서 발화/언표하는 주체의 언표 행위의 인식론적 장소이자, 지정학적·신체정치적으로 지역화된 장소이다. 서양의 철학과 과학에서 발화하는 주체는 분석에서 항상 은폐되고, 가려지고, 지워진다. 언표하는 주체의 종족, 성, 인종, 계급, 젠더를 지역화하는 것은 언제나 앎의 인식론과 생산으로부터 단절되어 있다. 주체가 권력관계와 권력의 인식론과의 관계 안에서 지역화되어 있다는 사실을 소멸시킴으로써, 서양의 철학과 과학은 보편주의 신화를 만들어 내는데 성공한다. 그런데 이 신화는 권력관계 — 주체는 이 권력관계 안에서만 발화한다 — 에서 인식론적 지역화를 뒤덮고 은폐한다.

이것이 바로 콜롬비아의 철학자 산티아고 카스트로 고메스[15] Santiago Castro-Gomez가 유럽중심적인 철학을 특징짓는 '푸엥제로' point zéro의 인식론이라고 명명한 것이다. '푸엥제로'는 모든 관점의 너머에 위치해 있다는 듯이, 어떠한 관점도 갖지 않는 것처럼 자처하면서 자신이 특정한 관점임을 은폐한다. 이 관점은 신의 시선으로서 자신을 드러내며, 보편주의 담론 밑으로 자신의 특수한 인식론을 감춘다. 역사적

06
'chicano'는 본래 멕시코에서 하층민을 가리키는 말로 멸시의 뜻이 포함되어 있었다. 그러나 1960년대 중반 멕시코계 미국인 젊은이들이 자부심을 갖기 위해 사용하면서 긍정적인 가치와 정치적인 의미를 띠게 되었다. (옮긴이)

07
Cherrie Moraga et Gloria Anzaldúa (eds.), *This Bridge Called My Back: Writing by Radical Women of Color*, Kitchen Table/Women of Color, 1983.

08
Walter Mignolo, ibid.

09
'genre'는 인류(le genre humain)를 의미한다. 그러나 저자는 인간을 남성으로 환원시키는 가부장적인 관점에 포섭될 수 없는 인간의 유(類)적 본질, 일반성, 즉 여성성을 가리키기 위해 이 말을 사용하기 때문에 '젠더'라고 옮겼다. (옮긴이)

10
Donna Haraway, "Situated Knowledges: The Science Question in Feminism and the Privilege of Partial Perspec-tive", in *Feminist Studies*, n°14, 1988, pp. 575~599 (traduction française: http://multitudes. samizdat. net/Savoirs-situes.html)(민경숙 옮김, 「상황적 지식」, 『유인원, 사이보그, 그리고 여자: 자연의 재발명』, 동문선, 2002).

11
Patricia Hill Collins, *Black Feminist Thought: Knowledge, Consciousness and the Politics of Empowerment*, Routledge, 1990.

12
Enrique Dussel, *Filosofía de Liberación*, Edicol, 1977.

13
Frantz Fanon, *Peau noire, masques blancs*, Seuil, 1975 (이석호 옮김, 『검은 피부, 하얀 가면』, 인간사랑, 1998).

으로 이것은 서양 백인 남성이(여기서 젠더가 중요하다) 자신의 지식을 보편성에 도달한 유일한 것으로 표상할 수 있도록 만들었고, 그럼으로써 비서양적 앎들을 부분적인 것으로, 따라서 보편성에 접근할 수 없는 것으로 떼어 놓았다. 17세기 르네 데카르트^{René Descartes}와 함께 시작된 '앎의 자아정치학'^{ego-politique de la connaissance}은 신의 시선에서 사유하는 주체의 신화를 성립했다. 즉 이 '앎의 자아정치학'은 유럽 남성을 신의 자리에 세운다.

그러나 엔리케 두셀[16]이 말한 것처럼, 데카르트의 코기토 자아 '나는 생각한다, 고로 나는 존재한다' 보다 유럽의 정복하는 자아 '나는 정복한다, 고로 나는 존재한다' 가 150년 앞서 있었다. 다시 말하자면 역사적·정치적·경제적인 조건들이 시공간의 바깥에서 사유하는 주체의 가능성을 열었고, 이 주체가 신의 시선을 세속화함으로써 보편적인 시야를 가로챘다는 것이다. 즉 이것은 전지구적 권력의 자리에 있어서 세계의 나머지를 지배하고 착취할 수 있는 제국적 존재를 의미한다.

이러한 인식론적 전략이 유럽 남성의 서구적이고 제국적/전지구적인 계획의 핵심이었다. 유럽의 식민지 확장과 함께 '유럽적' 이라는 개념이 '유럽' 이라고 불리는 세계의 특정 지역을 가리키는 게 아니라는 점을 분명히 하는 것이 중요하다. '유럽적' 이라는 개념은 전지구적인 종족-인종적 위계 속에서 권력이 거주하는 장소를 가리키는 이름이다. 그러므로 '유럽인' 이라는 것은 '유럽' 의 주민을 가리키기도 하지만, 비유럽 출신의 주민에 대해서 백인 우월적인 특권을 누리는 세계 모든 지역의 유럽 출신 주민을 가리키기도 한다. 북미 유럽인, 라틴 아메리카 유럽인, 호주 유럽인들도 여기에 해당한다.

언표행위 주체의 특수한 지역화를 은폐하면서, 유럽인들의 식민지 확장과 지배는 세계 전역에 걸쳐 우월한 앎과 열등한 앎들 사이의 위계, 우월한 존재와 열등한 존재들 사이의 위계를 세울 수 있었다. 우리는 16세기의 문자 혹은 그림글자^{pictographie}조차 없는 인민^{peuples}, 19세기의 문명 없는 인민을 지나, 20세기 중반 저개발된 인민에 이르렀고, 현재 21세기 초에는 민주주의 없는 인민을 마주하고 있다.

우리는 16세기 인민의 권리^{droits de peuples} ── 세풀베다^{Juan Ginés de Sepúlveda}와 라스 카사스^{Bartolomé de las Casas} 사이의 논쟁을 보라 ── 를 지나, 18세기 인권^{droits de l'homme}을 거쳐, 20세기 말 인간답게 살 권리^{droits humains}에 이르

14
Gloria Anzaldúa, *Border-lands/La Frontera: The New Mestiza*, Spinsters/Aunt Lute, 1987.

15
Santiago Castro-Gomez, "La Hybris del Punto Cero: Biopolíticas imperiales y colonialidad del poder en la Nueva Granada(1750~1810)", *manuscrit non publié*, Colombie, Instituto Pensar, Universidad Javeriana, 2003.

16
Enrique Dussel, ibid.

렀다. 이 담론들은 중심부와 주변부 사이에 있는 국제적 노동분업의 생산·재생산에 절합된 제국적·전지구적 개념들의 일부를 형성한다. 이 담론들은 복잡하게 뒤섞이며 유럽인과 비유럽인 사이의 전지구적 종족-인종적 위계와 겹쳐진다. 사회과학 안에서 앎의 생산을 탈식민화하기 위해서, 그리고 자본주의 개념을 탈식민화하기 위해서, '앎의 지정학'으로부터 형성된 이러한 인식론적 비판이 함의하는 바는 무엇인가?

권력의 식민성과 근대적/식민적 권력의 모델

세계화와 정치경제학의 패러다임에 대한 연구들은, 몇몇 예외를 제외하고는 '타자들'을 고려하지 않았다. 즉 지역화를 통해서 생겨난 [기존의] 인식에 대한 비판, 그것이 갖는 인식론적이고 이론적인 함의를 고려하지 않았다. 이러한 비판은 주로 민족지 연구와 페미니즘 연구를 통해 표현된 식민적 차이 안에서 드러난 것이다. 정치경제학 패러다임을 지배하는 인식론은 앎의 지정학이나 앎의 신체정치학이라기보다는 앎의 자아정치학이다. 오늘날에도 여전히 세계화에 대한 연구나 정치경제학의 패러다임에 대한 연구들은 '푸엥제로'의 관점에서 앎들을 끊임없이 생산하고 있다. 그런데 우리가 뒤에서 보겠지만, 이것은 전지구적 자본주의를 개념화하는 데 심각한 난점을 초래한다.

만약 유럽중심적인 시각에서 유럽의 식민지 확장을 분석한다면, 우리는 자본주의 세계체제가 15세기 말 유럽인들 사이의 제국주의적인 경제 경쟁에서 생겨났다는 이야기만을 얻을 것이다. [대체로 다음과 같은 식이다.] 동양과의 교역을 위해 더 짧은 경로를 발견해야 할 필요성이 유럽의 식민지 확장의 주요한 동기였다(엔리케 두셀이 우리에게 환기시켜준 것처럼, 유럽의 시각에서 본 동양, 그것이 우리 아메리카인들에게는 서양이었다). 유럽중심적인 관점에서 보면 더 짧은 경로를 발견할 필요성이 스페인과 포르투갈로 하여금 아메리카를 식민화하게 한 '우발적 사건' accident 혹은 '발견'을 초래했다.

이러한 유럽중심적인 관점에서 자본주의 세계체제는 주로 경제체제, 즉 노동관계이다. 여기서 사회의 지배적인 행위자들은 엄격한 이윤 논리에 따라서, 즉 잉여가치의 추출과 세계적 차원에서 자본의 끊임없는 축적을 위해 움직인다. 더욱이 자본주의에 대한 이러한 개념화는 일체의 권력관계들에 대해서 경제적 관계, 노동관계들을 특권화한다. 따라서 세계 안에서 유럽 자본주의/식민주의의 팽창이 만들어낸 생산관계들과 자본주의에 고유한 새로운 계급구조를 특권화한다. 그런데 이 계급구조는 유럽인들 도래 이전에 실존했던 사회체제나 권력관계들과는 반대되는 것이다. 이런 이야기에서는 계급분석과 경제구조들이 다른 권력관계 형태들에 우선한다.

유럽중심적인 정치경제학 패러다임이 자본주의의 기원, 세계적 차원에서 끊임없는 자본축적의 중요성, 전지구적 자본주의라는 새로운 체제와 연관된 특수한 계급구조의 출현 등을 이해하는 데 기여한 바를 완전히 무시하지 않으면서, 나는 다음과 같은 인식론적 문제를 제기하고자 한다. 내가 제기하는 이 문제는 엔리케 두셀의 해방철학에서 말하는 인식론적 지정학, 그리고 프란츠 파농과 글로리아 안잘두아의 인식론적 신체정치학을 참조한 것이다. 우리가 유럽 백인 남성의 언표행위 장소를 아메리카 토착 여성(예컨대 16세기의 추장 아나카오나^Anacaona, 과테말라의 리고베르타 멘추^Rigoberta Menchu, 볼리비아의 도미틸라^Domitila), 혹은 미국의 프레더릭 더글라스^Frederick Douglas와 같은 아메리카 흑인 노예의 장소로 대체한다면, 자본주의 세계체제는 어떻게 재개념화될 수 있을까?

우리가 앎의 지정학을 변화시켜서 얻을 수 있는 첫번째 함의는 15세기 말 아메리카에서 생산된 것 — 자본/노동의 분할과 세계시장을 겨냥한 상품생산으로 표시되는 — 이 경제체제만은 아니었다는 사실이다. 아메리카에 상륙한 것, 그것은 환원주의적이고 유럽중심적인 경제적 관점이 포착한 것보다 훨씬 조밀한, 권력관계들의 복잡하고 다양한 다발이었다. 만약 우리가 지역화된 관점(인식론적으로 말하면, 실제로 우리 자신을 지역화하는 것은 불가능하며, 게다가 그것을 표상하는 것은 더 말할 것도 없다), [가령] 토착 여성의 인식론적 관점을 택한다면, 그때 아메리카에 상륙한 것은 그동안 정치경제학의 전통적 표상이 우리에게 제공한 것보다 훨씬 복잡한 체제로 나타난다. 아메리카에서 온 것은 유럽적/자본주의적/군사적/가부장적인 이성애자 백인 남성 단일체이고, 그는 착종된 전지구적 권력의 위계/장치들을 시공간 안에 동시에 설립한다.

다음은 가장 중요한 위계들 몇 가지를 목록으로 만든 것으로, 내

횡단근대성, 경제적 서구, 전지구적 식민성 전지구적 자본주의를 재정의할 때, 인식론적 타자성이 갖는 함의

가 따로따로 명확하게 구분하였지만, 실제로는 서로 얽혀서 분리될 수 없는 것들이다.

    1) 16세기부터 현재까지 자본이 다양한 형태의 노동(노예, 반농노, 품앗이, 단순상품의 소생산자, 임금노동자, 예속농, 소작인 등)을 지배하고 착취할 수 있게 해 주는 계급적 위계(오늘날에도 세계에는 수백만 명의 노예가 있으며 특히 인도와 브라질에 많다. 그들은 마킬라도라[17]나 농장 등에서 일하고 있다).

    2) 주변부와 중심부의 국제적 노동분업. 자본은 전제적이고 강압적인 형태로 주변부와, 중심부 내부의 주변부에서 노동을 다양한 형태로 조직한다. 반면 가장 많은 보상을 받고 가장 '자유로운' 노동 형태들은 중심부에 집중된다.[18]

    3) 식민지 행정기구가 설립하고 유럽 남성들이 통제하는 정치군사적 기구와 제도들의 전지구적 국가간[inter-étatique] 체제.[19]

    4) 유럽인을 비유럽인에 대해 특권화하는 전지구적 종족-인종적 위계.[20]

    5) 남성을 여성에 대해 특권화하고 유럽의 가부장제를 다른 젠더 관계들에 대해 특권화하는 젠더 위계.[21]

    6) 이성애를 동성애(게이나 레즈비언)에 대해 특권화하는 성적 위계(아메리카의 많은 토착민들에게 남성들 혹은 여성들 사이의 성관계는, 유럽의 식민화 이전에는 '병리적인 것'이 아니었다. 그들의 우주론에는 동성애 혐오와 관련된 어떤 개념이나 이데올로기가 들어있지 않았다. 이 점을 환기시키는 것은 매우 중요하다).

    7) 영성과 관련해서 기독교도를 비기독교도/비서구인 들에 대해 특권화하고, 기독교(가톨릭 나중에는 개신교)교회를 세계화해서 설립하는 것을 특권화하는 영성적 위계.

    8) 서구적 앎을 비서구적 우주론이나 비서구적 앎에 대해 특권화하고 대학들을 전지구적 체제를 통해 제도화하는 인식상의 위계. '다른 앎들'[비서구적 앎들]은 종교, 민속, 신화들을 낳기는 하지만 이론이나 [참된] 인식을 낳지는 못한다는 생각.

    9) 유럽 언어와 비유럽 언어 사이의 위계. 유럽 언어는 인식[connaissance]의 생산이나 소통과 통하는 것이지만, 비유럽 언어, 서발턴[22] 언어들은 민속이나 문화의 단순한 창조자로만 나타난다.

17
라틴아메리카의 수출가공지역으로, 면세 부품과 원료를 수입·조립해서 완제품을 수출하는 외국계 공장들이 들어와 있다. 주로 멕시코 북부 미국 국경지대에 집중되어 있다. 여기서는 외국계 기업에 세제혜택을 주고 자국의 노동력을 싼값에 부리게 허용하는 소위 '수출자유지역'을 의미한다. (옮긴이)

18
Immanuel Wallerstein, *Le Système du monde du XV siécle à nos jours*, Flammarion, 1980(서영건, 유재건, 현재열 옮김, 『근대세계체제』2, 까치글방, 1999).

19
Immanuel Wallerstein, *The Capitalist World-Economy*, Cambridge University Press/ Éd. de la maison des sciences de l'homme, 1979.

20
Aníbal Quijano, ""Raza", "Etnia" y "Nación" en Mariátegui: Cuestiones Abiertas", in Roland Forgues (ed.), *José Carlos Mariátgui y Europa: El Otro Aspecto del Descubrimiento*, Pérou, Empresa Editora Amauta S.A., 1993; Aníbal Quijano, "Coloniality of Power, Ethnocentrism, and Latin America".

21
Gayatri Spivak, *In Other Worlds: Essays in Cultural Politics*, Routledge and Kegan Paul, 1988(태혜숙 옮김, 『다른 세상에서: 문화정치학 에세이』, 여이연, 2003); Cythia Enloe, *Banana, Beaches and Bases: Making Sense of International Politics*, University of California Press, 1990.

22
원래 대장 아래의 부하를 가리키는 군사용어였다. 스피박은 이 용어를 여성, 노동자, 피식민지인과 같은 정체성들이 비가시화하고 배제하는 요소들을 드러내기 위해서 사용했다. (옮긴이)

세계체제에 대한 이러한 개념화가 북과 남의 유럽중심적 사상가들에 의해 생산된 전통적인 개념화를 의문에 부치는 것은 우연이 아니다.

페루의 사회학자 아니발 키하노[23] Aníbal Quijano의 제안을 따라가 보자. 우리는 그가 '권력의 식민성' colonialité du pouvoir 또는 '식민권력의 모델' modèle du pouvoir colonial이라고 명명한 권력의 특수한 모델을 참조해서 구조적·역사적으로 이질적인 이 세계체제를 개념화할 수 있을 것이다. 이 권력 모델은 성, 권위, 주체성, 노동과 같은 사회적 실존의 모든 차원에 영향을 미친다.[24] 이 새로운 권력 모델은 16세기에 시작되었고, 19세기부터 지구 전체로 뻗어 나갔다. 앎의 지정학과 앎의 신체정치학이라는 개념을 적용해서 키하노를 독해했을 때, '권력의 식민성'은 전 지구적 차원에서 지배와 착취의 성적, 정치적, 인식론적, 영성적, 언어적, 인종적 위계/장치들이 다양하고 이질적인 형태로 직조된 체제로 나타난다.

권력의 식민성이라는 관점이 갖는 혁신 중 한 가지는 인종과 인종주의가 세계체제의 다양한 위계들을 구조화하는 조직 원리를 구성한다는 것이다. 세계적 차원에서 자본의 끊임없는 축적 주위에 절합된 노동의 다양한 형태들은 인종적 위계에 따라 부여된 것이다.[25] 강제노동과 날품팔이 노동은 주변부 비유럽 주민들에게 부여되고, 더 많은 보수를 받고 더 '자유로운' 노동 조건에 있는 '자유로운 노동'이라고 불리는 것은 유럽 주민들에게 주어진다. 인종 관념은 우월한 것과 열등한 것의 위계로 세계의 주민들을 조직한다.

또 다른 예는 이 식민권력의 새로운 모델 안에서 [이루어지는] 가부장제의 재절합이다. 유럽의 가부장제는 식민지 확장과 함께 세계의 나머지로 수출됐다. 세계체제 이전에 남성들이 내면화하고 있는 가부장제는 여성을, 무엇보다도 유럽의 여성들을 지배당하는 주체/신민 sujet으로 만들었다. 식민권력의 새로운 모델 그리고 유럽 출신 백인이 비유럽인보다 우월하다고 간주하는 인종주의적 사유와 함께 가부장제는 재절합되었고 오늘날까지 젠더관계를 생산하고 있다. 거기서 몇몇 [백인] 여성들은 어떤 [비유럽출신] 남성들보다 더 높은 지위와 권력을 획득하고 더 많은 수입을 얻는다.

유럽중심적 관점이 제안하는 것과는 반대로, 인종적, 젠더적, 성적, 영성적, 인식론적 관계들은 자본주의 세계체제의 경제적·정치적

23
Aníbal Quijano, "Colonialidad y Modernidad/Racionalidad", in *Perú Indígena*, n°29, 1991; Aníbal Quijano, "La colonialidad del poder y la experiencia cultural latinoamericana", in Roberto Briceño-León et Heinz R. Sonntag (eds.), *Pueblo, época y desarrollo: la sociología de Amírica Latina*, Nueva Sociedad, 1998; Aníbal Quijano, "Coloniality of Power, Ethnocentrism, and Latin America".

24
Aníbal Quijano, ibid.

25
Aníbal Quijano, "'Raza', 'Etnia' y 'Nación' en Mariátegui: Cuestiones Abiertas"; Aníbal Quijano, "Coloniality of Power, Ethnocentrism, and Latin America".

구조들에 덧붙여지는 요소들이 아니다. 그 관계들은 내가 유럽인/유럽계 북미인, 근대적/식민적, 자본주의적/가부장적 세계체제라고 부를 수많은 권력의 뒤얽힌 관계들을 통합하고 구성하는 한 부분이다.[26] 나는 '자본주의체제'라는 개념을 계속 사용하는 것보다는 다소 번거롭더라도 [여러 가지] 용어들을 조립해서 현재의 전지구적 권력체제를 명명하고자 한다.

'자본주의적'이라는 용어는 이 용어가 내포하는 다양한 권력관계들을 은폐하는 경제주의자의 시야에 근거하고 있다. 유럽의 가부장제와 성, 인식, 영성의 영역에 있는 유럽적, 기독교적 개념들은 식민지 확장을 통해 세계의 나머지에 수출되었고, 그것들은 세계에 있는 비유럽인들을 우월한 인종과 열등한 인종으로 위계를 세우면서 '인종화'하고, 분류하고, '병리화'하기 위한 기준으로 기능했다. 이러한 개념화는 [기존의] 사회과학에 대해 중대한 의미를 함축한다. 여기에 간단히 몇 가지를 요약해 본다.

1) 전(前)자본주의에서 자본주의까지 생산양식이 직선적으로 진화하면서 사회가 국민국가의 틀 안에서 발전한다는 유럽중심적인 낡은 관념이 극복된다. 우리 모두는 세계 인구의 인종적인 분류에 따라 노동의 다양한 형태들을 분절하는 세계체제의 일부를 이룬다.

2) 하부구조와 상부구조라는 맑스주의적 낡은 패러다임은 역사구조적이고 이질적인 관점[27] 혹은 다질적 위계[28] hétérarchie, 즉 권력의 다양한 위계들의 절합으로 대체된다. 이 다양한 위계들에서 주체성과 사회적 상상계l'imaginaire social는 세계체제의 구조에서 유래한 부수적인 현상이 아니다.[29] 이러한 개념화에서 인종과 인종주의적인 사유는 상부구조도 아니고 세계적 차원에서 자본의 축적에 봉사하는 것도 아니다. 그것들은 자본을 구성하고, 자본에 내재하는 것이다. '식민권력의 모델'은 경제에서부터 정치조직의 형태, 국가제도, 젠더관계, 앎의 구조와 핵가족에 이르기까지, 사회적 실존의 다양한 차원들 안에서 행사되는 착취와 지배를 은폐하는 조직 원리이다.[30]

3) 정치경제학 패러다임과 문화/탈식민주의 연구 패러다임의 이분법에서 나타나는 문화와 정치경제학 사이의 오래된 구분이 극복된다. 문화/탈식민주의 연구에서 자본주의 세계체제는 주로 문화에 의해 구성되는 것이고, 반면 정치경제학은 이 세계체제를 주로 경제관

26
Ramón Grosfoguel, "Colonial Difference, Geopolitics of Knowledge and Global Coloniality in the Modern/Colonial Capitalist World System", *Review*, Vol.25, n°3, 2002.

27
Aníbal Quijano, "Coloniality of Power, Ethnocentrism, and Latin America".

28
Kyriakos Kontopoulos, *The Logic of Social Structures*, Cambridge University Press, 1993.

29
Aníbal Quijano, ibid.

30
Ramón Grosfoguel, ibid.

계를 통해서 인식한다. '권력의 식민성'의 관점에서 보았을 때, 최종 심급에서 결정되는 것이 문화인지 경제인지를 아는 것은 중요하지 않다. 자본주의적인 사회 현실이 자율적인 영역들로 분할된다는 베버주의자와 자본주의적 사회 현실은 최종심급에서 결정된다는 논리로 [모든 것을] 환원시키는 맑스주의자, 이들 사이의 오랜 논쟁은 권력관계/위계의 뒤섞이고, 이질적이고, 복잡한 절합 앞에서 의미를 상실한다.

4) 앞으로 살펴볼 테지만, 식민성은 식민주의와 동의어가 아니다. 식민성과 근대성은 동전의 양면이다. 유럽의 산업혁명은 주변부 비유럽인들에게 행사한 강압적인 노동 형태들 덕분에 성공할 수 있었고, 마찬가지로 국민국가, 시민권, 민주주의 같은 근대성의 새로운 정체성, 권리, 법, 제도들은 비유럽 인민의 식민적 상호작용과 지배/착취의 과정 속에서 형성된 것이다. 이처럼 근대성은 유럽인/유럽계 북미인들의 제1세계 안에 있는 '자유롭고', '민주적인' 제도들과 더불어 비유럽 주변부 안에 있는 식민성과 강압적이고 권위적인 제도들에 [동시에] 결합한다.

우리가 전지구적 식민주의라고 부를 수 있는 1492년부터 1945년까지의 453년 동안, 북/남 관계는 주변부 안에서 권위적·직접적·식민지 행정기구들을 통해 주로 절합되었다. 세계의 어떤 지역들은 먼저 식민화·탈식민화되었고, 다른 지역들은 나중에 식민화·탈식민화되었다. 하지만 이 세계체제가 존재해 온 513년 중 최근 60년(북미가 헤게모니를 쥔 시기)은 주변부에 있는 형식적 독립국가들과 중심부 국가들 사이에서 주로 배타적으로 절합된 북/남 관계로 특징지어지는데, 우리는 그것을 신(新)식민주의라고 부른다. 다시 말하자면 그것은 주변부 국민국가들에 대한 중심부 국가들의 간접적인 통제를 의미한다. 현대 세계를 이해하고자 한다면 이 사실에는 중대한 의미가 있다.

전지구적 식민주의 453년과 전지구적 신식민성의 60년 이후에 서구의 정보기관과 군사기구들의 공모로 주변부 권위주의체제들이 만들어졌다. [그런데] 이 권위주의 체제들을 문화주의적 개념화를 통해서 '본질화하는 것', 그리고 이 체제들이 어떤 정치문화 — 비유럽인과 유럽인/유럽계 북미인의 세계 사이에서 갈라져 있는 — 에 속해 있다고 확언하는 것, 혹은 이 비유럽 세계의 권위주의체제[가 현재의 모습을 띠게 된 까닭]는 그들만의 차별화된 공공정치전략과 관계가 있다고 확언하는 것. 이 모든 것들은 오늘날 사용되는 거대한 인종주의

적 신비화이다. 이러한 신비화는 서구 자유민주주의야말로 우리가
'제3세계의 야만성'에 직면해서 취할 수 있는 최선의 체제라는 생각
을 밀어붙이는 데 활용되고 있다.

    그렇다고 해서 내가 제3세계 독재자들을 옹호하는 것은 아니다.
나는 민주적인 정치 형태에 반대하지 않는다. 나는 단지 오랜 기간의
전지구적·역사적 맥락 안에서 북/남의 경제적 불평등뿐만 아니라 사
회적이고 정치적인 삶의 모든 영역에서 북이 남에 대해 누리는 특권
의 불평등 ― 예컨대 민주주의의 제도화를 마음대로 할 수 있다는 사
실과 같은 것 ― 을 제자리에 돌려놓을 것을 제안하는 바이다.

    5) 결국 탈식민화와 해방은 사회적인 삶의 단일한 차원으로 환원
될 수 없다. 이것들은 근대적/식민적 세계에서 성적, 영성적, 인식론
적, 경제적, 정치적, 인종적, 젠더적 위계들의 근본적인 변형을 요청한
다. 우리는 '권력의 식민성'의 관점을 통해서 [새롭게] 변화할 수 있는
대안과 환원주의적이지 않은 사회적 변혁을 사유할 수 있다.

전 지 구 적   식 민 주 의 에 서   전 지 구 적   식 민 성 으 로

국민국가의 사법적·정치적 권력을 정복하는 것이나 국가를 통제하는
것. 이와 같은 용어만을 가지고는 우리가 살고 있는 세계의 탈식민화
를 생각할 수 없다. 끊임없이 국민국가의 권력을 탈취하려는 사회주
의운동과 민족해방의 낡은 전략은 불충분하다. 왜냐하면 전지구적 식
민성은 식민지 행정기구의 현존 또는 부재로 단순화될 수 없기 때문
이다.[31] 20세기의 가장 강력한 신화 중 하나는 식민지 행정기구를 제
거하면 세계가 탈식민화될 것이라는 생각이었다. 그것은 '탈식민' 세
계라는 또 다른 신화를 창조해 냈다. 전지구적 식민주의의 453년
(1492~1945) 동안 만들어진 전지구적인 권력의 다양하고 이질적인
구조들은 지난 60년 동안 주변부에서 이루어진 사법적·정치적 탈식
민화와 더불어 사라지지 않았다. 우리는 513년 전부터 동일한 '식민
권력의 모델' 아래에서 계속 살아 왔다.

    사법적·정치적 탈식민화와 더불어 우리는 전지구적인 식민주의
의 시대에서 전지구적인 식민성의 시대로 이동해 왔다. 식민지 행정
기구가 거의 완전히 제거됐음에도 불구하고, 주변부 거대정당이 형식

31
Ramón Grosfoguel, ibid.

횡단근대성, 경계적 사유, 전지구적 식민성 ▎ 전지구적 자본주의를 재정의할 때, 인식론적 타자성이 갖는 함의

적 독립국가 안에서 조직됐음에도 불구하고, 비유럽 인민은 항상 유럽인/유럽계 북미인들보다 더 노골적으로 착취/지배당하고 있다. 유럽인/유럽계 북미인과 비유럽인들 사이의 오래된 전지구적인 식민적 위계는 건재하고, [이것은] 국제적인 노동분업과 세계적인 규모에 따른 자본의 끊임없는 축적에 절합된다.[32]

바로 여기에 '식민주의'와 '식민성'을 구별해야 하는 중요한 이유가 있다. 식민성은 자본주의적/가부장적, 근대적/식민적 세계체제의 헤게모니적인 구조와 문화에 의해서 만들어졌고 식민지 행정기구의 소멸 이후에 생겨난 지배와 착취의 형태들의 연속성과 관련된다. 권력의 식민성은 근대적/식민적, 자본주의적/가부장적 세계체제 안에서 결정적인 구조화 과정을 나타낸다. 이러한 세계체제는 국제적인 노동분업의 지역화된 주변부와 전지구적인 종족-인종적 위계를 뒤섞는 것이고, 전지구적인 중심부 거대도시에서 종족-인종적 위계를 유지한 채 전세계적인 자본축적과 더불어 제3세계 이주자를 절합하는 것이다. 오늘날 주변부 국민국가와 비유럽 인민은 국제통화기금[IMF], 세계은행[IBRD], 펜타곤, 북대서양조약기구[NATO]의 원조와 더불어 미국에 의해 강제된 전지구적인 식민성의 체제 아래에서 살고 있다. 더 이상 식민지 행정기구의 통제하에 있지 않을 때조차도 주변부 지역은 식민적 상황에 포획되어 있는 것이다.

'식민적인 것'은 단지 고전적 식민주의 또는 내부 식민주의로만 한정되지 않는다. 또한 식민지 행정기구의 현존으로 환원될 수도 없다. 이 논문에서 우리는 고전적 식민주의처럼 식민지 행정기구의 현존으로 구성되는 식민적 상황만을 가리키기 위해 '식민주의'라는 용어를 사용한다. 그리고 식민지 행정기구가 세계체제에서 제거된 현재의 식민적 상황을 가리키기 위해 키하노[33]처럼 '식민성'이라는 용어를 사용할 것이다. '식민적 상황' 또는 '권력의 식민성'은 식민지 행정기구의 현존과는 상관없이 지배적 종족-인종 집단들에 종속된 종족-인종 집단들의 정치적, 경제적, 문화적, 인식론적, 영성적, 성적, 언어적 억압/착취를 가리킨다. 유럽의 식민지 지배와 확장이 이뤄진 지난 453년은 유럽인/유럽계 북미인들과 비유럽인들 사이의 국제적인 노동분업을 만들어 냈고, 그것은 '탈식민적'이라 부르는 세계체제의 현재 국면 안에서도 재생산되고 있다.[34]

오늘날 세계체제의 중심부 거대도시의 지역사회는 서유럽, 캐나

32
Aníbal Quijano, "Coloniality of Power, Ethnocentrism, and Latin America"; Ramón Grosfoguel, ibid.

33
Aníbal Quijano, "Colonialidad y Modernidad/Racionalidad"; Aníbal Quijano, ""Raza", "Etnia" y "Nación" en Mariátegui : Cuestiones Abiertas"; Aníbal Quijano, "La colonialidad del poder y la experiencia cultural latinoamericana".

34
Immanuel Wallerstein, *The Capitalist World-Economy*; Immanuel Wallerstein, *L' Aprés-libéralisme. Un systéme-monde á réinventer*, La Tour-d'Aigues, Éd. de l' Aube.

다, 오스트레일리아, 미국 같은 백인/유럽/유럽계 북미인들의 지배와
겹쳐진다. 주변부 지역사회는 이전에 식민화된 비유럽 인민들과 겹쳐
진다. [오히려] 일본은 이런 규칙을 확인해 주는 예외 사례이다. 일본은
다른 유럽 국가들처럼 유럽인들에 의해 결코 식민화되거나 주변화된
적이 없고, 유럽인들처럼 이 세계체제의 한가운데에서 자신만의 방식
으로 능동적으로 식민적 제국을 구성해 왔다. 중국은 완전히 식민화
되진 않았지만, 홍콩과 마카오와 같은 식민지 조차지(租借地)의 설치
와 19세기 아편전쟁 같은 직접적인 군사개입에 의해 주변화되었다.

    '세계의 탈식민화'라는 신화는 식민지 과거와 현재의 식민적/인
종적 위계 사이에 있는 연속성을 흐릿하게 만들고, 자본주의적/가부
장적, 근대적/식민적 세계체제 안에 영속하는 '권력의 식민성'을 은
폐하는 데 기여한다. 지난 60년 동안 주변부의 형식적 독립국가들은
지배적인 유럽중심적 자유주의 담론을 좇아서 '독립', '발전', '진보'
의 환영을 생산해 내는 '민족[natioanl]정체성', '국가 발전', '국민 주권'
과 같은 이데올로기를 구축해 냈다.[35] 그럼에도 불구하고 그들의 정치
적·경제적 상황은 세계체제의 국제적 노동분업의 하위에 있는[subalterne]
그들의 상황으로부터 구성된다.[36] 세계체제의 다양하고 이질적인 과
정들과 유럽중심적인 문화와 인식론의 패권[37]은 비유럽인들에 대한
유럽인/유럽계 북미인들의 전지구적인 식민성을 구성했다. 이를 위
해서 식민성은 자본주의적/가부장적/근대적/식민적 세계체제의 국
제적인 노동분업을 결코 축소하지 않고 절합한다.[38]

    '독립 이후'[post-independance], '탈식민'이라 부르는 시기 동안 유럽인/
유럽계 북미인들과 비유럽인들 사이의 식민적 축은 중심부 거대국가
와 주변부 국가 사이의 지배관계에서 자본과 노동의 착취관계에 기입
되었을 뿐만 아니라, 앎과 주체성의 생산에도 기입되었다. 주변부 국
가의 독립은 '식민적 독립' 또는 '탈식민화 없는 독립'이다. 왜냐하면
주변부 국가에서도 유럽인/유럽계 북미인들이 형성한 중심부를 향한
전지구적인 종속이 계속되고 있을 뿐만 아니라, 국민국가 층위에서도
백인의 후손들이 국가권력을 쥐고 있고 비유럽인들을 종속적 상황에
묶어놓기 때문이다. 아프리카와 아시아에서 이 식민성의 과정은 유럽
의 식민화 과정 동안 특권을 지녔던 사람들이 국민국가의 권력을 획
득하면서 실행됐다.

    요약하자면 우리가 '탈식민적' 시대와 세계 속에 살고 있고, 거대

35
Immanuel Wallerstein, ibid.
Immanuel Wallerstein, Impenser la science sociale. Pour sortir du XIX° siècle, PUF, 1995(성백용 옮김, 『사회과학으로부터의 탈피: 19세기 패러다임의 한계』, 창작과비평사, 1994).

36
Immanuel Wallerstein, The Capitalist World-Economy; Immanuel Wallerstein, The Politics of the World-Economy, Cambridge University Press/Éd. de la maison des sciences de l'homme, 1984; Immanuel Wallerstein, L' Après-libéralisme. Un système-monde á réinventer.

37
Edward Said, L'Orientalisme. L'Orient créé par l'Occident, Seuil, 1997(박홍규 옮김, 『오리엔탈리즘』, 교보문고, 2002); Immanuel Wallerstein, Geopolitics and Geoculture, Cambridge University Press /Éd. de la maison des sciences de l'homme, 1991; Immanuel Wallerstein, ibid; Edgardo Lander, "Eurocentrismo y colonialismo en el pensamiento social latinoamericano", in Roberto Briceño-León and Heinz R. Sonntag (eds.), Pueblo, época y desarrollo: la sociología de América Latina, Nueva Sociedad, 1998; Walter Mignolo, Local Histories/Global Designs: Essays on the Coloniality of Power, Subaltern Knowledges and Border Thinking.

38
Immanuel Wallerstein, The Politics of the World-Economy; Aníbal Quijano, ""Raza", "Etnia" y "Nación" en Mariátegui: Cuestiones Abiertas"; Walter Mignolo, The Darker Side of the Renaissance: Literacy, Territoriality and Colonization, Ann Arbor, The University of Michigan Press, 1995.

황민트데성, 경제적 사유, 전지구적 식민성 전지구적 자본주의를 지정하면에 때, 인식론적 타자성이 갖는 함의

도시들이 있는 중심부 세계는 탈식민화될 필요가 없다는 생각이야말로 유럽중심적인 신화의 일부를 형성한다. 이와 같은 상투적인 정의 속에서 식민성은 식민지 행정기구의 현존 여부로 환원되고 만다. 그럼에도 불구하고 페루의 사회학자 키하노가 '권력의 식민성'을 말하면서 증명하고자 했던 것처럼[39] 우리는 계속해서 식민적 세계에 살고 있다. 그리고 '세계의 근본적 탈식민화'라는 20세기의 꿈을 달성하기 위해서, 우리는 식민적 관계의 협소한 개념들을 무너뜨릴 수 있는 탈식민적이고 반체제적인 단절이 필요하다.

경 계 적   사 유

세계체제 역사 내내 오늘날까지도 서구에서 만들어진 문화, 앎, 인식론은 줄곧 특권을 차지해 왔다.[40] 어떤 문화도 유럽중심적인 근대성과의 관계에서 절대적 외부를 유지할 수 없었다. 그리고 만약 절대적 외부라는 게 없다면 절대적 내부도 없는 것이다. 서양의 단일 언어적이고[monolinguistes] 단일 주장적인[monotopiques] 전지구적 개념들은 우월한 위치에서 다른 문화, 다른 민족들과 관계를 맺고 비서구 세계의 우주론과 인식론에는 전혀 귀를 기울이지 않는다.

16세기 소위 야생인[sauvages]과 야만인[barbares]을 개종시키기 위해 기독교를 강제했던 것은, 18~19세기 동안에는 미개인들을 구원한다는 '백인의 의무'[fardeau de l'homme blanc]나 '문명화 임무'[mission civilisatrice]를 강제하는 형태로, 20세기 동안에는 발전주의자들의 프로젝트를 강제하는 형태로, 최근 들어 21세기 초에는 군사적 개입과 '민주주의'와 '인권'의 수사학에 기초한 제국적 프로젝트를 강제하는 형태로 이어져 왔다. 이 모든 서구의 프로젝트는 비서구인들의 야만성으로부터 야생인들을 보호해야 한다는 주장과 더불어 폭력적인 방식으로 강제되었다.

이러한 강제에 대항해서 제1세계의 국가주의적 유럽중심주의와 제3세계의 근본주의적 유럽중심주의라는 두 가지 답변이 제출되었다. [첫번째 답변인] 국가주의는 전지구적인 유럽중심주의 문제에 대해 유럽중심적인 해결책을 제시한다. 이 해결책은 각 국민국가 내부에 있는 권력의 내적 식민성을 재생산하고 국민국가를 사회적 변화의 특권화된 공간으로 물화시킨다.[41] 국민국가의 위아래에서 벌어지는 투

39
Aníbal Quijano, ibid; Aníbal Quijano, "La colonialidad del poder y la experiencia cultural latinoamericana"; Aníbal Quijano, "Coloniality of Power, Ethnocentrism, and Latin America".

40
Gayatri Spivak, _In Other Worlds: Essays in Cultural Politics_; Walter Mignolo, _Local Histories/Global Designs: Essays on the Coloniality of Power_.

41
Ramón Grosfoguel, "From Cepalismo to Neoliberalism: A World-System Approach to Conceptual Shifts in Latin America", _Review_, Vol.19, n° 2, 1996.

탈근대성, 경계적 사유, 전지구적 식민성 전지구적 자본주의를 재정의할 때, 인식론적 타자성이 갖는 함의

쟁은 국가주의적 정치전략의 관점에서는 유의미하게 포착되지 않는다. 그러나 더욱 중요한 점은 전지구적인 자본주의에 대한 국가주의적 답변들은 근대적/식민적 세계체제의 전형적인 정치 제도인 국민국가를 강화시킨다는 것이다. 국민국가는 세계 어디에도 존재하지 않는 유럽중심적인 허구이다. 국민국가의 전형적인 모델인 프랑스에서조차 국가 정체성과 주민 정체성은 상응하지 않는다.

이러한 허구는 제1세계에서 제구실을 못했을 뿐만 아니라, 무엇보다도 그것이 비유럽 주변부에 정치적이고 국가적인 조직 모델로서 수출됐을 때 재앙으로 나타났다. 아프리카 내전과 라틴아메리카 권력의 식민성은 유럽중심적인 모델이 여타의 세계에 수출됐을 때, 그것에 의해 야기된 몇 가지 문제를 두드러지게 보여준다. 이와 같은 의미에서 국가주의는 세계체제의 유럽중심적인 정치적 사유와 구조의 공범자다. 이것이 반세계화주의자가 아니라 대안세계화주의자가 되어야 하는 중요한 까닭이다. 왜냐하면 그것[대안세계화]은 질적으로 구별되는 변형/탈식민화의 전략을 함축하기 때문이다.

다른 한편으로 온갖 유형의 제3세계 근본주의자들은 유럽중심적인 근대성의 절대적 외부 또는 순수한 바깥을 자임하면서 서양제국주의와 유럽중심주의에 대응한다. 그들은 유럽중심적인 인식론의 이원론적이고 이항대립적인 용어를 재생산하는 '반근대적인 근대적' modernes anti-modernes 힘들을 구성한다. 유럽중심적인 근대성의 강제에 직면해서 그들은 제1세계만큼이나 위계적이고, 권위적이고, 가부장적이고, 반민주적인, '근대적인 반근대주의' anti-modernisme moderne 로 응답한다. 그들은 유럽중심적인 인종주의적 사유의 이원론적인 용어를 다시 취하는데, 그러한 사유는 자유와 민주주의를 유럽인/유럽계 북미인들의 세계에 본질적이고 자연스럽게 속하는 것으로 간주하고, 권위주의를 비유럽적인 주변부에 본질적이고 자연스럽게 속하는 것으로 간주한다. 그들은 이미 유럽중심적인 전제를 받아들인 상태이고, 그래서 그 원칙에 따라 서구적인 강압으로 보이게 마련인 민주주의를 거부한다. 유럽중심적인 사유가 민주주의를 서양의 자연스런 속성으로 제시하는 반면에, 제3세계의 근본주의자들은 유럽중심적인 전제를 받아들여 민주주의를 비서구세계와는 아무런 관련이 없는 것이며 서양에 의해 강제된 것으로 확신한다.

이러한 두 가지 입장은 민주주의 같은, 근대성을 구성하는 많은 요소들이 유럽인과 비유럽인 사이의 전지구적인 상호작용 속에서 구성되었다는 사실을 부정하는 것이다. 유럽의 유토피아적 사유^{pensée utopique}는 식민지를 확장하는 동안 마주친 비유럽의 사회체제로부터 많은 양분을 얻었다. 그리고 유럽의 유토피아적 사유는 비유럽의 사회체제를 전유해서 유럽중심적인 근대성의 자연스러운 속성으로 만들었다. 제3세계 근본주의자들은 제1세계만큼 유럽중심적이고, 위계적이고, 권위적이고, 반민주적인 근대적 반근대성을 가지고 유럽중심적 근대성의 강요 — 전지구적인/제국적인 것과 같은 개념들 — 에 대응했다.

제1세계 유럽중심주의와 제3세계 유럽중심주의 사이에 있는 현재의 근본주의적 딜레마를 벗어날 수 있는 해결책들 중에서, 우리는 안잘두아[42]와 살디바르[43] ^{José David Saldívar}와 같은 치카노 사상가의 뒤를 잇는 미뇰로^{Walter Mignolo}가 '경계적 사유'[44] ^{pensée-frontalière}라고 부른 것에 주목한다. 이러한 사유는 유럽중심적인 근대성 프로젝트에 대한 인식론적인 타자성들의 응답이다. 절대주의적 근본주의 안으로 후퇴하기 위해 근대성을 거부하는 대신, 탈식민화하는 해방적인 투쟁을 하기 위해, 유럽중심적인 근대성을 넘어서는 세계를 구성하기 위해, 경계적 인식론은 식민적 차이 안에서 억압받고 착취당하는 자의 수용소^{camp}에 있는 서발턴들의 우주론과 인식론으로부터 출발해서 근대성의 해방적인 수사를 다시 취하고/재정의한다. 경계적 사유는 유럽중심적인 근대성에 의해 강요된 시민권, 민주주의, 인권, 경제, 정치 개념들의 협소한 정의를 넘어서 그것들을 다시 취하고/재정의한다. 경계적 사유는 반근대적인 근본주의가 아니다. 경계적 사유는 두셀의 용어를 빌려서 말하자면,[45] 근대성을 넘어설 수 있다는 의미에서, 유럽중심적인 근대성에 대항해 싸우는 서발턴들의 탈식민주의적이고 횡단근대적인 응답이다.

멕시코 사파티스타 투쟁은 여기에 해당하는 좋은 사례이다. 사파티스타는 반근대적인 근본주의자가 아니다. 그들은 토착적인 근본주의 형식 안으로 후퇴하려고 민주주의를 거부하지 않는다. 반대로 그들은 민주주의 개념을 받아들인다. 그들은 지역적이고 토착적인 실천과 우주론 — '복종하면서 명령한다' 또는 '우리가 평등한 것은 다르기 때문이다' — 에서 출발해 민주주의 개념을 재정의하고 개념화한다. 이런 공식은 역설적으로 보일 수 있을 것이다. 그러나 그것들은 서

42
Gloria Anzaldúa, *Border-lands/La Frontera: The New Mestiza*.

43
José David Saldívar, *Border Matters*, University of California Press, 1997.

44
'border thinking'. 국제정치학에서는 '변경사유'라고 옮기기도 한다. 이 글에서는 중심부와 주변부, 제1세계와 제3세계라는 이분법 자체를 문제삼기 때문에 주변, 가장자리의 뜻이 강한 변경사유 대신, '경계적 사유'라고 옮겼다. (옮긴이)

45
Enrique Dussel, *Hacia una Filosofía Política Crítica*.

횡단근대성, 경계적 사유, 전지구적 식민성 : 근대적/식민적 자본주의를 재정의할 때 인식론적 타자성이 갖는 함의

발턴 인식론에서 출발한, 민주주의와 시민권 개념을 탈식민화하는 비판적 재정의이다. 우리는 이와 같은 인식론을 통해 유럽중심적인 근대성에 의해 창시된 독백을 극복할 수 있는 질문을 할 수 있게 된다.

탈식민적 유토피아 프로젝트로서 횡단근대성

북남 문화 간 대화는 세계체제 권력장치들의 탈식민화 없이는 불가능해 보인다. 서양의 수직적 독백에 반대하는 해방적인 수평적 대화는 권력의 전지구적 관계들의 변형/탈식민화를 요구한다. 우리는 식민적 차이의 양극에 의해 전지구적으로 분할된 문화와 민족들 사이에서 이루어지는 평등의 수평적인 관계에도, 하버마스적인 합의에도 만족할 수가 없다. 그렇지만 우리는 '유럽중심주의 대 근본주의' 라는 선언적(選言的) 명제를 넘어서는 대안적 세계들을 상상할 수 있다. 라틴아메리카로부터 온 횡단근대성^{transmodernité}은, 근대성의 유럽중심적 판본을 극복하기 위해서 엔리케 두셀이 제안하는 유토피아 프로젝트이다.[46] 근대성 프로젝트를 완성하는 것을 목표로 삼는 하버마스의 프로젝트에 반대하여, 두셀의 횡단근대성은 탈식민화의 완성을 목표로 삼는다.

　　세계의 나머지에 강제된 유럽/유럽-아메리카 중심의 유일한 근대성 대신, 두셀은 식민화된 인민들의 인식론적인 지역화로부터 출발하는 탈식민적·비판적 제안들의 다양성을 옹호한다. 서발턴 인식론들은 에두아르 글리상^{Edouard Glissant}이 제안하는, 근대성 문제에 대한 응답들의 '이(異)보편성' [47] ^{diversalité}을 제공할 수 있을 것이다. 해방의 철학은 다른 문화들과 대화하는 서로 다른 문화의 비판적 사상가들을 가로지른다. 여성해방, 민주주의, 공민권^{droits civiques}은 지역의 인식론적·윤리적 프로젝트의 창조성을 가로지른다. 예컨대 서양 여성들은 이슬람세계 여성들에게 그들의 해방 개념을 강요할 수 없다. 마찬가지로 서양인은 비유럽 인민들에게 자신의 민주주의 개념을 강요할 수 없다. 이것은 전지구적 권력의 식민성에 대한 근본주의적 또는 국가주의적 해결책을 찾고자 하는 것이 아니다. 이것은 경계적 사유와 횡단근대성 안에서 제1세계의 유럽중심형 또는 제3세계의 유럽중심형 근본주의들을 극복하면서, 횡단근대적이고 탈식민화된 세계로 나아갈

46
Enrique Dussel, *Hacia una Filosofía Política Crítica*.

47
유럽중심적인 uni/versalité(유일-보편성)가 아니라 divers+versalité(서로 다른 것들이 함께 있는 보편성)란 뜻의 조어. di/versalité란 해석도 가능하나 di의 2배, 2중, 2번이라는 의미는 문맥상 적합하지 않아 보인다. 이(二)와 이(異)가 발음상 똑같다는 사실에 착안해서 '이(異)보편성' 이라고 옮겼다. 곧이어 나오는 pluri/versalité는 pluri의 다수 복수란 뜻을 살려 '다(多)보편성' 으로 옮겼다. (옮긴이)

수 있는 전략 또는 인식론적 메커니즘을 찾고자 하는 것이다

유럽적/유럽-아메리카적, 근대적/식민적, 자본주의적/가부장적 세계체제 513년 동안 우리는 '기독교인이 되거나 죽거나'의 16세기, '문명인이 되거나 죽거나'의 18·19세기, '개발되거나 죽거나'의 20세기, 최근에는 '민주주의를 받아들이거나 죽거나'의 21세기 초반을 지나왔다. 이 시기에는 토착적, 이슬람적, 아프리카적 민주주의 형태들에 대한 존중과 인정이 전혀 없었다. 민주주의적 타자성의 여러 형태들은 선험적으로 거부되었다. 서구의 자유민주주의만이 서양의 헤게모니적 이해(利害)를 침해하지 않는 범위에서 유일하게 정당화되고 용납됐다. 만약 비유럽인들이 자유민주주의의 용어들을 받아들이지 않는다면, 그때 자유민주주의는 문명과 진보의 이름으로, 무력으로 그들에게 강요된다. 민주주의는 서양적이고 자유주의적인 형태로부터, 즉 인종주의적, 가부장적, 자본주의적 형태로부터 자신을 탈식민화시키기 위해 횡단근대적 형식하에서 재개념화될 필요가 있다.

레비나스Emmanuel Levinas의 외부성extériorité 개념을 급진화하면서 두셀은 유럽적 근대성에 완전히 식민화되지 않은, 상대적으로 외부적인 비유럽의 인식론적 공간들이 지닌 인식론적 잠재성을 강조한다. 이 외부의 공간들은 순수하지도, 절대적이지도 않다. 이런 공간들은 근대적/식민적, 자본주의적/가부장적 유럽의 세계체제에 의해 생겨났다. 근대성에 대한 비판으로서 비판적인 경계적 사유는 앎의 지정학과 앎의 신체정치학의 외부성 또는 상대적 주변성에서부터 부상한다. 그것은 윤리-정치적 프로젝트의 다양성이 거주하는, 탈식민화된 횡단근대적이고 '다(多)보편적인'pluriversel 세계로 우리를 이끈다. 거기에서는 세계 인민들 사이의 진정한 소통과 수평적 대화가 가능하다. 이 횡단근대적 유토피아 프로젝트에 도달하기 위해선 유럽인/유럽계 북미인의, 근대적, 식민적, 자본주의적/가부장적 세계체제의 식민권력 모델의 지배와 착취 시스템을 변형시켜야 한다. 그것이 근본적인 문제이다.

오늘날의 반자본주의 투쟁들

식민성과 유럽중심적인 앎들이 전지구적, 국가적, 지역적 체제의 다양한 층위에 미치는 파괴적인 영향력 때문에 세계적 차원의 반체제운동

과 유토피아적 사유들이 나타났다. 이런 이유로 혁신적인 좌파는 앎의 실천과 생산의 수준에서, 우파뿐만 아니라 좌파도 지니고 있는 유럽중심적 식민성을 상대하는 것을 최우선 과업으로 삼아야만 한다. 좌파의 많은 프로젝트들은 종족-인종적 위계의 중요성을 과소평가했고, 백인/유럽/서양의 우월성을 (인식론적 수준에서만이 아니라) 조직의 내부에서 또는 그들이 집권했을 때에도 재생산했다. 국제적 좌파는 유럽이 식민지를 확장하는 세기 동안에 성립되었고, 여전히 전지구적 권력의 식민성 안에 현존하는 종족-인종적 위계를 근본적인 방식으로 문제제기한 적이 결코 없었다. 사회적·인식론적 수준에서 식민적/인종적 위계를 파괴하지 않고서는 어떤 급진적인 프로젝트도 장기적으로 성공할 수 없다. 좌파가 식민성 문제를 과소평가했기 때문에 인민들은 좌파에 대해 커다란 환멸을 느꼈다. [해방적^{liberal} 또는 급진적] 민주주의는 식민적/인종적 역학이 인구의 일부나 대부분을 이등 시민으로 유지하는 한 충분히 달성될 수 없다.

여기서 우리가 구성하는 관점은 통상 '정체성의 정치'라고 불리는 것을 옹호하는 게 아니다. 서발턴 정체성은 유럽중심적 패러다임과 형태들을 급진적으로 비판하는 인식론적 출발점으로서 사용되었다. 하지만 '정체성의 정치'를 인식론적 타자성과 동일시해서는 안 된다. '정체성의 정치'의 범위는 제한되어 있기에 식민권력체제와 그 모델의 급진적인 변형으로 나아갈 수 없다. 거의 대부분의 근대적 정체성들은 근대적/식민적 세계 안에서 권력의 식민성이 만들어 낸 하나의 구성물이고, 정체성에 대한 옹호는 언뜻 생각하는 것만큼 전복적이지 않다.

흑인, 인디언, 아프리카인은 물론이고 콜롬비아인, 케냐인, 세네갈인, 프랑스인들과 같은 국가적 정체성도 권력의 식민성이 만들어낸 구성물이다. 그럼에도 불구하고 이러한 정체성들도 그것들이 기입된 맥락에 따라서 하나의 역할을 수행할 수는 있다. 예를 들어 제국주의적 침략에 대항하는 투쟁들 안에서 또는 백인의 패권에 대항하는 반인종주의적 투쟁들 안에서 이 정체성들은 공동의 적에 대항하는 인민의 통합에 기여할 수 있다. 그러나 '정체성의 정치'는 세계체제에 대항하는 급진적인 반체제적 투쟁을 전개하는 대신 억압받는 한 집단의 평등과 정의를 요구할 뿐이다.

착취체제는 인종 혹은 젠더의 노선뿐만 아니라 계급 노선에 대한 폭넓은 동맹을 요구하는 결정적인 개입의 공간이다. 이 체제는 사회적 평등 개념이 급진화되는 주위에서 억압받는 다양한 집단들과의 동맹을 요구한다. 유럽중심적 근대성에 속해있는 추상적, 제한적, 형식적 평등의 장소에서, 평등의 개념을 사회적으로 실존하는 모든 억압 관계들(인종, 젠더, 성, 계급, 영성, 인식론 등)로 확장시키는 것이 문제이다. 시니피앙의 새로운 세계 또는 해방의 새로운 상상계는 문화, 인식론, 억압 형태들의 다양성에도 불구하고 공통언어^{langage commun}를 요구한다. 이러한 공통언어는 현재의 '식민권력의 모델'에서 출현하는 해방적 개념들 — 가령 (언론, 종교, 표현의) 자유 개념, 개인의 자유 개념 또는 평등 개념 — 을 급진화시킬 수 있을 것이다. 또 이 공통언어는 세계적 차원에서 권력의 정치적, 인종적, 인식론적, 영성적, 성적, 경제적 위계들을 급진적으로 민주화하는 데 이러한 개념들을 운반해 줄 것이다.

'생산의 국유화'^{nationalisation étatique de la production}에 대립하는 '권력의 사회화'^{socialisation du pouvoir}를 주장한 키하노의 제안[48]은 이 논쟁에서 결정적인 위치를 차지한다. 국가의 관료행정과 위계적 권력구조에 집중된 '국가사회주의적'이거나 '자본주의적'인 프로젝트들 대신, 키하노의 '권력의 사회화' 전략은 사회적 실존의 모든 영역에서 국가적이지 않은 공적 권위의 집합적인 형태들을 만들어 내기 위해서 전지구적이고 지역적인 투쟁에 특권을 부여한다. 공동체, 기업, 학교, 병원과 같은 사회생활을 규제하는 제도들은 사회적으로 실존하는 모든 공간에 사회적 평등과 민주주의를 확대한다는 관점 안에서 자주관리(自主管理)될 것이다. 지역적이고 전지구적 수준에서 권력의 사회화는 국가적·민족적 경계선을 가로지르며, 세계의 부와 자원의 생산, 재생산, 분배 안에서 정의와 평등을 실현하는 것을 목표로 삼는 제도들을 형성할 것이다.

'호혜성'^{réciprocité}과 '연대성'^{solidarité}이 사회적 상호작용의 주요한 형태들인 안데스 토착 공동체와 도시 주변부 공동체들의 경험에 기반해서 키하노는 사유재산과 구별되는 '사적 사회적인 것'^{social privé}의 잠재성, 비국가적인 공적인 것의 잠재성을 강조한다. 이것은 공과 사라는 자본주의적/사회주의적 개념들을 넘어설 수 있는 것이다. 키하노에 따르면 이 비국가적인 공적인 것(이것은 자유주의와 사회주의에 있는 공적인 것과 국가 사이의 동등성을 깬다)은 '사적 사회적인 것'(이것은

48
Aníbal Quijano, "Coloniality of Power, Ethnocentrism, and Latin America".

횡단근대성, 경계적 사유, 전지구적 식민성 전지구적 자본주의를 전지구적으로 재정의할 때, 인식론적 타자성이 갖는 함의

자본주의의 사유재산과는 대립하는 것이다)과 모순되지 않는다. '사적 사회적인 것'과 비국가적인 공공제도들은 개별적^{individuelles}/개인적 personnelles 자유와도, 공동체의 발전과도 상반되지 않는다.

국민국가 수준에서 정치적인 변화를 도모하는 개발주의적 프로 젝트들은 세계체제 안에서 폐지될 수밖에 없는 것이지만 개발주의적 환상으로 이어진다. 현재의 세계체제와 같이 전지구적 차원에서 작동 하는 지배와 착취체제는 국가적인 해결책을 가질 수 없다. 전지구적 문제는 전지구적 수준에서 탈식민주의적 해결책을 필요로 한다. 이를 위해서 근대적/식민적, 자본주의적/가부장적 세계체제의 정치경제 의 탈식민화는 북에서 남으로 부를 재분배하고 전지구적 이동을 제도 화할 것을 요청한다. '강탈에 의한 축적'[49] accumulation paréd possession 의 세기들 이래로 북은 자원과 부를 남이 완전히 접근할 수 없을 정도로 [자신에] 집중시켰다. 전지구적 차원에서 북의 부를 남에게 재분배하는 메커니 즘은 국제기구들의 직접적인 개입 그리고/또는 자본의 세계적 흐름 에 대한 과세에 의해 자리를 잡을 수도 있을 것이다.

그렇지만 이것은 '식민권력의 현재 모델'을 바꾸고 어쩌면 근대 적/식민적, 자본주의적/가부장적 세계체제를 변모시켜야만 하는 지 역적이고 전지구적인 탈식민화 투쟁 없이는 실행될 수 없을 것이다. 수 세기에 걸친 남에 대한 착취와 지배의 결과로 북은 남의 노동에 의 해 생산된 부의 집중과 축적을 나눌 준비가 되어 있지 않다.

오늘날에도 신자유주의적 정책들은 16세기 아메리카 정복 시기 에 유럽의 식민지 확장과 함께 시작된 '강탈에 의한 축적'[50]과 관련된 연속성 안에 기입된다. 주변부 지역 대부분은 최근 20년의 신자유주 의 기간 동안 국제통화기금과 세계은행의 부추김과 직접적인 개입으 로 인해서 세계적인 차원에서 그들의 부와 자원이 박탈당하는 것을 목격했다. 이 정책들은 주변부의 수많은 국가들을 파산으로 이끌었 고, 남의 부를 북의 초국적 기업과 금융기관 들로 이전시켰다. 현 세계 체제 안에서 주변부 지역이 [자신의 상태를] 조정할 수 있는 폭은 주변 부 국민국가들에 강제된 주권 박탈로 인해 극단적으로 제한된다. 전 지구적 불평등을 해소하기 위해서는 식민주의와 국가주의를 넘어선 전지구적, 탈식민적, 유토피아적 대안들을 상상해야 하고, '제1세계' 와 '제3세계'의 유럽중심적 근본주의의 이원론적 사유 형태를 극복해 야 한다.

49
David Harvey, *The New Imperialism*, Oxford University Press, 2003(최병두 옮김, 『신제국주의』, 한울아카데미, 2005).

50
David Harvey, ibid.

반체제적 · 탈식민적 · 이보편적인 하나의 보편을 향하여

탈식민적이고 비판적인 공통언어의 필요성은, 문명의 이름으로 세계의 나머지에 강요되는 좌우파의 독백적이고 단일 주장적인 제국주의적인 전지구적/보편적 개념들과는 구별되는 [새로운] 보편성의 형태를 요청한다. 해방의 프로젝트로서 이 보편성의 새로운 형태를 나는 '반체제적 · 탈식민적 · 이(異)보편적인 보편'이라고 명명하겠다. 동일자identique 안에서 특수자particulier를 흡수하는 유럽중심적인 인식론의 추상적 보편에 반대하는 '반체제적 · 탈식민적 · 이보편적인 보편'은 구체적 보편이다. 이 구체적 보편은 가부장제, 자본주의, 제국주의, 유럽중심적 근대성에 대항하는 특수한 인식론적 · 윤리적 투쟁들로부터, 그리고 인식론적 · 윤리적 프로젝트들의 '이보편성'으로부터 나오는 탈식민적 보편을 구축한다.

　　이 제안은 두셀의 '횡단근대성'과 키하노의 '권력의 사회화'를 중첩시킨다. 두셀의 횡단근대성은 유럽중심적 근대성을 탈식민화하는 보편적인 프로젝트로서 '이보편성'을 제시한다. 반면 키하노의 권력의 사회화는 맑스주의적/사회주의적 관점들을 탈식민화해서 그것들을 유럽중심적 한계로부터 끄집어내는 반체제적 · 급진적 · 보편적인 새로운 상상계의 구성으로 초대한다. 보편적인 공통언어는 반자본주의적이고, 반가부장적이고, 반제국주의적이다. 이 언어는 권력은 사회화되지만 제도적 형태들이 '이보편성'에 열려 있는 하나의 세계를 가져온다.

　　이 언어는 제도적 형태들 안에서 세계체제의 다양한 서발턴 집단들이 가져오는 인식론 · 윤리적인 다양한 응답들과 조응하면서 각 지역에서 구체화되고/제도화된다. 반자본주의적, 반가부장적, 반제국주의적 투쟁 형태들과 이슬람 세계에서 출현하는 권력의 사회화를 추구하는 투쟁 형태들은, 아메리카 토착민이나 서아프리카 반투족 안에서 출현하는 투쟁 형태들과는 아주 다르다. 이 모두는 권력의 사회화를 위한 반자본주의적, 반가부장적, 반제국주의적 프로젝트를 공유하지만, 권력의 사회화에 지역의 인식론적 · 역사적 다양성을 고려하는 다양한 개념과 특수한 제도적 형태들을 부여한다.

　　20세기의 전지구적 · 사회주의적 · 유럽중심적인 개념들은 세계의 나머지에 일방적으로 강요하기 위해서 인식론적 중심에서 생겨난

것들이다. 그것들을 재생산하는 것은 좌파를 재앙으로 이끈 오류들
자체를 되풀이하는 일이 될 것이다. 그러므로 이것[새로운 보편성]은
다보편적인 하나의 보편을 창안하라는 요청이고, 횡단근대적 권력의
사회화를 위한 탈식민적 투쟁 안에서 모든 인식론적 특수성을 아우르
는 구체적 보편을 창안하라는 요청이다. 사파티스타가 말했듯이 그것
은 '모든 세계들이 가능한 하나의 세계를 위해 투쟁하는 것' 이다.

횡단근대성, 경계적 사유, 전지구적 시민성 전지구적 자본주의를 재정의할 때, 인식론적 타자성이 갖는 함의

보장소득
다중을 위한 정치[01]

마우리치오 랏차라토(*Maurizio Lazzarato*)   **번역** 조성천

1

만약 19세기 사람이 우리의 현실에 들어왔다고 해 보자. 우선 그는 모든 정치적 상상력이 고갈되고, 급격히 마르고, 완전히 쇠약해진 것에 놀랄 것이다. 기술적 가능성, 물질적·비물질적 부의 축적, 노하우*savoir-faire*의 확산, 학문의 발전에도 불구하고, 어떻게 노동조합과 정당들은 공허한 행동과 제안만을 만들어 내는가. [19세기에서 온] 좌파의 투사는 '완전고용'이라는 좌파의 주류적인 제안에 놀랄 것이다. 그는 임금노동의 예속 상태를 폐지하고 극복하는 수많은 방법에 관한 열정적인 논쟁에 의해서 깨어났다. 그런데 그가 듣는 것은 새로운 속박의 슬로건이다. "우리는 사장님을 원합니다."

2

'유일사상[02] *pensée unique*에 반대하는' 경제학자와 아탁[03]*ATTAC*의 '학술자문단' 대부분, 코페르니쿠스 재단[04], 사회주의·공산주의 지식인, 환경주의 분파*une partie des verts*, 다양한 트로츠키주의 혁명가들은 우리에게 신(新)사회주의적이고 네오맑스주의적인 새로운 사유를 제공한다. 그 사유의 슬로건은 "임금제 없이는 안녕도 없다"이다. [그러나] 우리는 이러한 [임금]노예제로부터의 탈출에 필적할만한 새로운 정치적 국면이 68년 이래로 열렸다고 생각한다. 그것은 인류의 생산과 재생산을 임금

---

[01] 본문의 번호는 원래 매겨져 있던 것이지만, 단락 구분은 가독성을 위해 옮긴이가 임의로 나눈 것이다.
원문에는 주석이 없으며 글의 모든 주는 옮긴이가 삽입한 것이다.

[02] 프랑스나 유럽공동체 내의 주류적인 생각에 대한 무비판적인 순응주의를 가리킨다. 이를 공격하고 토론에 부치기 위해서 미디어에서 주로 사용하는 수사적인 표현이다.

[03] 시민지원을 위한 금융거래 과세 연합(Association pour la Taxation des Transactions financieres et pour l'Aide aux citoyennes et Citoyens). 1998년 6월 프랑스의 진보적 잡지인 『르몽드 디플로마티크』의 제안에 의해 출범한 단체이다. 국제금융의 통제를 통해 신자유주의에 반대하고 대안세계화를 모색하는 단체이다. 현재 55개 국가에 뿌리내리고 있다.

[04] 사회운동단체, 노동조합, 좌파 정당의 공동 연구단체, 반신자유주의 싱크탱크이다.

노동과는 다른 것에 기초 지을 수 있는 가능성을 말한다. 우리는 정치적 도전으로서 임금제 폐지를 고수한다. 그것은 유토피아도, 슬로건도, 강령도 아니다. 단지 수백만의 사람들이 오래 전부터 (선택했든지 강요받았든지) 이용했던 하나의 길일 따름이다.

05
자크 프레베르(Jacques Prévert)의 시에서 유래한 표현으로, 아무런 관련이 없는 사물들을 뒤섞어 나열한 목록을 말한다.

3

이 책[『멀티튜드』, 제8호]에 게시된 인터뷰에서 장 마리 모니에[Jean Marie Monnier]는 최근 30년 동안 가계소득의 구성이 급격히 변화했다는 사실을 알려 주었다. 국가가 이전한 소득(최저생계비, 퇴직연금, 온갖 종류의 수당 — 철저하지 않은 명단, 진정한 프레베르[05]식의 목록)과 상속으로 인한 소득, 예전에 활동소득으로 채워졌던 가계소득은 [현재] 이것들로 구성되어 있다. 좌파의 유일사상은 가공할 만한 문제에 직면해 있다. 왜냐하면 맑스[Karl Marx]에 있어서, 아니 맑스라기보다는 일반적인 사회주의사상과 모든 훌륭한 경제학자들에 있어서, 유일하게 자본에 의해 가치화된 [자본의 가치 증식에 기여한] 노동만이 '생산적'인 것인 반면에 소득과 교환되는 모든 활동은 비생산적인 것이기 때문이다. 오직 자본과 노동의 관계만이 끊임없이 자신을 갱신하면서 부의 생산의 근대적 형태를 낳는 '자기가치화'[autovalorisation][가치 증식]의 기적을 산출해 왔다.

실제로 맑스 이전에 노동과 자본의 관계에 부여된 중심적인 위치, 생산적인 것과 비생산적인 것의 구분은 정치경제학의 아버지 애덤 스미스[Adam Smith]의 작품이었다. 그리고 '비생산적 지출'에 관한 그의 격렬한 비난은 무엇보다도 구체제사회를 겨냥한 것이었다. 맑스는 자본주의사회가 최초로 비약적으로 발전한 영국에서조차 귀족이 고용한 하인의 수가 노동자의 수보다 여전히 많음을 말해 줬다. 좌파의 유일사상 지지자들은 생산관계의 정의 속에 포함되지 않는 이 모든 사람들(자발적[bénévole]이고 연합적인[associative] 수많은 활동의 형태, 비임금노동의 새로운 형태, 전자적 소통 속에 투여된 지적이고 정서적인 노동의 경이로운 합산, 학생, 여성, 부랑자, 실업자, 불안정한 자 등)을 애덤 스미스의 '하인'[domestiques], 즉 '비생산적인 사람', 비취업인구[inactifs], 탈락자[désaffiliés]로 간주했다. 어쨌든 우리는 이런 사람들을 '완전고용으로 가는 길'[Avenue plein

Emploi에 의해 '생산자'의 품격에 이르도록 만들면서, 원조를 해 줄 수 있다('완전고용으로 가는 길'은 아탁의 '학술자문단'이 발간한 책 제목이다). 완전고용이라는 좌파의 유일사상과 더불어 우리는 부와 생산의 (산업적인) 맨체스터적인 완전한 개념화에 도달한다(『멀티튜드』 제2호를 참조).

4

19세기의 사회주의와 맑스주의 계승자들은 항상 통계학으로 무장하고 있었다. [오늘날] 프랑스에는 1,400만 임금노동자를 위한 2~300만 개의 기업이 있다. 그러나 무엇보다도 이를 읽는 우리를 강타하는 사실은 임금노동자가 단 한 명도 없는 기업이 다수(1,136,500개)라는 것이다. 이러한 자료는 우리의 네오맑스주의자들에게는 아무런 의미가 없다. 왜냐하면 [그 자료는] 임금노동에 딱 들어맞는 것이 아니기 때문이다. 반면에 쉬피오Supiot는 이 자료에 대단한 관심을 보였다. 왜냐하면 그 자료는 단지 새로운 소속이 없는 자[06] indépendants의 문제일 뿐만 아니라, 임금제 자체를 토대에서부터 침식하는 노동의 근본적인 변형이라는 문제를 제기하기 때문이다.

　쉬피오에 따르면 1,400만 임금노동자 중에는 형식적으로 임금을 지급받긴 하지만 실제로는 소속이 없는 이들이 있다. 마찬가지로 임금이 없는 새로운 직업군에는 형식적으로 소속이 없지만 실제로는 종속되어 있는 꽤 많은 수의 노동자들이 있다. 쉬피오에 따르면, 종속과 독립indépendance의 범주(그것은 각각 임금생활자와 자유직업으로 정의된다)가 뒤죽박죽이 되는 회색지대가 점점 확장되고 있었다. 비임금활동의 새로운 형태들이 새로운 예측을 낳고 있고, 그때 노동, 권위, 협력, 지식에 대해 임금생활자가 맺고 있는 관계는 점점 포드주의적인 분할에 문제를 제기한다. '국가사회주의의 책무'[07] socialisme d'Etat oblige라는 프랑스의 특수성은 이러한 경향이 가장 덜 두드러진 유럽 국가라는 것이다(이탈리아와 영국에서 소속이 없는 노동은 이미 노동력의 25%를 넘어섰고 풀타임임금고용은 노동력의 50% 이하로 줄어들고 있다).

06
통상 '독립적인', '예속되지 않은', '소속이 없는', '프리랜서' 등을 의미하나, 저자는 프리랜서와 비정규직뿐만 아니라 아무런 소속 없이 일을 하는 사람들 전반을 가리키기 위해서 이 용어를 사용한다. 포드주의적 복지국가가 쇠퇴하고 평생직장 대신 평생직업 시대에 사는 사람들.

07
'noblesse oblige'에 빗대어 국가의 책무를 나타내는 말.

보장소득 다중을 위한 정치

5

사회의 생산과 재생산활동은 점차 종신고용이나 풀타임고용 형태의 노동과 단절되고 있다. 점점 더 많은 사람들에게 지급해야 하는 최소보장한도액^couverture assurantielle minimale^은 점차 확대되고 있다. 표준임금제, 영광스런 30년의 산업 모델에 연동된 사회보장체제를 고수하는 것은 직업 없는 사람들은 물론이고 직업 있는 사람들의 실존적인 [생활]조건조차 악화될 수밖에 없다는 것을 함의한다. 통계에 따라 차이는 있지만 프랑스에는 대략 (국립통계경제연구소^INSEE^의 계산으로는) 1,300만 명에서 (콩시알디^Concialdi^의 계산으로는) 2,900만 명 정도의 노동빈곤층[08]이 존재한다. 소속이 없는 자들의 협회^les associations d'indépendants^는 일은 불연속적이어도 소득은 연속적이어야 한다고 주장하고 있을 뿐만 아니라, 사회보장 제도를 사업장이 아닌 사람을 기준으로 사고하자고 제안하고 있다.

이들은 좌파의 유일사상 지지자들보다 '생산관계'의 변화를 더 설득력 있게 파악하고 있다. 왜냐하면 이들은 노하우가 노동조직 안에만 있지 않고 사람에게도 있다는 점, 그것이 주체성과 함께 이동한다는 점을 깨닫고 있기 때문이다. 이러한 사실은 우리의 네오맑스주의자들이 소중히 여기는 사회의 생산에 대한 예속관계를 전복하는 것이고, 노동분업을 사회를 위해 복무하는 수단으로 만드는 것이다.

6

프랑스의 기업대표자협회^MEDEF^의 사회적 개편을 다룬 『멀티튜드』 제4호의 마이너 편을 준비하면서, 우리는 노동조합계의 유력인사 한 명을 인터뷰했다. 인터뷰가 끝난 후, 그는 노동조합이 지닌 힘에 대해서 우리에게 정성스럽게 설명했다. [그에 따르면] 노동조합은 오늘날에도 여전히 자본주의 안에서 연대, 이타성^générosité^, 정치적·비판적 지성이 나타나는 특권적인 장소였다. 우리는 그리스도를 유혹하기 위해 다가간 악마처럼 기꺼이 그를 제노바의 고지로 데려가서 세계화에 반대하는 30만 명의 시위대를 보게 할 수도 있었을 것이다.

첫번째 유혹은 이러한 동원의 정치적 구성 근저에 있는 현재의 사

08
일자리가 없어서 빈곤한 게 아니라, 직업이 있고 일을 하는데도 빈곤한 계층.

보장소득 다중을 위한 정치

회학적 구성을 보게 하는 것이다. 그런데 이 사회학적 구성이야말로 부에 대한 새로운 개념과 부의 '생산'에 대한 새로운 개념을 정의하는 것이다. '생산적 노동'(노동조합 조직들)은 (핸드폰, 카메라, 사진 장비들을 가지고) 소속이 없이 불안정하게 노동을 하는 새로운 빈민들의 파도 속에 잠겨 버렸다. 또한 '생산적 노동'은 계속 늘어나는 '비취업인구'인 젊은 학생들의 무리와 뒤섞여 버렸다(프랑스에서 학생들은 최저소득보조금[09] RMI의 권리가 없는데, 이들은 패스트푸드점과 '파트타임 아르바이트'로 노동시장의 핵심을 구성한다). 게다가 '생산적 노동'은 제3섹터의 '비생산적 노동'과 자발적이고 연합적인 활동의 온갖 형태들 — 이것들은 단지 연대와 상호부조, 공감적 협력과 교환될 뿐이다 — 그리고 인도주의적 원조의 전사들로 포위되어 있다.

7

우리가 초자연적인 능력을 지녔다면 아마도 제노바의 언덕 위에서 시위자들의 머리 위에 흐르는 수백만의 정보의 흐름들(핸드폰 통화, [디지털카메라로 찍는 것과 같은] 이미지, 전자문자 등과 같이 모두 디지털로 전환될 수 있는 흐름들)을 볼 수 있었을 것이다. 『멀티튜드』 제5호에서 모글렌[Moglen]이 훌륭하게 말한 것처럼, 디지털정보의 흐름은 개인들 주위에서 말려들고, 이런 흐름들의 교차는 하나의 리토르넬로[10] ritournelle, 하나의 주체화 행위를 낳는다. 그리고 이 리토르넬로는 다른 리토르넬로와 만나기 위해서 정보의 흐름을 통해 사람들 안으로 들어간다. 바로 이것이 두번째 유혹이다. 우리의 두번째 유혹은 그[노조의 유력인사]에게 '생산'의 새로운 연결망[tissu connectif], 웹의 리좀적[11] rhizomatique 소통을 보여 주는 것이다. 이 소통은 그 연결망을 지우지 않은 채로 집단, 지역, 영토 위에 포개지며, 지금과는 다른 세계화의 윤곽을 그려 준다.

세번째 유혹은 이 연결망이 뛰어난 능력을 갖춘[qualifié] 노동(맑스라면 숙련노동이라고 불렀을 것이다)에 의해 만들어진 거대한 작품임을 그에게 보여주는 것이다. 하지만 이 노동은 자발적이고 연합적인 노동이 그렇듯이 소통하려는 욕망, 함께 행동하려는 욕망, 사회화되려는 욕망, 차이화하려는[se différencier] 욕망이 아니라면 그 어떤 것과도 교환되지 않는다. 그것은 서비스의 교환이 아니라 '공감적' 관계에 의해서

09
Revenu Minimum d'Insertion
실업자들이 받는 보조금.

10
오케스트라에서 변화를 동반하면서 반복되는 부분을 말한다. 가타리(Felix Guattari)는 리토르넬로를 실존적 정서들을 결정화하는 반복적인 연속체라고 정의하였다. 저자는 가타리의 정의를 따르고 있다.

11
리좀(rhizome)은 '뿌리줄기'를 뜻한다. 들뢰즈(Gilles Deleuze)와 가타리가 고안한 개념으로 나무나 뿌리처럼 하나의 중심으로 모든 것이 환원되는 양상과 대비하여, 하나의 중심을 가지지 않으면서도 서로 소통할 수 있는 모델을 의미한다.

보장소득 다중을 위한 정치

그런 거대한 연결망을 낳는 것이다.

　빌 클린턴[Bill Clinton]은 『르몽드』[Le Monde]와의 인터뷰에서 지난 십 년 동안 어떤 일이 일어났는지를 보여주는 자료를 인용한 적이 있다. 자신이 대통령으로 선출되던 1993년에는 50개였던 웹사이트가, 2001년에는 3억 5천만 개로 늘어났다! 이러한 작업의 대부분은 커뮤니케이션의 '새로운 가내종업원들'[12][nouveaux domestiques]에 의해서 만들어졌는데, 이러한 작업은 사용법의 창안만이 아니라 소프트웨어[의 발전]에도 기여했다. 네트워크 경제의 실패는 자본주의적 가치화 —— 맨 나중에 도착해서, 집합적인 노동의 성과를 약탈하려고 하는 —— 에 대한 저항에서 기인한 것이다. 이러한 저항은 배타적 전유와는 다른 원리에 기초한 해커[hacker] 윤리학과 유저[l'usager] 윤리학에 근거하고 있다.

8

(자발적 노동의) 제3섹터와 코그니타리아트[13][Cognitariat]를 두 개의 새로운 정치적·경제적 주체로 만들지 않으면서(몇몇 사람들은 그렇게 새로운 주체들을 만드는 경향이 있다), 우리는 이처럼 자본과 교환되지 않는 노동 안에서 (우리가 부의 생산이라는 말을 관계, 정서, 소통의 생산으로서 이해한다면) 부를 생산하는 주요한 원천 중의 한 가지를 볼 수 있다. 그런데 (점점 더 자발적 노동을 활용하는) 새로운 복지와 (웹을 구축하기 위해 생산된 거대한 노동을 착취하는) 네트워크 경제는 이 [새로운] 부를 공짜로 전유하려 한다.

9

네오맑스주의자들에게 반세계화운동의 현상학은 생소한 현상학이다. 투쟁의 새로운 형태, 사회적·경제적 비판, 연대의 새로운 형태들은 그들이 정의하는 생산관계의 내부로부터 나오는 것이 아니라, 빈곤과 이주의 착취에 대항해 싸우는 사람들, 표현과 소통의 자유를 위해 다른 방식으로 싸우는 사람들, 자유자재로 횡단하면서 국민국가를 궁지로 몰아넣는 사람들로부터 오는 것이다(『멀티튜드』 제7호를 참조).

12
'domestique'는 공적 영역과 대비되는 '가정'의 란 뜻을 지니고 있고, 그와 같은 영역에서 일하는 '하인', '집사', '종업원' 등을 가리키기도 한다. 저자는 생산을 기초 짓는 새로운 소통이 기존의 사업장 바깥에서, 즉 각 가정의 사용자들에 의해 이루어진다는 사실을 강조하기 해 이 단어를 사용하고 있다.

13
미국의 미래학자 앨빈 토플러(A. Toffler)가 『권력이동』에서 제시한 유식계급을 일컫는 용어. 기존의 프롤레타리아트와 대립된다는 뜻으로 영어의 'cognition'(인식/지각/지식)에서 차용한 신조어이다. 기존의 땅과 공장 등 물리적 재산에 기반을 둔 계층이 아니라 지식과 정보에 기반을 둔 유식계급.
(옮긴이)

10

사회주의정부와 좌파의 제 정파들은 35시간[노동]법[14]과 함께 발생한 새로운 계급투쟁의 양상에 전율했다. 반면에 우리는 노동시간의 축소에 대해서는 아무런 감정이 없다. 하지만 이 사안에 이어진 법과 토론은 다양한 활동 형태들 — 빈곤, 실업, 비임금노동, 자발적 활동, 지적이고 소통적인 노동 — 을 고려하지 않은 채 노동 문제를 제기했고, 그래서 보장받은 자와 보장받지 못한 자를 또 다시 대립시켰을 뿐이었다. 즉 고용장려금은 단지 다음과 같은 사실만을 확정한다. 이미 임금을 받는 일자리가 있는 자에게 소득을 주고, 가장 빈곤한 층은 벌하면서 그간의 대립을 공고하게 했을 뿐이다(모니에의 인터뷰를 참조). 일자리 수를 정확하게 셀 수 없으면서도, 우리는 이 제도의 시행비용을 계산할 수 있다(총 1,200억[유로]이 소요되는데, 이는 현재 350만 명의 실업자에게 한 번에 지급하는 10억[유로]과 대조할 만한 수치이다).

11

35시간법을 기초 짓는 논리는 아주 명백하다. 구(舊)트로츠키주의자 조스팽[Lionel Jospin]은 맑스-레닌주의의 기초를 완전히 잊지 않으면서 다음과 같이 단언했다. "우리는 또한 생산조건들에 몰두해야 합니다. 무엇보다도 생산은 재분배에 선행하고, 재분배를 허용하기 때문입니다. 경제성장의 결실을 재분배하기 전에, 성장이 있어야 하고, 생산이 있어야 합니다. …… 이를 실행하면서 우리는 사회주의의 근원으로 돌아가는 것입니다. 생시몽[Saint Simon]과 생시몽주의자들, 프루동[Pierre-Joseph Proudhon]을 포함한 공상적 사회주의자들, 최후에 맑스에 이르기까지, 초기의 모든 사회주의자들은 부를 창출하는 가장 정당하고 효율적인 방법을 찾기 위해 골몰했습니다. 분배가 좌파의 주된 목표가 된 것은 (케인즈[John Maynard Keynes]와 베버리지[William Henry Beveridge] 등장한) 훨씬 나중의 일입니다."

연결고리는 만들어졌다. 수상의 '사회주의적', '맑스주의적', '스미스주의적인' 이러한 단순한 주장은 환경보호주의자부터 공산주의자를 거쳐 극좌에 이르는 좌파의 모든 정치적 입장들과 가장 정교한

14
프랑스 의회는 2002년 1월 19일, 주당 노동시간을 35시간으로 단축시키는 법률(노동시간 단축 및 조정)을 통과시켰다. 하지만 민간 및 공공부문에서 노동자들이 이 법안에 저항하였다. 왜냐하면 이 법은 명목적으로 노동시간 단축을 표방하고 있지만 실제로는 변형노동시간제를 도입해서 노동유연화를 꾀하기 때문이다.

맑스주의부터 제3의 좌파를 거쳐 초보 맑스-레닌주의에 이르는 모든 이론적 입장들을 그와 같은 관점 아래 종속시키는 데 충분하다. 모두가 이 '생산'과 '원조'라는 개념을 공유하므로, [다른 분파들은] 여당의 대표[수상]에게 단지 양심을 선의로 채워 줄 도덕적 관점(빈자의 원조, 품위 있는 노동 등)을 내세우기만 하면 되는 것이다. 이 선의는 좌파들이 많이 가지고 있다고 자부하는 것이다.

1 2

철학적인 우회를 해 보자면, 보장소득^{revenu garanti}은 정치적·사회적으로 새로운 존재론인 다중^{Multitudes}의 존재론을 표명할 필요에서 나오는 것이다(『멀티튜드』 제7호를 참조). 빈곤, 불안, 실업, 임금노동은 우리의 네오맑스주의자들이 정의한 생산관계의 한계들을 폭넓게 넘어서는 이 '존재의 생산성'을 인식하지 못한 결과이다. 우선 불안과 빈곤에 대항하는 정치학이 아니라, 공통재^{bien commun}의 새로운 개념이 문제가된다. 이 개념은 더 이상 희소성에 근거하지 않는다. [그것은] 인식과 정서가 생산되는 역학에 고유한 '호혜적 방사(放射)'^{rayonnement réciproque}에 근거한 개념이고, 집단적 소유와 사적 소유의 대립을 대체하고 재정의하는 협력에 근거한 개념이다.

1 3

보장소득은 노동조합의 요구도 아니고, 새로운 조절/규제를 위한 슬로건도 아니다. 반대로 보장소득은 경제적인 것과 정치적인 것의 구별 불가능성을 표현한다. 왜냐하면 권리의 새로운 원천을 일러 주기 때문이다. 즉 권리의 원천은 자유주의자들이 귀중하게 여기는 개인도 아니고, 사회주의자들이 소중하게 여기는 노동도 아니고, 다중이다. 이것은 좀처럼 시민권으로 끌고 가기 곤란한 권리인데, 왜냐하면 시민권은 국민과 국가에 분리될 수 없는 방식으로 연결되어 있기 때문이다. 또한 이것은 국민국가의 권력을 약화시키고, 권리와 복지의 탈국가화에 기여할 수 있는 아주 훌륭한 지렛대이다. 보장소득은 다중의 독립과 자율을 얻기 위해서, 국가적 공간에 대항하는 구성적인 탈출 조건을 견고하게 하기 위해서, 자본주의적 가치화의 논리를 벗어나기 위해서, 수중에 넣어야만 하는 무기이다. 이 무기는 전세계적인 전염에 성공해야만 효과적일 수 있는 다중의 새로운 이동성^{mobilité}의 무기이다.

1 4

반면에 어떤 이들은 보장소득을 제안하는 것은 국가의 강화를 내포한다고 말한다. 사실 국가의 통제장치가 확장되고 불어난 것은 국가가 다양한 방식으로 소득을 이전하도록 강제된 이후부터이다(실업, 빈곤, 시·지역·국가 등에서 지급하는 모든 종류의 수당). 이러한 관점에서 개인의 삶에 대한 '생명권력'^{biopouvoir}의 분기(分岐)는 소득의 분배가 미리 내다봐야 하는 보상과 조건들에 직접 비례한다(『멀티튜드』 제1호를 참조). 소득과의 교환으로 개인에게 요구되는 아주 새로운 보상 또는 조건은 통제인력과 통제장치를 증가시킨다는 것을 가장 최근의 분기는 보여 주었다(재취업지원계획^{15 PARE}). 무조건성의 형태는 이러한 경향을 전복할 수 있는 유일한 방법이다. 권리의 자동성은 '생명권력'의 제도들로부터 '삶'의 통제를 제거하고, 소득의 혜택을 받는 모든 이들에게 자유와 자율성을 다시 부여한다. 소득의 무조건성은 생명권력과 생명정치를 변형하려는 의지를 실현할 수 있는 다중의 주요한 도구들 중 하나이다(마찬가지로 『멀티튜드』 제1호를 참조).

1 5

자유주의자들은 오래전부터 안전보장^{sécurité}이 없는 자유란 없고, 보험이 없는 생산도 없다고 가르쳐 왔다. 우리는 이에 완전히 동의한다. 다만 간략히 말하자면, 우리는 다중의 생산과 재생산에 관심이 있지, 자본주의적 가치화에는 관심이 없다. 그리고 우리가 '안전보장 보험'을 원하는 것은 삶과 활동의 다양한 형태들을 위해서이다. 보장소득을 통해, 우리는 사회를 [새롭게] 정의하기 위한 조건들 중 한 가지를

15
Plan d'Aide au Retour a l' Emploi. 실업보험의 '재취업지원계획'을 말한다. 2001년에 만들어졌으며 실직자 지원을 위한 재취업 지원 급여와 적극적 구직 활동을 위한 개별행동 계획이 그 주요한 요소이다. 이 지원을 받는 사람은 적극적으로 구직 활동을 해야 한다는 의무가 있다.

갖게 된다. 우리는 (부정성을 정의하는 탈근대적 방식인) '위험사회'[16] société du risque처럼 사회를 정의하는 게 아니라, 창조와 협력을 가지고 사회를 정의할 수 있다. 누군가가 산업사회에서 위험사회로의 이행을 긍정적으로 규정하면서 '굶주림에 사로잡힌 사회에서 공포에 사로잡힌 사회로의' 변천을 말했다. 그런데 아마도 그는 스피노자에게 있어서 공포가 슬픔의 주요한 정념이고, 권력은 이 공포를 이용해서 다중을 예속시킨다는 점을 모르는 것 같다. 그러므로 보장소득은 권력이 사회를 통치하는 수단인 '공포'로부터의 해방과도 같다!

16
올리히 벡(Ulrich Beck)의 주장. 산업화 이후의 현대사회가 과학기술로 인해서 예측할 수도 없고 측정할 수도 없는 새로운 종류의 위험을 발생시킨다고 바라보는 관점이다. 새로운 위험에 관한 인식 그리고 성찰적 근대화를 통해서 대안을 모색하고자 한다.

1 6

보장소득은 사회주의적/소비에트적 조치인가? 우리는 자유주의사상(개인주의) 그리고 사회주의사상(집단주의)과는 다르게 생각한다. 우리는 사회화와 개별화individuation는 함께 나아가고, 이 양자는 전제되어 있고 서로 연결되어 있다고 생각한다. 보장소득을 제안하는 것은 단지 더 풍요롭고 더 정교한 개별화의 발전에 관한 하나의 사전 조건인 것처럼 보인다. 공인homologation일 뿐인 사회화의 과정을 두려워해서는 안 된다. 그러나 그것은 19세기 말의 한 작가가 다음과 같이 말한 것과 같은 결론을 내린다는 조건에서이다. "우리는 다음과 같이 자문해볼 수 있을 것이다. 의복, 알파벳, 권리의식 등과 관련된 현재의 모든 형태들에서의 보편적인 유사성이 문명의 최종 결실인지, 아니면 이 보편적인 유사성의 유일한 존재 이유와 귀결이 그로 인해 허물어진 이질성보다 더 사실적이고, 더 내밀하고, 더 근본적이고, 더 섬세한 개별적인 분산divergences을 낳을 것인지를."

R no.1.5

홈리스 또는 세계의 상실 ——— 사사누바 히로시(笹沼弘志), 『현대사상』(34권 9호) — 홈리스 특집, 2006. 8.

빈자의 영역 ——— 니시자와 아키히코(西澤晃彦), 『현대사상』(33권 1호) — 프리타란 누구인가 특집, 2005.1.

케어노동의 글로벌한 공급회로 ——— 도쿠나가 리사(德永理彩), 『현대사상』(31권 6호) — 사스키아 사센 특집, 2003. 5.

'대항의 장'과 '재생산'의 보장 ——— 가이즈마 게이코(海妻徑子), 『임팩션』(158호) — 비정규화하는 저항의 장 특집, 2007. 7.

——— 대중의___추방

2

추방

부와 권력의 영역에서 추방된 대중들이 형성하는 지대는 더 넓고 두터워지고 있다. 지역과 인종에 대한 차별은 계급과 성, 종교적 차별과 점차 수렴하고 있다. 온갖 이유로 경계를 넘어온 자들, 온갖 이유로 경계로 추방된 자들이 서로 섞이고 있다. 외부에서 밀려온 자들과 내부에서 밀려난 자들은, 니시자와의 표현을 빌리자면, 곳곳에서 '빈자의 영역'을 형성한다. 니시자와의 말처럼 이 영역에서는 국민화와 비국민화가 동시에 진행된다. 이곳 사람들은 한편으로 비국민화의 공포에 시달리며, 다른 한편으로 국민으로부터 탈주를 감행한다.

2-1
ISSUE

홈리스, 또는 세계의 상실

사사누마 히로시(笹沼弘志, 헌법학) **번역** 김영수

주소를 공원으로 하는 것이 인정되었다고 해서 노숙 문제가 모두 해결된 것은 아니다. 그러나 이 재판을 통해 나는 노숙자가 당연한 권리를 얼마나 박탈당하고 있는지를 새롭게 알게 되었다.
이 재판은 단지 주소 문제뿐만이 아니라, 노숙자도 인간이라는 것을 행정으로 하여금 인정하도록 하기 위한 재판이라고 나는 생각하고 있다.
— 주소재판 원고 야마우치 씨의 진술[01]

동물이라도 밤에 안심하고 잘 수 있는 '보금자리'가 있다. 홈리스에게는 안심할 수 있는 '보금자리'가 없다. 짐보따리도 안 돼, 천막도 안 돼, 이래서는 '죽어!'라고 하는 것과 마찬가지.
— 노숙자 A씨의 소리[02]

0 . 주 소 재 판 의 충 격

오사카 시내의 공원 두 곳에서 행정대집행을 앞둔 2006년 1월 27일, 오사카 지방재판소는 작은 판결 하나를 내렸다.[03] 그것은 어떤 남성이 4년간 계속 거주해 왔던 장소를 주소로 인정했다는 것뿐이었다. 그러나 그 장소가 공원이고, 남성이 거주하고 있던 주거가 천막이었다는 점에서 오사카뿐만 아니라 전

---

01 「전략, 길위에서」(前略, 路の上より), Vol.16, 2006. 6, p.15
02 사사시마노동자회관 홍보위원회(笹島勞動者會廣弘報委員會), 『사사시마』(ささしま), 72호, 2006. 6, p.1
03 『임금과 사회보장』(賃金と社會保障) 1412호(2006년 2월)에 판결 전문(p.58)과 나가시마 야스히사(永嶋靖久) 변호사의 해설(p.53 이하)이 있다. 또한 사사누마 히로시(笹沼弘志), 「주소재판과 홈리스들의 시민권」(住所裁判とホームレスの人々の市民權) 『賃金と社會保障』, 1416호 참조

일본에 비상한 충격을 주었다. 그것은 왜일까?

재판소가 홈리스들에게 공원에 거주하는 것을 인정했다는 등, 불법점거를 용인했다는 등 오해로 인한 여러 시비가 있지만, 판결 자체는 그 남성이 공원 내에 천막을 치고 거주하기 위한 점용권을 갖고 있지 않다는 것을 전제로 하고 있었다. 주소의 인정 여부는 그곳에 거주하고 있고 생활의 본거지로 하고 있다는 사실에 의해서만 판단될 뿐이며, 그 장소에 점용권이 있는가 아닌가는 관계없는 것이다. 그렇다면 왜 사람들은 경악했던 것인가? 그것은 단지 오해로 인한 것인가? 아니면 판결의 의의는 어디에 있는 것일까?

주소는 그곳에 거주하고 있다는 사실을 인정하는 것이다. 그곳에 어떤 남성이 거주하고 있다는 사실을 인정한다는 것이 왜 이다지도 중대사가 되는 것인가? 그것은 쓰레기처럼 배제돼야 할 존재였던 홈리스들도 이 세계에 거주할 자격이 있는 인간이며 시민이라는 걸 인정하는 것이 되기 때문임에 틀림없다.

이것은 공원이라는 특정 장소를 점유하여 거주할 권리를 인정했다는 것은 아니다. 거주한다는 것, 이 세계에서 존재하는 것을 인정했다는 것이다. 어디에도 거주할 장소를 갖지 못해 공원 같은 누구나 있을 수 있는 장소에서 잠자리를 구하지만 그곳에서조차 배제되고 습격의 대상이 되었던 홈리스들은, 이 세계에서 거주할 자격을 박탈당해 왔던 것이며, 소위 세계를 빼앗겨 버린 존재였다. 이 판결은 홈리스들에게 세계를 되돌려 준다는 의의가 있다.

나아가 홈리스들의 존재를 인정한다는 것은 그들이 거주해 온 주거 방식을 인정하는 것이기도 하다. 이것은 즉 그들의 주거 방식, 천막을 치고 사는 삶의 방식으로 세계를 바꿀 가능성을 모색하고 자유롭고 새로운 공간을 여는 것이기도 하다.

1. 홀 리 스 라 는 현 실

홈리스란 무엇인가? 2002년에 제정된 '홈리스의 자립지원 등에 관한 특별조치법' (이하 자립지원법) 2조는 홈리스를 "도시 공원, 하천, 도로, 역사, 기타 시설을 근거 없이 기거의 장소로 하여 일상생활을 영위하고 있는 자"로 정의하고 있다. 그러나 본래 'homeless' 란 상태를 나타내는 단어이다. 그것도 글자 그대로 길 위나 공원에서 잘 수밖에 없는 상태뿐만이 아니라, 열악하고 불안정한 주거에서 사는 사람들의 문제도 포함하는 것이다. 그러나 일본에서는 공원이나 길 위에서 노숙하도록 강제되고 있는 사람들, 즉 노숙자만을 홈리스라고 부름으로써 이중 삼중의 잘못을 범하고 말았다.

자립지원법 14조에 근거하여 실시되고 2003년 3월에 공표된 '홈리스 실태에 관한 전국 조사 보고서' 에 따르면, 전국에서 노숙을 하지 않을 수 없는 사람들은 25,296명이며 일본 전국 모든 지역에 존재한다. 남성이 20,661명으로 81.7%, 여성은 749명으로 3% 그리고 성별불명이 3,886명으로 15.4%. 성별이 파악되지 않은 자 대부분(3,068명)은 오사카에 있다.

연령은 50~64세가 65.7%로 평균연령은 55.9세이다.

약 60%의 사람들이 월 3만 엔 미만의 수입만으로 살고 있다. 그 수입 중 85%가 일을 해서 번 것이다.

노숙 상태가 된 이유는 '일거리가 줄었다' 가 35.6%로 가장 많고, 그에 이어 '도산, 실업' 이 32.9%, '병, 부상, 고령으로 일할 수 없게 되었다' 가 18.8%, '수입이 줄었다' 가 16.4%로 대부분이 '실업' 등 일이 없어짐에 따른 것이다.

대부분이 단신(單身)으로서 결혼 경험이 없는 이도 반 가까이나 된다(46.3%).

이런 조사 결과로부터 무엇을 알 수 있을까? 연령이나 노숙에 이른 이유를 보는 것만으로도 일본의 노숙 문제가 고용 문제와 사회보장 문제라는 것을 알 수 있다. 취업하고 있었을 때도 불안정고용으로서 가정을 꾸릴 수가 없었던 사람들이 반 가까이 되며, 가족과의 이별을 경험한 사람이 반이다.

이 조사로부터 볼 수 없는 것은 무엇일까? 숫자로 파악된 사람들 대다수는 공원이나 하천 부지에 천막 등을 치고 눈에 띄게 노숙하고 있는 사람들이다. 걸작인 것은 성별불명이 15% 이상이나 된다는 것이다. 그 대부분이 오사카에서 조사된 인원인데, 이는 성별도 알 수 없을 정도의 차림새였다는 것은 아니고 낮에 당사자가 없을 때 천막 숫자만 세었기 때문이다.

사실 일본에서 노숙하고 있는 사람들 중 공원 등에 천막이나 움막을 치고 살고 있는 사람이 사실은 더 적다. 많은 사람들이 천막 없이 밤에 길 위에서 골판지상자를 펴고 잔다. 아침이 되면 잠자리를 치우고 흔적 없이 깨끗하게 사라진다. 바로 조금 전까지 그곳에 사람이 누워 자고 있었다는 걸 상상도 할 수 없다. 이러한 사람들이 얼마나 파악되고 있는 것일까? 숫자로 파악될 수도 없는 삶. 그것이 일본의 노숙자들이다. 홈리스들의 존재는 아직 우리들의 세계에서는 보이지 않는 장소에 있는 것이다.

다른 한편 홈리스들을 보았다 하더라도 홈리스라고 알아채지 못하는 경우도 있다. 당연한 이야기지만 실은 홈리스들도 그저 보통 인간일 뿐이다.

우리가 지역에서 야간 순찰을 시작했던 당시, 어느 버스 종점을 방문했을 때의 일이다. 몇 대의 막차가 떠난 후였는데, 손님 몇 사람이 있었다. 얼핏 보아 노숙을 하고 있는 듯한 벤치에 걸터앉아 있는 세 명의 남자들에게 조심조심 말을 걸자, 그 중 70세 가까워 보이는 고령의 남자는 "나는 노숙 따위 하지 않아, 집이 있어"라며 훌쩍 일어서 버렸다. 그 옆의 60세 정도인 남자는, "나는 노숙하고 있는데……"라고 가볍게 응해 주었다. 이 버스 종점에는 몇 명이나 노숙하고 있는가라고 묻자, 여기에 지금 있는 사람 대부분이 그렇다는 의외의 대답이 돌아왔다.

살펴보니 20명 정도의 사람이 있는데, 거의 전부 노숙하고 있다는 것이다. 버스를 기다리거나 막차를 놓친 보통 손님들로 보였던 사람들은 어디로 가지도 못하고 그저 여기에서 잠들 수 있는 시간을 마냥 기다리고 있었던 것이다. 약간 지친 느낌은 있으나 어디에서나 볼 수 있는 보통의 사람들이다. 그들도 그저 인간인 것이다. 이런 의미에서도 홈리스들은 쉽게 눈에 띄지 않는 존재가 되어 가고 있다.

우리 지역에서는 지하도에서 자는 사람들이 많은데, 밤에 지나다니는 사람들이나 스케이트보드를 타는 젊은이 때문에 깊이 잠들기가 힘들다. 그것은 천막 없이 노숙하는 많은 사람들에게 공통된 것이다. 추운 겨울이 되면 새벽이 가까워질수록 잠들 수도 없을 정도로 추워져서 해가 뜰 때까지 주변을 걷기도 한다.

천막 움막을 치고 사는 사람들도 항상 쫓겨날 압력에 노출되어 있고, 실제로 행정대집행 절차로 혹은 그 절차도 없이 천막이나 짐보따리를 철거당하고 있다.

그들에게는 불과 몇 시간이나마 안심하고 몸을 누일 수 있는 장소조차도 없다. 어떤 동물에게도 자신의 신체를 눕혀 잘 수 있는 '보금자리'가 있으나 홈리스들에게는 그것조차 없는 것이다.

2 . 홈 리 스 , 혹 은 홈 이 란 무 엇 인 가

다시 홈리스란 무엇인가? 유럽의 홈리스법이나 사회권규약[04] 11조를 참조한다면, 일단 무언가 권한을 갖고 안심하며 살 수 있는 적절한 주거를 갖지 못한 상태라고 정의할 수 있을 것이다. 그러나 이것만으로는 홈리스라는 의미가 충분히 명확해지지 않는다. 홈리스란 주거를 갖지 않는다는 문제일 뿐일까? 이것을 거꾸로 홈이란 무엇인가라는 것에서부터 생각해 보자.

가스통 바슐라르는 『공간의 시학』을 우선 특권적 공간인 '집'에 대한 설명으로 시작한다. "집은 세계 가운데서 우리들이 차지하는 한 구석"이며 "우리들의 최초의 우주이다"[05]. 그리고 바슐라르는 다음과 같이 말한다.

사람들이 우리에게 집의 가장 귀중한 혜택이 무엇인지를 묻는다면 우리는 이렇게 대답할 것이다. 집은 몽상을 지켜 주고, 집은 몽상하는 일을 보호해 주고, 집은 우리들로 하여금 평화롭게 꿈꾸게 해 준다고.[06]

꿈꾸는 공간이야말로 집인 것이다. 이것은 단지 밤에 몸을 뉘어서 잠들고 꿈꾸는 장소라는 것만을 의미하는 것은 아니다. 그것은 내가 이 세계 안에서 어떻게 살아갈까, 이런저런 꿈을 곰곰이 꾸기 위해 꼭 필요한 공간이다. 세계 안에서 자유롭게 자기 행복을 생각하고 추구해 가는 것을 가능하게 하는 것이 홈인 것이다.

행복이라는 말에는 나이브한 느낌이 있긴 하지만, 이 말은 근대 입헌주의의 기초개념이다. 대영제국으로부터의 독립을 완수했을 때 북미 13주 모두는 일치해서 다음과 같이 선언하였다.

---

04 '경제적·사회적·문화적 권리에 관한 국제규약('사회권규약'으로 약칭)은 세계인권선언 중 사회권적 기본권에 대하여 1966년 유엔이 규약의 형태로 채택하고 개별 국가들이 조약으로 가입한 것이다. 이 규약에 의해 종래 선언적 규정에 머물렀던 세계인권선언은 직접적 효력을 갖게 되었다. 한국도 1990년 가입하였으나 교사 및 공무원의 노조 결성, 최저임금 및 무상교육 적용 확대, 외국인노동자 등 극빈자에 대한 사회보장 확대 등에 몇 가지 유보 조건을 두고 있다. (옮긴이)

05 Gaston Bachelard, 岩村行雄 譯, 『空間の詩學』, ちくま學藝文庫, 1969, p.45(곽광수 옮김, 『공간의 시학』, 동문선, 2003).

06 Gaston Bachelard, ibid(국역본, 80쪽).

우리들은 다음 사항을 자명한 진리라고 믿는다. 모든 사람은 평등하게 창조되고 조물주로부터 빼앗길 수 없는 일정한 권리를 부여받았는데, 그 중에는 생명, 자유 및 행복의 추구가 포함된다.

그 후 한 세기 반이 지난 뒤 일본 헌법은 13조에서 개인을 존중할 것을 선언하고, 생명, 자유 및 행복 추구에 대한 국민의 권리를 침해할 수 없는 영구적 권리로 보장하였다.

홈이란 우리들이 이 세계에서 장소를 점하고, 자유롭게 행복을 추구하기 위한 기본 조건 즉 인권의 기초인 것이다. 그렇지만 홈은 인권의 기초인 것만은 아니다. 오히려 인간이 인간으로 존재할 수 있기 위한 조건이다.

우리들 인간이 인간으로 존재하는 전제는, 우선 이 세계 안에서 타자와 함께 살고 있다. 타자와 관계 맺으면서 자아를 가진 존재로서 인간이 형성되는 것이다. 그러나 타자와 관계 맺기 위해서는 우선 내가 이 세계 안에 존재하지 않으면 안 된다. 세계 안에 위치하는 것이 인간으로서의 조건이다.

하이데거에 따르면 우리들 인간이 세계 안에 존재한다고 하는 것은, 컵 안에 물이 있다든가 이불장 안에 옷이 있다고 하는 것처럼 세계 안에 그저 객체로서 존재하고 있는 것은 아니다. 우리들 인간이 세계 안에 존재하고 있다는 것은 세계 안에 거주하고 있다^{wohnen, habitare}는 것이다. 나아가 세계에 관여하고, 융화하고, 세계에 친숙해져서, 세계를 돌보면서 거주하고 있는 것이다.

> 'in'(안)은 '거주하다', '체류하다'를 의미하는 'innan'에서 유래한다. 'an'(~에서)은 '나는 습관이 되었다', '~와 친숙하다', '나는 어떤 것을 보호한다'를 뜻한다. 그것은 '나는 거주한다'와 '나는 사랑한다'는 의미로 '나는 돌봐준다'라는 뜻을 가지고 있다. ─ 하이데거, 『존재와 시간』, 82쪽[07]

이러한 의미의 '내(內)-존재'를 갖추고 있는 존재자가 나 자신인 존재자, 인간인 것이다.

이 세계 내에서 타자와 함께 이것저것 신경 쓰며, 보호하고, 친숙해지고, 돌봐 주며, 애착을 가지고 거주하고 있는 것을 세계 내에 존재한다고 하는 것

---

07 Martin Heidegger, *Sein und Zeit*, Max Niemeyer Verlag Tübingen, 1979, p.54, 이하 SZ로 약칭(이기상 옮김, 『존재와 시간』, 까치, 1998. 이하 본문의 『존재와 시간』 인용문 쪽수 표시는 국역본을 따랐다 ── 옮긴이).

이다. 인간은 우선 어쨌든 '거주하는' 존재인 것이다. 인간이라는 존재의 근본적 특징Grundzug은 거주하는 것이며 이것에 의해 비로소 죽어야 할 것으로서의 인간이 존재할 수 있는 것이다.[08] 타자와 세계의 여러 존재들과 다양한 관계를 가지면서.

그리고 우리들이 세계 내에 거주한다고 할 경우 '공중에 떠 있는' 것은 당연하게도 불가능하기 때문에 반드시 어딘가 거주할 장소, 즉 주거할 장소가 없으면 안 된다.[09]

우리들이 세계 내에 존재하는 거주 장소를 갖는다는 것은 타자와 만나는 공간을 갖는다는 것이다.

그러나 현존재는 세계 내부적으로 만나게 되는 존재자와 배려하며 친숙하게 왕래한다는 의미로 세계 '안'에 존재한다. ─『존재와 시간』, 148쪽

타자와 만나는 것은 공간을 부여받고 있다는 것이다.

세계-내-존재를 위해서 구성적인, 세계 내부적인 존재자를 만나게 함은 일종의 '공간 내줌'이다. 이러한 '공간 내줌'은 '공간 마련'Einräumen이라고도 칭한다. ─『존재와 시간』, 156쪽[10]

인간이 인간으로서 이 세계 내에 존재한다고 하는 것은 타자와 함께 거주하는 거주 장소, 타자와 만나는 공간을 갖는 것이 허용된다는 것이다. 즉 인간의 존재 조건이란 거주하는 장소를 갖는다는 것과 타자와 만남이 허용된다는 것이다.

홈리스 상태에 있다는 것은 이 세계 안에서의 거주 장소가 없다는 것이며, 세계 내에 공간을 갖지 못하고 존재하는 것을 허용 받지 못하는 것, 그래서 타자와 만나는 것이 허용되지 않는 것이다. 따라서 당연한 것이지만, 홈리스들은 세계 안에서 안심하고 살 수가 없다.

08 Martin Heidegger, "Bauen Wohnen Denken", in *Vorträge und Aufsätze*, Pfullingen : G. Neske, 1954, p.161 ; Martin Heidegger, "Building Dwelling Thinking", (ed.) by David Krell), in *Basic Writings*, Harper, 1993, p.362. 이하 각각 VA와 BW로 약칭.

09 하이데거의 사유를 철저하게 '거주하는' 것으로부터 파악한 가와하라(川原英峯)는 "현존재가 '거주하고 있는' 한 그것은 어딘가에 거주하고 있기 마련이며, '무세계적 주관'처럼 '공중에 떠 있는' 것은 아니고, 현존재에는 반드시 거주할 장소가 있는 것이다"라고 당연한 사실을 확인하고 있다. 『하이데거의 사유』(ハイデッガーの思惟), 理想社, 1981, p.218.

10 (일본어 번역은 다음과 같다) 세계-내(內)-존재에 있어서 구성적인 방식으로 내(內)세계적 존재자를 만나게 하는 것은 어떤 의미에서 그들에게 '공간을 부여하는'(Raum-geben) 것이다. 이 의미에서 '공간을 부여하는' 것을 우리들은 다시 허용(Einräumen)이라고도 부른다(SZ, p.11 ; 『존재와 시간 상』存在と時間上, p.245 ─ 옮긴이)

안심할 수 없는 것, 즉 불안은 거주 장소, 요컨대 집에 거주할 수 없다는 것을 의미한다.

> 불안 속에서는 사람이 '섬뜩' Unheimlichkeit해진다. 거기에서는 우선 현존재가 불안 속에 처해 있는 그곳의 독특한 무규정성이, 즉 아무것도 아님과 아무 데도 없음이 표현되고 있다. 그러나 섬뜩함은 거기에서 동시에 '마음이 편치 않음' Nicht-zuhause-sein을 의미한다. ── 『존재와 시간』, 257쪽

이 세계 내에서 타자와 함께 거주하는 것을 허용받지 못한 존재, 그것이 홈리스들이다. 홈리스란 세계의 상실, 아니 박탈이다.

다음의 지적은 아렌트가 테러를 본질로 하는 전체주의사회에 대해 말한 것인데, 이는 홈리스들에 대한 배제와 습격뿐 아니라 주민의 상호 감시와 이질적인 것의 배제를 진행시키고 있는 우리 사회의 모습을 나타내고 있는 것으로도 파악할 수 있다.

> 테러의 외적 강제는 자유의 공간을 파괴함과 동시에 인간 사이의 관계 일체를 없애 버리고 만다. 다른 모든 사람들과 밀착되어 버리면서 다른 한편 각 개인들은 타인으로부터 격리되고 있다.(중략)
> 테러의 목적에 들어맞는 자기 강제적인 사고가 현대인에게 미치는 큰 매력은, 현실 및 경험으로부터 자유로워진다는 것이다. 현대의 대중은 이 세계 안에서 진정 편안한at home 느낌을 갖지 못하면 못할수록 모든 것이 알려지고, 설명되고, 초인간적인 법칙에 의해 처음부터 결정되어 있는 바보들의 천국 혹은 지옥으로 보내져 버리기에 적당한 자격을 얻게 된다.[11]

물리적으로는 우리들과 홈리스들이 가깝게 접촉하기도 한다. 그러나 결코 만나는 일은 없다. 집에 거주하는 사람들과 홈리스들이 신체적, 물리적으로 접촉하는 방식인 배제와 습격은 가장 단절된 형태의 것이기도 하다.

설령 타자와 공간적으로는 가까이 있어도, 만나는 것을 저지당하고 거주 장소를 빼앗기며 세계를 잃어버린 상태, 그것이 홈리스라는 것이다. 인간의

11 Hannah Arendt, 「전체주의의 기원 3」(全體主義の起源 3), みすず書房, 1981, pp. 292~293.

존재 조건을 빼앗는 배제라는 근원적 폭력에 노출되어 그 상태로 살아남은 홈리스들이야말로 생존자라고 불리기에 적합할 것이다. 타자와의 단절, 고립은 그 자체로 홈리스들의 마음에 상처를 주고 무력화시켜 자기 부정적인 감정을 불러 일으킨다. 그 때문에 홈리스들에게 단지 물질적인 집을 주는 것만으로는 그들의 존재 조건이 확보되지 않는다.

심적 외상의 중핵이 되는 경험은 무력화^{disempowerment}와 타자로부터의 단절이다. 그 때문에 회복은 생존자의 활력화^{empowerment}와 새로운 관계의 창출에 기초한다. 회복은 여러 관계의 맥락 중에서만 생길 수 있는 것이며, 고립 중에는 불가능하다. 자신과 타자와의 사이에 새롭게 만들어진 연결 가운데서 생존자는 트라우마적 경험에 따라 손상되고 왜곡된 심리적 능력을 재창출(재생)하는 것이다. 이들 능력은 신뢰, 자율, 자발성, 적응성, 정체성, 친밀성 등을 위한 기본적 능력을 포함한다. 이들 능력이 타자와의 관계 가운데서 비로소 형성되는 것과 마찬가지로 이들은 타자와의 관계 가운데서 재형성되지 않으면 안 되는 것이다.[12]

단절된 타자와의 연결, 만남을 어떻게 만들어 갈 것인가가 문제이다.

3. 울 타 리 치 기 와 배 제

일본 헌법 25조는 모든 사람들에게 건강하고 문화적인 최저한도의 생활을 영위할 권리를 정하고 있고, 생활보호법은 그것을 구체적으로 보장하고 있다. 이런 일본에서 실업으로 인해 생활 곤궁에 빠진 사람들이 바로 홈리스로 되는 것은 놀랄 만한 일이다. 이에 대해서는 사회적 배제[13] ^{social exclusion}라는 시민권의 전면적 박탈로 설명할 수 있다. 그러나 그 전에 홈리스라는 존재가 성립하는 전제로는 우리 사회 자체의 성립 조건이 있다. 그것은 세계에 대한 사적 울타리 치기와 근원적 배제^{eviction}이다

---

12 Judith L. Herman, *Trauma and Recovery*, BasicBooks, 1992, p.133(中井久夫 譯, 『심적 외상과 회복』(心的外傷と回復), みすず, 1996, pp.205~206).

13 사회적 배제란 본래 실업을 의미하는 것이나, 이 글에서는 시민권 혹은 시티즌십(citizenship)의 박탈이란 보다 넓은 의미로 사용했다.

1) 세계의 사물화와 잔여로서의 공물(公物), 그리고 공사(公私)의 전도(顚倒)

사람들은 홈리스들이 공원이나 하천 등 공물, 공공시설에 멋대로 천막을 치고 그곳을 사물화(私物化)하고 있다고 비난한다. 그리고 공원을 산책하기 위해 천막을 철거하고 홈리스들을 배제하자고 한다. 그러나 잘 생각해 보면 이는 이중 삼중으로 전도된 이야기가 아닐까?

원래 이 세계는 누구의 것도 아닌, 누구나 자유롭게 사용할 수 있는 열린 공간이었을 터이다. 그러나 언제부턴가 이 세계, 인간이 거주하는 공간 대부분에 울타리가 쳐지고 사적으로 소유되게 되었다. 그 기원은 아무도 모르지만, 그러나 그것이 법의 세계에서 확립된 그날은 인류 공동의 유산으로 기억되고 있다.

1789년 프랑스에서 발표된 '인간 및 시민의 권리 선언' 17조에는, 인간의 여러 권리 중에서도 소유권을 유일신성하며 불가침의 권리로 정하였다. 이것에 의해 세계에 울타리를 치고 사적으로 소유하는 것이 사후적으로 합법화되었다.

시민혁명은 봉건적 신분관계와 토지에 고정되어 있던 사람들을 그 굴레로부터 해방시켜, 차별이 없으므로 자유롭고 평등한 개인을 탄생시켰다. 사람들은 거주 이전의 자유를 얻고 어디라도 좋아하는 곳에 가서 거주하고 사람들과 대화하며 함께 살아, 나날의 일과 생활을 영위할 수 있게 되었다. 이리하여 자유롭고 민주적인 사회가 확립되고 동시에 자본주의질서의 기초가 잡히게 되었다.

확실히 시민혁명은 모든 개인을 해방시키고 새롭고 자유로운 공간, 모든 사람이 각자의 거주 장소를 가질 수 있는 세계, 즉 공공성을 만들어 내야 했었다. 그러나 모든 사람들이 거주할 장소가 확보되었는가 하면 그렇지는 않다.

해방된 공간은 바로 사적인 논리 즉 소유에 의해, 이번에는 한층 더 강고하게 재코드화되었다. 사적으로 울타리가 쳐진 세계, 토지가 사유화된 세계에는 이미 갖지 못한 자들이 차지할 장소는 남아 있지 않았다. 그리고 사적으로 울타리 쳐진 방대한 공간의 틈새나 외부에 아주 작은 공공공간과 공공시설이 남겨져 사적인 세계에 거주 장소를 갖지 못한 사람들, 빈곤하고 병을 지닌 자들이 몸을 감추고 숨어 살게 되었다.

　열려 있어야 할 공공성은 사적으로 울타리가 쳐져 조각나 버렸다. 그리고 사적으로 울타리가 쳐진 세계를 무대로 하여 사적으로 독점된 거주 장소를 가진 부르주아시민들에 의해 위장된 공공성, 즉 시민사회가 성립된다. 근대의 공공성은 사적인 '울타리 치기' 위에 구축된 것이며, 공공성이라 말해지는 것 자체가 실은 사적 기원을 갖는 것이어서, 이 말에는 공사의 전도가 내포되어 있다.

　모든 사람의 자유·평등이 선언되었지만, 이 세계에서 거주 장소를 빼앗긴 갖지 못한 자들은 배제되었다. 갖지 못한 자들에게는 사적 울타리 바깥에 있는 약간의 공물과 공공공간을 피난처로 하여 살아가는 것만이 은혜라도 베풀 듯이 허용되거나 혹은 묵인되었다. 배제되고 갖지 못한 자들이 살고 있는 영역이야말로, 과거 누구의 것도 아니었기 때문에 누구라도 이용할 수 있었던 세계의 흔적으로서의 공공적인 공간이다. 물론 이미 사적 소유물로 울타리 쳐지고 난 세계의 자투리로 규정된 공공공간은 완전히 사적인 논리를 피할 수는 없다. 그러나 허구라 하더라도 공공성을 가정함에 의해 누구라도 자유롭게 사용할 수 있었던 세계의 이름을 겨우 남겨 놓고 있는 것이다. 그렇기 때문에 사적으로 울타리 쳐진 세계에서 거주 장소를 잃어버린 홈리스들도 그곳을 주거로 할 수 있다. 노숙 행위는 공공성에 의거해서만 비로소 가능하다.

　근대에 들어서 공간이 사적으로 울타리 쳐짐과 동시에 모든 사람이 가져야 할 보편적 인간의 권리가 부와 교양을 가진 부르주아에게 독점되었고, 부르주아의 허구의 공동성으로서 시민사회가 성립되었다. 이 시민사회의 공공성은 집에 거주하는 시민들의 사적인 울타리 치기를 전제로 하고 있다는 의미에서는 사적인 것이며, 반대로 사적으로 울타리 쳐진 세계에 거주 장소를 갖지 못한 자의 피난처로서의 공공물이야말로 공공성을 체현하는 것이 된다.

　그러나 외부인 공공공간으로 도피한, 갖지 못한 자들은 더욱 심하게 내몰리게 되었다. 빈곤하기 때문에 사적으로 울타리 쳐진 세계에 거주 장소를 가질 권한을 갖지 못한 사람들은 죄인이나 병자들과 함께 배제되고 수용·감금되며, 교정되어야 할 존재로 간주되었던 것이다.[14] 홈리스들에 대해서는 지금도 보호시설이나 자립지원센터 등의 시설에 수용함을 원칙으로 하여 취급한

---

14 홈리스들을 '벌거벗은 삶'으로 파악하는 논의도 전개되고 있다(Leonard C. Feldman, *Citizens Without Shelter*, Cornell U. P., 2004). 그러나 홈리스들만을 특별히 '벌거벗은 삶'이라고 부르는 것은 근대민주주의가 처음부터 '불결한 자들'(zoe：날것을 뜻하는 그리스어), 즉 '벌거벗은 삶'에 대해 인간의 자유와 행복을 보장하는 것을 목적으로 하고 있었다고 하는 아감벤의 취지를 오해시킬 위험에 유의하여야 할 것이다. Giorgio Agamben, 高桑和巳 譯, 『호모 사케르 ― 주권권력과 벌거벗은 생명』(ホモ サケル ― 主權權力と剝き出しの生), 以文社, 2003, p.18(박진우 옮김, 『호모사케르 ― 주권권력과 벌거벗은 생명』, 새물결, 2008).

다는 것은, 사적인 울타리 치기의 세계에 본질적으로 이질적인 것에 대한 격리 수용 원리가 관철되고 있다는 사실을 의미한다.

현재 남겨진 얼마 안 되는 공공공간으로부터 노숙인들을 배제하는 가차 없는 폭력이 공공성이라는 이름 하에 행사되고 정당화되는 듯하다. 이는 공공 공간에서 수상한 자를 감시하고 배제하는, 소위 '감시사회화' 로 불리는 현상 과 병행하고 있다. 감시사회화는 사람들의 사적으로 울타리 쳐진 영역을 공권 력의 눈에 드러낸다는 의미에서 사적 영역보다 공공성 논리가 앞서는 것처럼 보인다. 그러나 종래 공공영역에서 사람들의 행동을 감시하고 치안을 유지하 는 역할을 맡아 왔던 것이 법적으로 정당화됨과 동시에 제약된 것이었던 반면, 감시사회의 주체는 법적으로 정당화된 강제권한은 없지만 그 대신 법적인 통 제도 벗어난 사적 개인이라는 점에 주의하여야 한다. 그런 의미에서는 감시사 회화는 공적인 것에 대한 사적 논리의 침투라고도 말할 수 있다.

공익 보호나 공공성의 이름 하에 행해지는 노숙자의 배제도 사적인 논리 로 일관되고 있다.

사적으로 울타리 쳐진 세계에 거주 장소를 갖지 못하므로 공공시설로 도 망쳤는데, 이번에는 공원을 산책하는 데 눈에 거슬리니까 나가라는 것이다. 이는 조금 남겨진 공공공간을 더욱 사물화하는 논리다. 내가 쓰기 위해 다른 사람은 이용하지 못하게 한다. 그것도 산책하기 힘드니까 장소를 양보해 주면 좋겠다는 것이 아니라 공원에서 전면적으로 물러나라는 것이다. 이는 공원이 라는 공공공간의 전면적인 사물화이다. 공원을 소위 가진 자만의 회원제 시설 로 하고자 하는 것이다. 이용 자격은 일정한 재산이나 수입을 가지고 집을 지 니고 있는 주민일 것, 빈곤하여 집을 갖지 못한 자들은 이용 자격이 없다. 재산 에 의한 차별, 아파르트헤이트^{apartheid} 이외의 그 무엇도 아니다.

갖지 못한 자로부터 이 세계 안의 거주할 장소를 빼앗고 배제하며, 나아가 그들의 피난처이어야 할 공공시설로부터 내쫓는 것도, 우리가 살아가는 사회 를 살기 힘든 사회로 만드는 감시사회화도, 모두 다 사적인 울타리 치기의 논 리로 일관되어 있다. 그런 의미에서 공사 논리의 전도를 특징으로 하고 있는 것이다.

2) 배제(eviction)와 거주의 자유

도시 공원이나 하천부지, 도로 등 공공시설에서 기거하고 있는 홈리스들을 강제적으로 배제하는 행위는 헌법 25조의 생존권이나 사회권규약 11조의 거주권을 침해한다고 하기 이전에, 우선 첫째로 그들의 '거주의 자유'를 침해하는 행위이다.[15]

일본 헌법 13조는 "모든 국민은 개인으로 존중된다. 생명, 자유 및 행복 추구에 대한 국민의 권리에 대하여는 공공의 복지에 반하지 않는 한, 입법 기타의 국정상에 있어서 최대로 존중되어야 한다"라고 정하고 있다.

개인이란 하나의 신체를 가진 존재이다. 그 개인이 생명에 대한 권리를 갖는다고 말하는 것은, 이 지표상의 일정 면적을 그 신체를 지탱하기 위하여 서거나 누워서 이용할 권리를 갖는다는 것이다. 또한 살아가기 위해서는 사람은 자지 않으면 안 된다. 자기 위해서는 일정 시간, 일정 장소를 누구에게도 방해받지 않고 이용할 수 있어야 한다. 이는 인간존재에게 근원적인 권리이다.

그리고 일본 헌법 22조 1항은 "어떤 사람도 공공의 복지에 반하지 않는 한, 거주, 이전 및 직업 선택의 자유를 갖는다"라고 정하고 있다. 또한 자유권규약 12조 1항도 거주의 자유에 대한 권리를 보장하고 있다.

거주의 자유는 경제적 자유로서의 측면을 가지고 있지만 그러나 그것은 "인식의 자유, 표현의 자유, 인격 형성의 자유라고 하는 다면적·복합적 성격을 갖는 권리"이며, "사람과 물건의 자유로운 이동을 전제조건으로 하는 근대 사회가 존립할 수 있는 불가결의 요소"로서의 의의를 갖는다.[16] 즉 '거주의 자유'는 봉건적 신분제 질서 공동체 안에서 일정한 토지와 신분에 고정되어 있던 사람들을 해방시켜 대등하고 평등한 개인을 찾아내어, 자본주의질서를 기초 짓는 동시에 자유로운 사회, 민주주의사회의 근간을 이루고 있는 것이다.

거주의 자유는 "자유권의 기초라고도 할 만할 인신의 자유와도 밀접히 관련되어 있을"[17] 뿐만 아니라, 자유로운 사회, 입헌민주제의 대전제로서의 의의도 갖고 있다.[18]

이 거주의 자유에는, ①자신이 거주하는 장소를 자유롭게 선택할 수 있다는 것뿐만 아니라, 논리 필연적인 전제로서 ②반드시 어딘가에 거주할 자유,

---

15 笹沼弘志, 「배제원론─헌법학적 고찰」(排除原論─憲法學的考察), 『季刊 Shelter-less』, 2006년 여름호.

16 野中·中村他, 『헌법1(제4판)』(憲法1[第4版], 有斐閣, p.438.

17 芦部, 『헌법학』3(憲法學3), 有斐閣, p.565.

18 히구치 요이이치(樋口陽一)는 "거주이전의 자유가 역사상 경제적 자유로서의 큰 역할을 갖는 것이었다"고 하면서도, "직업신분제와 토지에 대한 기속(羈屬) 등으로부터의 해방이 정신적·정치적 자유의 해방에 있어서 결정적인 의의를 갖는 것이었다는 것은 말할 것도 없다"고 지적하고 있다(『헌법(개정판)』(憲法[改訂版], 創文社, 1998, pp.247~248).

거주하는 것 그 자체의 자유가 포함되어 있다.

전자는 장소 선택의 자유이며, 후자는 거주하는 것, 즉 이 지구상에 신체를 갖고 존재하는 것 그 자체의 권리여서 진정 존재권이라고도 해야 할 것이다. 이 존재권은 인간의 가치를 우위에 두는 의미에서의 생존이라고 하는 소위 생존권이 아니라, 보다 근원적인 자연권적 권리여서 이것 없이 인간은 존재할 수 없는 것이다. 그 의미에서 인신의 자유의 핵심을 이룬다고 말해도 좋을 것이다.

인신의 자유란 "자기의 신체가 그 무엇에 의해서도 구속되지 않는 상태에 있다"는 것, "사람의 신체가 육체적으로도 정신적으로도 구속을 받지 않는 것을 의미한다". "그것은 자유 개념의 가장 기본적인 내용이어서 그것 없이 자유가 성립되지 않는다는 점에서 최소한의 자유라고 할 수 있다."

이 인신의 자유의 핵심인 거주하는 자유의 박탈은 사람으로서의 존재의 부정, 즉 죽음이다.

3) 사회적 배제

왜 사람들은 홈리스 상태에 빠지는가? 실업 등에 의한 노동 수입의 상실이 주된 원인이지만, 실업에 의해 곧바로 홈리스 상태에 빠진다는 것은 이상한 이야기이다. 일본에는 고용보험 제도도 있고 생활보호 제도도 있다. 수입을 잃어버린 사람들이 주거도 상실하고 홈리스 상태에 빠지는 것은 사회보장이나 주택보장 제도가 갖추어져 있지 않기 때문이다. 자조노력형의 사회보장과 주택정책이 직업을 잃어버린 사람들을 홈리스 상태로 내몰고 있는 것이다.

❶ **고용과 고용보험으로부터의 배제** 노숙자의 대부분이 건설 일용노동이나 서비스업 등 불안정 직업에 취업하고 있던 자이다. 일용노동자는 많은 경우 노무자 합숙소 또는 간이 숙박소를 거주 장소로 하고 있다. 서비스업 종사자의 경우도 합숙소에서 살면서 일하고 있는 경우가 많아서 실직에 따라 곧바로 주거를 상실하고 노숙으로 갈 위험이 높다. 노숙자를 산출하는 주된 요인은 '실업'

이다. 그러나 실업자에 대하여 적절하게 사회보장이나 취업 대책이 취해져 빈곤층에 대한 주택보장이 행해진다면 노숙까지 하게 될 일은 없다. 대부분의 일용노동 현장은 노동 조건이 열악할 뿐만 아니라 고용보험 등 사회보장이 사실상 기능하지 않기 때문에 노숙자를 계속 배출시키고 있는 것이다.

'일자리를 잃은' 일용노동자에게는 고용보험법상 '일용고용노동구직자급부금제도'가 있는데, 실업일이 속하는 달의 직전 2개월간 보험료를 통산 26일 이상 납부하고, 매일 실업인증을 받아 구직 신청을 하지 않으면 수급할 수 없다. 이것은 일이 있다 없다 하는 일용고용노동자의 현실에 맞지 않고, 그 결과 일용고용노동자 피보험자수첩(백수첩)이 없는 노동자도 많다. 일본의 고용보험 제도는 원래 빈약하지만 많은 일용고용노동자에게는 그것조차 그림의 떡이 되고 있는 것이다.

❷ **생활보호로부터의 배제** 최후의 생존권 보장의 보루가 되어야 할 생활보호 행정에서 도리어 노숙자 배제가 더 심하다. 65세 미만의 '노동연령층'의 경우 장애나 질병이 없는 한 보호하지 않는다든가, 원래 주거가 없다는 이유에서 신청조차 거부하는 위법적인 운용이 버젓이 통해 왔다. 일본의 노숙자는 집조차 잃은 극빈 상태이기 때문에 오히려 공적부조도 받을 수 없는 상황에 놓여 왔다. 그것은 영국에서 노숙자의 약 40%, 독일에서는 70%가 공적 급부를 받고 있는 것과 대조적이다.[19]

일본에서도 노숙하면서 연금 등 소득보장을 받고 있는 사람들이 없는 것은 아니다. 그러나 연금 신청 등에 있어서 '주소'가 필요하기 때문에 지인의 집을 주소로 등록하는 등 편법을 쓰는 실정이다. 이러한 현실이 있음에도 불구하고 '주소'를 빌려준 지원자까지 체포했기 때문에 바로 주소재판이 제기되었던 것이다.

생활보호 상담 및 신청부터 시작하여 생활보호법 운영상의 문제점은 들어 볼수록 한이 없다. 그러나 노숙자뿐 아니라 일반적으로 생활보호 행정소송 사례는 실제의 사건 수에 비한다면 그다지 많다고 할 수 없다. 그것은 생활보호 신청을 희망했던 생활보호대상자가 보호실시기관의 창구에서 부당한 이유로 내쳐지더라도 행정기관이 말하는 것을 곧이곧대로 받아들이고 만다든지

19 岡本祥浩, 『유럽의 홈리스 문제(상)』(歐美のホームレス問題[上]), 法律文化社, 2003, pp.65~66; 嵯峨嘉子, 「홈리스와 사회부조」(ホームレスと社會扶助), 『고용정책과 공적 부조의 교착』(雇傭政策と公的扶助の交錯), 御茶の水書房, 2002, p.211.

포기해 버리고 만다든지 하는 일이 많고, 또 본래 소송 방법을 알지 못하는 점 등이 원인이다. 많은 생활 빈곤자가 생활 곤궁에 빠진 것에 대하여 자책감을 갖고 있으며, 법 제도에 대하여 충분한 지식을 갖지 못하고 권리의식도 낮아 행정에 종속하기 쉽다는 구조적 문제도 있다. 또한 신청 자체를 거부당하면 행정 불복 심사 등으로 다투는 일 자체도 곤란하다. 따라서 상당히 세심한 지원체제가 취해지지 않는다면 행정소송을 하는 것은 불가능에 가깝다. 그 때문에 복지사무소에서 벌어지는 생활보호 신청 거부 등의 위법 행위도 가시화되는 일이 적고 법적인 통제가 힘든 상황에 놓여 있다.

주거가 없기 때문에 혹은 단지 나이가 젊어서 일할 수 있다는 위법한 이유로 생활보호로부터 노숙자를 배제하는 상황을 극복하는 돌파구가 된 것이 나고야의 하야시 소송이다. 쟁점은 생활보호법 4조 1항의 능력 활용 요건에 대한 해석이었다. 행정관청은 당초 거주지가 없고 노동 능력이 있다는 이유만으로 원래 보호할 수 없다는 입장이었지만, 1심에서 이유를 바꾸어 노동 능력을 활용하고 있지 않으므로 보호 요건을 결여했다고 주장하였다. 나고야 지방법원은 노동 능력이 있는 경우라 하더라도 "노동 능력을 활용하려는 의사를 갖고 있고 나아가 활용하고자 하더라도 실제로 활용할 수 있는 곳이 없다면, '이용할 수 있는 능력을 활용하고 있지 않다'고는 말할 수 없다"고 하여 행정처분을 취소하였다. 그러나 나고야 고등법원은 지방법원 판결의 해석을 채용하면서도 단지 유효 구인배율이나 신문에서의 구인광고의 존재 등 표면적인 이유로 단순히 취업의 장이 있었다고 인정하고, 그럼에도 불구하고 취업하지 않는 것은 노동 능력 활용을 게을리하고 있는 것으로 간주하여, 원판결(처분취소부분)을 취소하였다. 최고법원은 하야시 씨의 사망에 따라 취소소송에 대한 종료를 선언하고 국가배상 청구를 기각하였지만, 최고법원은 1심 및 항소심이 채용한 노동 능력 요건에 관한 해석을 받아들였던 것이며, 주거가 없고 노동 능력이 있다는 이유만으로 보호를 거부하는 운용 방식에 대하여는 위법이라는 점이 확인되었다고 할 수 있다. 이것은 노숙자라 하더라도 생활보호를 수급할 권리가 있다는 것을 인정한 것이어서 진정 노숙자의 인권선언이라고 할 만한 의의를 가진 소송이었다.

그러나 최근 수년 동안의 구조개혁 하에서 생활보호 행정 전체가 축소되고, 노동연령층의 사람에 대해서는 신청 시점부터 한층 엄격한 취업 '지도'가 시행되게 되었다. 또한 2002년의 홈리스 자립지원법 제정 후 대도시 지역에서는 홈리스들에게 생활보호에 앞서 쉼터와 자립지원센터 입소 조치가 취해짐에 따라 결과적으로 홈리스들의 생활보호 수급을 억제하는 경향이 굳어져 버렸다. 다른 한편 공원 등에서 천막 같은 것을 철거할 때 생활보호가 방편으로 이용되는 경향도 나타났다. 그 때문에 홈리스 자립지원법에 의한 지원책이 홈리스들에게 새로운 배제와 열등한 처우를 불러오는 것은 아닌가하는 비판이나 생활보호조차 배제의 수단이라고 하는 극단론마저 나타나고 있다.

4. 반 배제와 자립지원의 논리

1) 노숙 행위의 정당화

왜 원래 홈리스들은 이 세계에서 거주 장소를 잃지 않으면 안 되는가? 인간은 누구라도 이 세상 안에 살아갈 권리, 거주 장소를 가질 권리를 갖고 있음에도 불구하고 그것을 빼앗기지 않을 수 없는 이유를 따져 본다면, 본래 누구의 것도 아닌 토지에 대해 사적 소유가 인정되고 말았던 점에 생각이 미치지 않을 수 없다. 토지의 사적 소유 자체가 정당한가라는 자본주의적 소유체제의 정당성에 대한 근본 문제로 돌아갈 필요가 있다. 토지의 사적 소유, 자본주의체제의 전제는 봉건적 신분관계 및 공동체로부터의 개인의 해방, 거주 이전의 자유의 승인에 의해 비로소 성립되었다. 그러나 토지의 사적 소유에 따라 궁핍한 사람들이 일정한 토지·건물에 거주할 권리를 박탈당하는 결과가 생겼다. 이에 따라 가난한 사람들의 거주 자체가 위기에 처해 자본주의적 토지 소유의 전제인 거주의 자유 자체가 부정되지 않으면 안 되는 역설을 낳고 있는 것이다.[20]

따라서 토지의 사적 소유 체제를 유지하는 한, 그 대전제인 모든 사람의 거주의 자유를 실질적으로 보장할 보상 조치를 취하는 것이 필수적이 된다. 어디든지 자신이 좋아하는 장소에 거주할 자유에 대하여는 일정한 정도로 제약이 있을 수밖에 없다고 하더라도, 그 근본에 있는 어디든 거주할 수 있는 자

---

20 홈리스들에 의한 공공시설의 점거는 원주민의 토지에 대한 요구와 마찬가지로 토지에 대한 사적 소유 그 자체의 원초적인 떳떳치 못함을 상기시키는 것이다. 그렇기 때문에 정당한 소유와 불법점거를 구별하고 불법점거의 불법인 이유를 뚜렷이 하기 위하여 홈리스들의 잘못을 책망하려는 것이다. 그래서 그들에 대한 비난과 증오는 한층 엄격한 것이 될 수밖에 없다.

유, 거주하는 것 그 자체는 결코 빼앗을 수 없는 권리이다. 우리들 인간은 육체 없이 존재할 수도 생명을 유지할 수도 없다는 것은 자명한 일이다. 공중에 떠서 생활할 수는 없는 것이기 때문에, 우리들은 생명을 유지하기 위해서 그 어디든 일정한 지표면을 서고 눕고 자고 먹는, 소위 기와침식(起臥寢食)에 사용할 수 있는 권리를 침해당할 수도, 양보할 수도 없는 자유를 갖는다. 인신(人身)의 자유의 전제로 일정한 지표면을 생명 활동을 위하여 이용할 권리, 거주할 자유가 인정되지 않으면 안 되는 것이다.

자본주의적 시장에 의한 부의 분배와 자유로운 노동시장이 필연적으로 실업 등에 따른 빈곤을 산출하고, 바로 그 때문에 구빈책, 생활 수단의 재분배로서의 생존권 보장을 필요로 하는 것처럼(홉스도 『리바이어던』에서 구빈 제도의 필요를 인정하고 있다) 토지의 자본주의적 소유에 따라 거주할 자유를 위협받고 있는 사람들에게는 거주할 자유에 대한 보상 조치가 필요한 것이다.

『상식』 Common Sense을 저술하여 미국 독립혁명의 이론가가 되었던 토머스 페인은 「토지 배분의 정의」(1794~1795)[21] 중에서, 원래 토지는 '인류의 공유 재산'이고, 인류의 일원이라면 누구든지 평등한 이용권을 갖고 있었음에도 불구하고 토지의 사유재산 제도가 확립되었기 때문에 많은 주민이 자연권적 상속권으로서의 토지 이용권을 박탈당하고 빈곤과 비참이 생겨났다고 비판한다(p.161). 그리고 '소유물을 가로채인 사람들'의 권리를 옹호하고 그들의 권리를 보상하기 위한 국민기금의 창설을 제안한다. 이 기금에 의한 급부(給付)는 "자선이 아니라 권리이다. 즉 박애가 아니라 정의이다"라고 단언한다(p.168).

토지 소유 제도, 즉 자본주의질서의 기초를 확립하면서 많은 사람들의 자연권적 권리가 박탈되었기 때문에, 갖지 못한 자에 대한 보상은 사회와 국민 전체의 책임이라는 것이다. 페인의 주장은 생존권 보장의 기초 부여로서의 의의를 가질 뿐 아니라 토지 소유 제도에 따라 거주할 자유를 빼앗긴 사람들의 권리와 그 보상 제도의 정당화에 대한 논의이기도 한 것이다.

홈리스들은 사적으로 울타리 쳐진 토지에 합법적으로 거주할 수 없기 때문에, 국민 전체의 책임으로 일정한 토지에 거주할 자유를 인정하지 않으면 안 된다.

첫째는 공원 등 공공시설에서 거주할 자유의 승인이다. 그리고 둘째로 공

---

21 Thomas Paine, 四野宮三郞 譯, 「토지 배분의 정의」(土地配分の正義), 『근대토지개혁사상의 원류』(近代土地改革思想の源流), 御茶の水書房, 1982.

원 등 공공시설과 같은 인간이 거주하기에 적당하지 않은 장소에서의 거주 허용에 머물 것이 아니라, 존엄성을 가진 인간에 걸맞는 거주 장소의 확보를 요구할 권리의 승인이다. 이는 말할 것도 없이 사회권규약 11조의 거주권 및 일본 헌법 25조가 보장하는 건강하고 문화적인 최저한도의 생활을 영위할 권리의 문제이다.

또 공원에 거주할 자유란 노숙할 권리가 아니라 거주하는 것 자체의 자유보장이다. 공원에 천막을 치고 거주할 자유를 인정하라는 것은 현재의 사유재산제의 논리로 보면 용인하기 어려울 것이나, 역으로 사유재산제를 취하고 있기 때문에 빈곤한 자가 공원에서 노숙할 수밖에 없으므로 불가피한 노숙은 용인되지 않으면 안 된다.

또한 사유재산제에 따라 사회 안에서 거주할 자유를 빼앗긴 홈리스들에게는 국가, 사회가 안심하고 거주할 수 있는 장소를 확보해 줄 책무를 져야만 한다. 이는 헌법 25조 및 생활보호법, 공영주택법에 따라 국가에 부과된 의무인 바, 그것이 개인의 구체적 권리를 보장한 것이든 아니든 국가가 입법 조치 등을 강구하여 이 책무를 이행하고 있지 않는 한, 공원에서의 노숙 행위는 정당방위나 긴급피난으로서 면책되어야 할 것이다. 국가의 위법한 부작위에 의해 생존권을 보장받지 못하고 거주 장소를 빼앗기는 중대한 위해를 받고 있기 때문에 자기의 생명, 신체와 권리를 지키기 위해 공공시설에서 거주하는 행위에 대하여는 민법상의 정당방위가 성립한다(일본 민법 720조 1항). 거주할 장소를 잃고 노숙으로 내몰리고 있는 원인이 국가나 보호실시기관의 위법한 부작위에 있다는 것을 인정할 수 없다고 하더라도 적어도 형법상의 긴급피난은 성립한다(일본 형법 37조).

2) 자립지원책과 자유

자립지원책은 홈리스들의 자립 의사의 존중을 대전제로 하고 홈리스들의 자립을 실현하는 것을 목적으로 하고 있다.

그런데 '자립'이란 무엇인가? 지금껏 자립이라고 하면 혼자 힘으로 타자의 원조를 받지 않고 살아가는 것, 특히 경제적 자립을 의미해 왔다. 이것을 편의적으로 '낡은 의미에서의 자립'이라 부른다. 홈리스 자립지원법의 '자립'이 그 자립을 의미하는 것이라고 하면 자립을 지원한다고 하는 것이 모순이다. '낡은 의미에서의 자립'의 관념에서 보면 홈리스들이야말로 회사의 신세도 지지 않고, 국가(생활보호나 사회보장)의 신세도 지지 않고 글자 그대로 누구의 신세도 지지 않고 살고 있는 가장 자립한 사람이다.

'자립'을 위해 안정된 거주 장소나 고용 장소의 확보 등 적극적 원조를 필요로 한다는 것은 자립과 원조(보호)를 양자택일적으로 파악하는 낡은 자립의 관념으로는 이해할 수 없다. 자립이라고 하는 것이 혼자 힘으로 살아간다는 것과는 별개의 의미를 갖지 않는 한 자립지원은 의미가 없다. 그렇다면 자립이란 무엇인가? 타자의 원조를 받고 있는가 아닌가의 문제는 아니다. '자립'이란 타자의 원조를 받더라도 자신이 이용할 수 있는 각종 수단을 활용하여 자신이 살고 싶은 대로 자유롭게, 자기결정에 따라 살아갈 기회를 보장받는 상태이다.

따라서 어떤 시책이 자립지원책이라고 말할 수 있는가 여부는 그 지원책을 이용하는 자의 자유가 보다 증대되었는가 여부에 따라 판단된다. 보다 다양한 선택지가 준비되어 있을 뿐 아니라 그들 선택지를 이용자가 활용 가능한 것이지 않으면 안 되고, 그것을 활용하는 것에 의해 한층 더 다양한 선택지를 활용할 수 있는 상태로 이행하는(활용 가능성이 높아지는) 것이어야 한다.[22] 다양한 사회제도가 준비되어 있더라도 당사자의 활용 가능성이나 활용할 능력이 낮다면 그들 제도를 활용해 자유롭게 행복을 추구하는 것이 불가능하다. 자립지원이란 사회적으로 정비되어 있는 여러 종류의 제도를 활용할 수 있도록 보다 다양한 매개적 역할도 수행하는 지원책을 준비하면서, 당사자의 활용 가능성, 바꾸어 말하면 자유를 제고해 가는 것이다.

자립지원책에 의하여 제공되는 거주 장소가 당사자에게 안정된 거주의 장이라고 할 수 있는가 아닌가는 단지 객관적인 조건, 예를 들면 건물의 구조나 거주 공간의 넓이, 쾌적함만에 의하여 정해지는 것은 아니다. 안정된 거주의 장이란 그것을 당사자가 이용하여 보다 쾌적하게 안정된 생활을 보내는 것이 가능한가 아닌가, 그것을 이용하여 자신의 장래를 열어 갈 가능성을 넓힐

---

22 이것은 아마르티아 센(Amartya Sen)이 말하는 'capability'의 문제이다. 'capability'는 주로 잠재능력으로 번역되는데, 이것으로는 의미를 이해하기 어렵다. 그것은 어떤 재화를 활용할 수 있는가 없는가라는, 재화와 당사자와의 적합성 및 활용 가능성의 문제이다. "capability란 어떤 사람에 있어서 자신에게 달성 가능한 여러 기능의 다양한 조합의 선택지가 있는가 없는가를 의미한다. 즉 'capability'란 어떤 종류의 자유 즉 다양한 기능의 조합을 달성하기 위한 실질적 자유인 것이다."(Amartya Sen, *Development as Freedom*, Anchor Books, 2000, p.75).

수 있는가 아닌가에 의하여 규정된다. 즉 당사자의 개인적 특성이나 주관성이라는 요소를 고려하지 않으면 안 되는 것이다. 어떤 지원책이 자립지원책으로 유효한 것인가 아닌가는 지원책과 당사자의 개인적 조건과의 적합성, 당사자의 시책 활용 가능성에 달린 것이다. 또한 거주의 장소가 '안정' 되어 있다는 것은 단순히 고정성의 문제만은 아니다. 사회적 관계, 타자와의 관계를 안정적으로 유지할 수 있다는 것도 의미한다는 점에 유의해야 한다. 이웃, 지역사회의 사람들과의 관계가 안정되어 있지 않다면 특별히 괴롭힘을 당하지 않더라도 약간의 트러블이나 불편함에 의해서 집을 떠나지 않으면 안 될 경우도 있다. 따라서 천막보다도 자립지원센터가 좋다든가, 아파트 쪽이 좋다든가라고 한마디로 말할 수 없다.

예를 들면 천막이나 움막을 치고 폐품이나 폐자재를 활용하는 일을 해서 일정 이상의 수입을 얻고 있는 경우, 아파트에 들어가고 나면 이러한 일은 할 수 없게 된다. 움막 치는 것보다 냉난방 완비의 아파트 쪽이 보다 쾌적한 거주 조건에 있는 것처럼 생각되지만, 일을 할 수 없게 되어 수입원이 끊기면 생활보호 등에 의존해야 하기 때문에 당사자에게는 보다 더 좋은 것이라고는 할 수 없다.

또한 공원이나 하천 부지에서 천막 생활을 하고 있으면 인근 주민의 일을 신경 쓰지 않고 생활할 수 있으나, 아파트 생활에서는 이웃과의 트러블이 생기기 쉽다. 아파트에 들어가더라도 이웃의 눈과 귀에 신경 쓰고 긴장하며 지내야 한다면 아무래도 쾌적하다고 말할 수 없다. 그렇다면 아파트에 입주하더라도 견딜 수 있도록 당사자를 교육하면 좋지 않을까라는 의견도 있을 것이다. 이 견해가 드러내고 있는 것처럼 아파트라는 재화를 활용할 때 당사자의 특성을 고려하지 않으면 안 된다. 또한 당사자의 특성은 아파트냐 천막이냐를 선택하듯이 간단히 바꿀 수 있는 것이 아니다. 무리하게 환경에 적응하게 하더라도 잘 지내지 못하고 당사자가 좌절감을 맛보게 되어 보다 좋은 생활을 희망할 의욕마저 잃어버릴지도 모른다.

아파트조차 이러한 위험성이 있는데 규칙 위주로 엄격하고 인간다운 생활 조건이 보장되지 않는 쉼터나 자립지원센터로 입소하는 것은 당사자의 의욕을 꺾어 버려 삶의 가능성을 막을 위험이 한층 더 높다고 말할 수 있다.

자립지원이라는 것은 당사자의 자유를 확대하고 당사자 자신의 의욕을 높여 기운차게 살아가도록 하는 것이어야 한다. 그것은 강제적인 조치나, 힘 내라고 하는 격려로는 얻을 수 없는 귀중한 것이다.

5. 세 계 의 개 조

홈리스 문제란 누구든지 사용하고 존재할 수 있어야 할 이 세계를 사적으로 자르고 울타리 친 것에 의해 발생한 것이다. 사적으로 얼마나 잘 울타리를 칠 것인지 그 방법을 연구했다 하더라도 실수로 밀려난 자, 배제되는 자를 없앨 수는 없다. 그렇게 되면 이 세계를 나누는 것 자체를 문제 삼지 않을 수 없다. 공간의 분할, 공-사(公-私)의 선 긋기를 무효로 하는 건 가능할 것인가?

그렇게 한다면 우리들은 우리 자신의, 그리고 나의 것으로서의 '보금자리'를 포기하지 않을 수 없다. 그리고 공적인 권력에 노출되어 일상적인 생활 행위를 모두 공적인 권력 및 공중의 면전-감시 앞에서 행하지 않을 수 없다. 그것은 전체주의다. 거실뿐 아니라 침대 위까지 카메라를 들이대는 공권력의 감시의 눈을 피할 수가 없다. 이것을 피하기 위해서는 결국 공간에 대한 선 긋기가 불가피하다. 그렇다면 어떻게 나누어야 할까? 지금처럼 공사로 나누는 방법 이외에 다른 방법이 있을 것인가? 울타리 치기와 배제로 귀결되지 않는 또 하나의 세계를 그리는 방법은 있을 것인가? 누구든지 자유롭게 사용할 수 있었던 이 세계를 새롭게 개조하는 것. 익숙한 말로 표현하자면 정상으로 되돌리기[Normalization], 즉 세계 변혁의 가능성은 무엇일까?

세계는 사물이며 그 사물의 배치에 따라 세계의 모습은 결정된다.[23] 세계라는 사물을 만들어 내고 그것을 배치하여 사람의 주거로 삼는 것은 사람들의 일이다.[24] 세계라는 사물을 무대로 사람들은 만나고 대화하고 활동한다.

그래서 "세계가 항상 그렇게 되어 있어야 할 것으로 있기 위해서는, 즉 사람들이 지상에서 살아가는 동안에 주거할 집이기 위해서는, 인간은 활동과 언론에 적합한 장소를 만들어 내지 않으면 안 된다"[25]

세계를 인간의 거주지라고 하기 위해서는 사람과 사람이 만나는 것이 가

23 법의 정신은 법률이 여러 가지 사물과의 사이에 가질 수 있는 여러 관계 즉 '사물의 질서' 중에 존재한다(Montesquieu, 『법의 정신·상』(法の精神 上), 岩波文庫, p.49).

24 Hannah Arendt, 志水速雄 譯, 『인간의 조건』(人間の條件), ちくま學藝文庫, 1994, p.272(이진우 옮김, 『인간의 조건』, 한길사, 2002).

25 Hannah Arendt, ibid, p.273

능해야 한다. 이 세계라는 사물 위에 장소를 점할 수 없다면 타자와 만나고 대화할 수 없다.

그러나 홈리스들은 세계 위에 거주 장소를 점할 수 없기 때문에 바로 사람들과 만날 기회를 빼앗기고 있다. 홈리스들은 세계 밖으로 배제되고 사람들과 관계가 단절된다. 공간적으로 접근하여 물리적으로 조우하는 일은 있으나 그것은 사람으로서의 만남은 아니다. 만나야 할 장소, 만날 방법이 없는 것이다.

그렇다면 홈리스에게는 오로지 절망만 있을 뿐인가?

그렇지는 않다. 세계의 상실로부터 세계의 창출로의 가능성도 홈리스라는 것 가운데에 실은 포함되어 있다. 홈리스들은 확실히 이 세상에서 거주 장소를 빼앗기고 항상 불안으로 내쫓기고 있는 존재다. 그러나 이 불안이 또 하나의 자유로운 자신과 또 하나의 자유로운 세계를 열 가능성도 감추고 있다.

불안을 안고 있는 것은 홈리스들만이 아니다. 그들을 두려워하고 기피하는 '집에 사는 사람들'도 홈리스들에 대한 불안을 안고 있다. 이 불안이야말로 이질적인 타자에 대한 관심을 불러 일으켜 단절된 사람들을 서로 만나도록 하는 호소가 된다.

> 불안은 현존재의 존재 가능성으로서, 그 안에서 열어 밝혀진 현존재 자신과 더불어 함께 현존재의 근원적인 존재전체성을 파악하기 위한 현상적 토대를 제공한다. 현존재의 존재는 염려로서 밝혀진다. — 『존재와 시간』, 249쪽

> 불안의 '그것 앞에서'는 세계-내-존재 그 자체다. — 『존재와 시간』, 254쪽

> 불안은 현존재 안에서 가장 고유한 존재 가능으로 향한 존재를 드러내 준다. 다시 말해서 자기 자신을 선택하고 장악하는 자유에 대해서 자유로운 존재를 드러내 준다. — 『존재와 시간』, 256쪽

불안이 세계 내에 있는 우리들을 서로 끌어당기도록 관심을 불러일으키고, 또 하나의 자유로운 존재, 자유로운 공간을 만들어 낼 가능성을 여는 것이다. 집에 사는 사람들은 홈리스들에게 위화감을 갖고 있으면서도 마음이 쓰여

불안해하며 그들을 만나러 간다. 홈리스들은 자신의 존재를 혐오하고 무시하며, 습격하고 내쫓는, 집에 사는 사람들에게 공포를 품고 있다. 바로 그 때문에 서로 관심을 갖게 된다. 단 한 번의 말 걸기만으로 서로 그저 인간일 뿐이라는 것을 깨달아, 걱정 없이 이야기를 나누면서 서서히 만남이 진행되는 것이다. 각지에서 행해지고 있는 야간 순찰, 패트롤이란 그와 같은 여유 있는 만남의 장을 만들어 내는 작업이다.

그런데 내쫓기거나 습격의 위협에 노출되면서 항상 거주하는 것, 홈이라는 것의 의미를 되묻지 않을 수 없는 홈리스들에게는 또 다른 가능성도 있다.

진정 거주하는 것의 고난(거주난Wohnungsnot, plight of dwelling)이라는 것은 다음의 것에 있다. 즉 죽어야 할 자는 항상 거주하는 것의 본질을 새롭게 탐구하지 않을 수 없고, 거주하는 것을 항상 배워 익히지 않으면 안 된다라는 것에.
인간의 집없음Heimatlosigkeit, homelessness이란 것이, 인간이 거주하는 것의 진정한 고난을 아직도 현재의 고난으로 생각하지 않는 점에 있다고 하면 어떨까? 그러나 인간이 자기의 집없음homelessness을 사고하든 아니든, 더 이상 비참하지는 않은 것이다.
그것은 죽어야 할 자를 그들의 주거로 불러들이는 유일한 호소인 것이다. 그러나 죽어야 할 자들은 이 호소에 대하여 자신 쪽에서, 자기들 자신으로부터 거주하는 것을 그 본질의 충만함으로 이끌어 가는 것 이외에 어떤 식으로 답할 수 있을 것인가? 죽어야 할 자들이 이 호소에 답할 수 있게 되는 것은 주거를 계속 지어 나가면서 주거의 목적과 이유를 생각하기 때문이다.[26]

홈리스라는 것은, 홈이라는 것은, 거주한다는 것은 무엇인가? 항상 계속 묻지 않으면 안 된다. 천막을 세우고 동료들과 함께 거주한다는 것은 무엇인가를 고민하여 계속 묻는다. 천막이 없는 노숙자도 매일 잠잘 곳을 찾고 확보하기 위하여 거주한다는 것, 그리고 거주 장소란 무엇인가 생각하지 않을 수 없다. 거기에 새롭게 주거를 만들고 세계를 바꿀 기회가 있는 것이다.

실제로 홈리스들은 자신이 삶을 이어 나가기 위해 또 하나의 세계를 만들어 가고 있다. 삶을 이어 가기 위하여 공원에 천막을 설치하고 공원을 경작하

---

26 VA, p.162; BW, p.363

고 작물을 팔며 또 하나의 만남의 공간을 만들어 내고 있다.

노숙자가 공원에서 경작하고 작물을 길러 인근의 주민들이나, 공원을 산책하는 사람들에게 작물을 판다. "어, 맛있네. 값 싸네"라고 인근 주부가 작물을 집으며 품평을 한다. "무농약이라 안전해요. 건강에 좋구요"라고 노숙자가 대답한다. 위생적이지 않다든가 위험하다고 들어 왔던 사람들이 경작하여 넘긴 작물을 안전하고 건강한 것이라며 즐겁게 먹는다.

노숙자가 우유팩을 재활용하여 그림엽서나 표찰을 만들어 가두에서 판다. 아이들이 예쁘다 귀엽다고 말하고 노숙 아저씨들에게 웃으며 "이것 주세요"라고 애교 섞인 목소리로 보챈다.

이제까지 집에서 사는 시민들에게는 혐오나 증오, 무시나 배제의 대상에 불과했던 홈리스들과의, 괴롭힘이나 배제나 습격과는 다른 형태의 만남의 장이 만들어지고 있다. 만남의 장소를 만들고 만나는 방법을 바꾸는 것, 이것에 의해 또 하나의 세계를 만들 가능성이 열리고 있는 것이다. 이것은 자연과의 신진대사나 노동력의 소비이기만 한 노동과는 다른 일이다. 다시 말해 동료들과 연대하여 타자와 만나는 창, 즉 세계를 만들어 내고 변혁하는 일이다.

사물로서의 세계를 바꿈과 동시에 세계라고 하는 관계성, 사람과 사람이 만나는 방식, 연대하는 방식을 바꾸는 것은 가능하다. 사람들이 구축하는 작업에 의해, 사람과 사람을 만나게 하는 세계는 만들어지고 변혁되는 것이다.[27]

홈리스란 세계 안의 거주 장소, 즉 인간으로서의 조건을 박탈당하는 것이다. 그러나 홈리스들이 얼마 안 남은 공공시설이나 길 위에서 천막을 치고 골판지박스로 살 집을 만들어 내쫓김과 싸워 갈 때, 그러나 항상 거주하는 것을 걱정하도록 강요당할 때 그들은 이 세계를 변혁할 가능성을 갖는다.

이렇게 생각할 때 주소재판의 의의는 어디에 있는 것일까?

오사카 지방법원 판결은 공원에서 노숙할 권리를 인정한 것은 아니다. 홈리스들이 공원에서 거주하고 공원을 생활의 본거지로 하고 있는 것을 인정한 것에 지나지 않는다. 그러나 이것은 거주 장소를 빼앗긴 홈리스들이 공원에 천막을 치고 경작하며 동료들과 연대할 뿐만 아니라, 지역의 주민들과의 만남의 장을 만들어 내어 이 세상을 조금이나마 바꾸었다는 것, 그리하여 그들이 이 세상에 '거주하고 있다는 것'을 뒤늦게나마 공권력이 인정했다는 점에서

---

27 세계, 주거를 건축한다고 하는 하이데거 사상과, 세계를 만들어내는 일이라는 아렌트의 사상은 완전히 호응하고 있다.

의미가 있다.

홈리스들에게도 집에서 사는 시민과 마찬가지로 주소를 인정하고 지역주민으로서의 자격을 갖게 하여, 인간으로서 살아갈 권리나 시민으로서의 권리, 참정권을 행사하는 것이 가능하도록 했다. 그뿐만이 아니라 그들이 집을 지어 사람들의 만나는 방식과 세계를 변혁하는, 그러한 거주 방식이 사실상 존재한다는 것을 법의 세계에서 인정했다는 것이 이 재판의 의의인 것이다.

2-2
ISSUE

빈 자 의 영 역

니시자와 아키히코(西澤晃彦, 사회학/도시론) ^{번역} 남효진

국 민 화 와   도 시   하 층

요코야마 겐노스케(橫山源之助)는 『일본의 하층사회』(1899)에서 도쿄 빈민가의 부부관계를 다음과 같이 기술하였다.[01] "그래서 부부라고 칭하는 자들을 보니 중매인을 둔 정식 부부는 극히 적다. 실제 조사해 보니, 한 골목 수십 칸 중 진짜 부부는 두셋에 불과하다. 그리하여 한 나가야(長屋)[02]에서 경찰수첩에만 간신히 이름을 올리고 구청 장부에는 오르지 못한 아동이 수십 명이다. 그러니 성인이 되어도 여전히 국적이 없고 일본인이면서 일본 국민[人民]이 되지 못하는 자 또한 많은 게 당연하다. 빈민굴에 국적 없는 아동이 많은 이유는, 생각건대 그냥 함께 살다가 아이를 낳고 부녀자가 도망가 버린 일이 많은 데 따른다." 요코야마만 호적이 없는 상태를 "국적이 없다"고 표현한 것은 아니다. 시대는 훨씬 나중이지만 구사마 야소오(草間八十雄)도 「밑바닥 사람들」(1936)에서, "국적이 없는 자, 즉 무적자(無籍者)"라며 호적 없는 '영세민 아동'을 논했다.[03] 요코야마나 구사마가 그 당시 하층민들을 사회라는 범위 안에 넣어 그들의 빈곤을 사회문제로 논한 그나마 몇 안 되는 사람이었다는 점에 유의해야 한다. 그런 그들 또한 호(戶, 집)를 매개로 하여 '국민이 되는' 것을 '문명'에 이르는 유일한 관문으로 여겼다. 빈곤 문제의 해결이 진지하게 모색될 때 '해결'의 형태는 결국 국민화의 틀에 구속되었다.

호적에 있어서, 사람들은 누구나 한 호에 속하며 호주(가장)를 중심으로

---

01 橫山源之助, 『일본의 하층사회(신판)』(日本の下層社會[新版]), 岩波文庫, 1985, p.57.
02 일본 에도 시대에 발달한 공동 임대주택. (옮긴이)
03 草間八十雄, 「밑바닥 사람들」(どん底の人達), 『근대 하층민중 생활지 ― 빈민가』(近代下層民衆生活誌 ― 貧民街), 明石書店, 1987, p.472.

하는 호를 단위로 파악되고, 천황의 '신하'로 평준화되었다.[04] 그것에 기초해 눈부신 '문명'으로 이끄는 길로서 공교육과 징병 제도가 동시에 마련되었다. 즉 '문명'으로 들어가기 위해서는 호의 일원으로 땅에 뿌리를 둔 국민이라는 당위적 모델을 따라야 했다. 그러므로 호 단위를 구성할 수 없는 사람들, 즉 일정한 주거도 없고 조직에도 속하지 않는, 따라서 호적으로 관리가 되지 않는 사람들은 비국민적인 존재로 분류되어 '문명'으로부터 배제당할 수밖에 없었다. 소박한 관리 테크놀로지하에서 개개의 신체는 장소와 일치해 파악된다. 그런데 와카바야시 미키오(若林幹夫)가 말했듯이 "장소와 신체의 일치를 위한 프로그램"이란 실제로는 "장소와 이름의 일치를 위한 프로그램"에 지나지 않는다.[05] 근대의 신체는 당연히 장소에서 해방되어 유동하는 성질을 갖는다. 하지만 대도시의 유동인구도 '세입자'는 집주인이, 타처에서 온 '고용인'은 고용주가 의무적으로 관청에 신고하는(기류적[寄留籍][06]) 등, 주거와 직업 양쪽으로 파악되었다. 즉, 신체를 장소와 연결시켜 특정화했다. 결과적으로 이 '프로그램'은 무엇보다 대도시에서 호적의 범위 밖에 존재하는 인구 — 비조직·비정주 인구 — 를 '찾아내어', 개입해야 할 층을 추출하는 기능을 수행하였다.

가장 먼저 지목된 것은 대도시의 하층민이었다. 안정된 직업도 없고, 세대를 형성하거나 유지하기도 힘든 하층민들은 호적의 구성요소인 호(戶, 집)를 구성할 수 없다. 또 일정한 주거도 없고 조직에도 속하지 않기 때문에 호적으로 관리가 되지 않는 비국민적인 범주로 떠올랐다.

하층인구에 대한 첫번째 개입은, 우선 정주화(定住化)와 조직화를 촉구해 국민으로서의 체제를 갖도록 치료하고 규율화하는 것이었다. 이것은 경제적 기반이 필수적이므로 공업화가 어느 정도 궤도에 오른 후에야 비로소 가능하게 되었다. 20세기에 들어서면 하층민도 가정을 이루어 도시에 정착하게 된다.[07] 1920년대 후반에 하층인구는 밀집 거주지역으로부터 뿔뿔이 흩어지고, 국가권력이 빈곤을 파악하는 방법도 추상적·통계적인 측정으로 치환되었다. 이 과정 속에서 이질적인 '외부'로 규정되었던 하층인구는 서서히 국민화되고 내부화되어 갔다.

---

04 藤田省三,「천황제국가의 지배원리」(天皇制國家の支配原理),『후지타 쇼조 저작집1 — 천황제국가의 지배원리』(藤田省三著作集1 — 天皇制國家の支配原理), みすず書房, 1998, p.104.

05 若林幹夫,「공간·근대·도시 — 일본 〈근대 공간〉의 탄생」(空間·近代·都市 — 日本における〈近代空間〉の誕生), 吉見俊哉 編,『21세기의 도시사회학4 — 도시의 공간, 도시의 신체』(21世紀の都市社會學4 — 都市の空間 都市の身體), 勁草書房, 1996, pp.13~14.

06 기류(寄留)는 일본 구제도에서 본적지 이외의 일정 장소에 90일 이상 주소 또는 거처를 갖는 것으로, 이때 만드는 호적을 원적에 대해 기류적이라 한다. 다시 본적지로 돌아가면 기류적은 폐기된다. 기류적은 1951년 주민등록법 제정으로 폐지되었다. (옮긴이)

07 中川淸,『일본의 도시 하층』(日本の都市下層), 勁草書房, 1985; 中川淸,『일본 도시의 생활 변동』(日本都市の生活變動), 勁草書房, 2000.

　　그런데 하층인구에 대한 두번째 개입은, 도시 풍경을 시각적으로 국민화(=문명화)하기 위해서 대도시에서 비국민적인 것(하층인구)을 은폐하는 것이었다. 대도시에서 '보통' 기준에 맞추어 행해진, 시각을 통한 동화의 경향은 사람들 사이에 일종의 권력을 형성시켰다. 그것은 공간의 풍경을 통제하여 사람들에게 국민적 질서의 유일성과 자명성을 이해시키고, 외관을 스스로 조작해 풍경에 대해서 주체적으로 동화될 것을 촉구하는 권력적 개입이었다. 이 개입은 공간에서 이루어졌다. 그리하여 여전히 비가족적이고 비정주적이며 비조직적 인구인 도시 하층은 분산되고 격리되어 국민적 질서의 영역에서 보이지 않게 되었다. 계속되는 철거slum clearance와 재개발gentrification로 빈민가는 도시 변두리로 밀려나고, 사창가나 싸구려 여인숙촌은 격리되고, 거지는 시외로 추방되었다. 앞서 하층인구가 1920년대 후반에 밀집 거주지역으로부터 흩어졌다고 한 것도 실은 하층인구의 분해로 봐야 할 것이다. 이들 중 일부는 국민적 질서가 확실하게 자리 잡힌 '홈home의' (=정주사회의) 공간으로 흡수되었는데, 그와 동시에 그곳에서 배제된 사람들을 격리하는 '홈리스homeless의' (=정주사회와 단절된) 공간도 만들어졌다. 구체적으로 말하자면 도시 하층은 대도시의 변두리나 도심 빈민가inner city, 함바08 같은 수용시설, 사창가 같은 격리지구 등 국민적 질서가 느슨한 공간 내에서 유동하였다. 홈리스의 공간은 홈의 공간으로부터 단절되어 있다. 그곳에 사는 사람들은 비국민적인 존재로 취급되어 치료를 받을 자격조차 없는 사람으로 방치되었다. 이제 메이저리티majority와의 연속성이 끊긴 채 고립된 하층 마이너리티minority는 그곳에 있는데도 '없는', '있을 수 없는' 사람으로 은폐된다. 어쩌다가 메이저리티의 눈에 비치는 마이너리티의 현실도 '어리석은 자' 들에게 따르는 자업자득의 결과로 여겨져 그들이 당연히 감수해야 하는 것이 된다. 빈곤은 홈의 공간의 연속적인 위계 속에서 상대적인 위치로 자리 매김된다. 반면 홈리스의 공간은 홈의 공간에서 배제된 사람들을 흡수하는 곳으로 제도화되고, 그곳에서 빈곤은 문제로 인식되지 않는다.

　　국민화에 따르는 배제와 빈곤은 지나간 과거의 사건이 아니다. 홈리스의 공간은 전쟁 시기에 행해진 평준화 과정에서도, 종전 후의 '민주화' 나 복지국가화에서도 소외당하며 유지되어 왔다. 배제에 따르는 빈곤은 계급적인 빈곤

---

08 광산, 토목, 건설, 공사 현장 가까이에 세워지는 노동자 합숙소. (옮긴이)

속에 매몰되어 문제로 인식조차 되지 못했다. 이 빈곤은 결국 국민국가라는 국가의 형식과 함께 오늘날까지 그대로 남아 있다.

은폐하는 전후체제

종전 후 기본권 원칙을 도입한 국민국가는 개입을 은폐하기 위해 개입 대상을 예외화하는 것을 정당화하는 논리를 명확하게 하지 않으면 안 되었다. '시각'을 기준으로 하는 배제가 없어지지는 않았으나, 설령 풍경의 국민적 균질화가 목적이라 하더라도 제도적 기준으로 채택되기는 어려워졌다. 그래서 은폐 대상의 선별 기준을 '관측'적인 것에서 '해석'적인 것으로 서서히, 어디까지나 서서히 이행시키고, 그 선별 기준을 정당화하기 위해 사회가 합의하기 쉬운 이유를 찾아 붙였다. 전후체제는 은폐를 위해 다양한 판정 장치를 정비했다. '해석'적인 기준으로 이행하면서 대상을 일괄 파악하는 범주, 이를테면 '빈민'의 사용이 억제되었다. 대신 대상을 낱낱으로 분해해 그 비국민성, 비인간성을 발견하는 방향으로 나아가게 된다. 혹은 범주를 세분화해 판정의 그럴듯함을 높이도록 요구되었다.

하층민들에게 밀착해 있는 판정 장치 중 하나가 복지사무소다. 전후의 복지 제도는 결코 도시 하층에게 "건강하고 문화적인 최저한도의 생활"을 보증하는 수단이 되지 못했다. 복지국가화의 심화에 따르는 "복지국가의 중류계층 점유화(占有化)"[09]는, 복지 제도를 "빈곤의 예방체계에서 더 나아가 '모든 주민의 사회복지'를 지향하는 것"으로 변질시켰다. 그것은 조직·정주사회에 속하는 '성실한' 정주가족을 기준으로 한다. 복지 행정을 운영하는 현장에서는 '귀속증명'을 요구하고, 그 요구에 응할 수 없는 사람들을 제도에서 배제했다.[10] 이 기준은 사실상 조직화·정주화된 가족, 즉 호적 제도가 상정하는 국민이라는 당위적 모델과 합치했다. 주거가 일정하지 않은 하층민들은 빈곤을 막을 최후의 보루인 생활보호에서도 배제되었다. 복지사무소는 아이들과 같은 치료·규율화의 대상이나, 고령자나 병자 같은 온정주의적인 ─ 그 때문에 낙인찍히는 ─ 구제 범주를 계속 내부화했다. 그러면서 복지사무소는 그 바깥

---

09 藤村正之,「복지국가·중류계층·복지사회」(福祉國家·中流階層·福祉社會),『사회학평론』(社會學評論), Vol.49, No.3, 1998.

10 岩田正美,「현대의 빈곤과 홈리스」(現代の貧困とホームレス), 庄司洋子·杉村宏·藤村正之 엮음,『빈곤·불평등과 사회복지』(貧困·不平等と社會福祉), 有斐閣, 1997.

의 비조직·비정주 도시 하층을 적극적으로 배제하는 선별 장치가 되었다. 이것이 기본 인권을 전제로 하는 제도의 운용이었고, 그것이 한 일은 '비국민'의 배제에서 한발 더 나아간 '비인간'의 배제였다.

그러나 홈의 공간에서 비국민적 혹은 비인간적 존재를 배제한다 해도, 그 신체가 도시에 넘쳐 흐른다면 은폐는 실패할 수밖에 없다. 이들을 은폐하기 위해서는 그들을 흡수할 비가시화된 공간이 필요하다. 고도성장기인 1950~60년대와 이후 십여 년간 도시 하층의 은폐가 그런대로 가능했던 것은, 어찌 됐든 은폐하려는 개입과 하층노동시장의 공생적 연대가 성립했기 때문이다. 종전 후에도 하층노동시장은 도시 하층의 끊임없는 보충을 전제로, '이력서가 필요 없는 일자리'와 '보증인이 필요 없는 주택'을 세트로 제공하며 비조직적·비정주적 하층을 흡수하는 홈리스 공간을 발달시켜 왔다.[11] 이 하층은 연령이나 젠더, 가족 형태에 따라 노동력이 나뉘어져 있으므로, '슬럼'의 다양한 인구 밀집과는 그 형태가 전혀 다르다. 요세바[12]나 함바를 통해 취로하는 건설·토목 공사장의 일용직 노동자는 대부분 단신(單身)[13] 남성이며, 중개업자를 통한 공장 파견 노동자 또한 그러하다. 서비스 산업에서는 신문 배달원이나 파칭코점 점원처럼 숙식을 제공하는 업종이 하층 단신 남성을 흡수하였다. 단신 여성이나 애가 딸린 여성 또한 유흥업소나 여관, 호텔의 종업원이 되는 등 숙식을 제공받는 업종으로 흘러들어 갔다. 1980년대에 급증한 '뉴커머'[14] new comer 중에도 불법체류자나 취업자격증이 없는 '약점'을 지닌, 혹은 그렇지 않더라도 살 곳을 구하기 힘든 층은 우선 그런 공간으로 흡수되었다.

은 폐 의   실 패 ?

1990년대 이후 '홈리스 문제'는 무엇보다 은폐에 실패했다고 할 수 있다. 홈리스들이 불완전하게나마 사회문제화되었기 때문이다. 이러한 실패는 하층노동시장의 변화에 기인한다. 오일쇼크 이후 일어나기 시작한 건설·토목업의 기

---

11 西澤晃彦, 『은폐된 외부 ─ 도시 하층의 에스노그라피』(隱蔽された外部 ─ 都市下層のエスノグラフィ─), 彩流社, 1995, pp.11~22.

12 일용직 노동력의 매매 행위가 통합되어 일어나는 장소 또는 그 장소가 있는 지역을 말한다. 구체적으로는 새벽 4시 반부터 일용직 노동자, 중개인, 구인업자들이 모여 그날의 일자리 계약을 맺는 대도시의 도로변, 공원, 역 앞 등이다. 오사카의 가마가사키(釜ヶ崎), 도쿄의 산야(山谷), 요코하마의 고토부키(壽), 나고야의 사사지마(笹島) 등이 유명하다. 요세바 주위에는 간이숙박소, 음식점, 도박장 등이 생기면서 도야가라 불리는 빈민가가 형성되었다. 대규모 요세바 가까이에 반드시 피차별부락이나 재일조선인 거주 구역이 있다는 것은 특기할 만하다. (옮긴이)

13 결혼 경험의 유무와 관계없이 혼자 산다는 점에서 독신(獨身)과 구별된다. (옮긴이)

14 본래 의미는 신참자이나, 요즘은 비교적 최근인 1970~80년대 이후 일본인과 결혼하거나 취업하여 일본에 사는 외국인을 가리키는 말로 많이 쓰인다. (옮긴이)

계화는 버블경제 붕괴 후에 급속히 진행되었다. 이에 따른 노동력 수요의 감소와 관리 강화는 단신 남성에게 할당되었던 하층노동시장을 폐쇄·축소시켰다.[15] 이로 인해 적어도 단신 남성 부문에서는 분업체제가 무너지고 노숙자가 증가해 그 존재가 가시화되면서, 도시 하층의 일단이 노출되었다. 현장 노동의 기계화와 그와 동시에 이루어진 노동정책(산재 대책, 고용 안정책, 고용 상황 개선책, 청년노동자 확보를 권장하는 시책 등)은 현장에 철저한 신원 확인과 혈압 측정 같은 건강검진을 정착시켰다. 이것은 노동자를 선별·배제하는 결과를 초래했다. 요세바에서 온 노동자가 섞여 들어갈 수 있는 느슨한 현장은 더 이상 존재하지 않는다. 더욱이 중간지대[gray zone]를 포함해 병자라고 판정된 사람들이나 고령자는 끼어들 틈도 없게 되었다. 90년대 들어 하층노동시장의 폐쇄와 축소로 주로 건설, 토목업의 하층노동자가 유입되면서 노숙자가 증가하였다. 노숙자 중 일용직 노동을 경험하지 않은 사람들이 많다고 강조하는 경향이 있는데, 예전처럼 일용직 노동시장이 건재했다면 그 사람들 대다수는 그리로 흡수되었을 것이다.

하층노동시장이 폐쇄, 축소되는 과정에서 취로 경로도 크게 바뀌었다. 그 변화는 두 가지 측면에서 파악될 수 있다. 하나는 취로 경로의 중심이 요세바에서 함바로 이동한 것이다.[16] 함바는 "주소를 함바에 둘 수 있어 어느 정도 신원보증이 가능하다"[17]는 점에서 강화된 관리를 빠져나가는 샛길로써 의미가 있다. 물론 그와 동시에 업자의 계산과 자의(恣意)가 개입하여, 함바 자체가 '유용'한 노동자를 선별하는 장치로도 기능했다. 원래 함바는 노동조합의 개입이 곤란하고 폭력에 의한 지배도 횡행하기 쉬운 은신처다. 그런데 요세바가 쇠퇴하자 요세바 노동자나 신참자들이 노숙보다는 낫다고 생각하여, 스포츠 신문의 구인광고나 무허가 알선업자를 통해 함바로 들어갔다. 함바도 계층화되어 있다. 노숙과 종이 한 장 차이인 최하층 함바에서는 애당초 일이 있는 날이 별로 없고, 일을 나가도 일당 수준이 낮아 식비 같은 명목으로 미리 떼고 나면 남는 게 거의 없는 실정이다. 노골적으로 임금을 지불하지 않는 업자도 눈에 띈다. 전체적으로 함바의 임금은 "기아임금"[18]이라고 할 수 있다. 그들은 아

15 中村光男,「요세바와 함바의 10년 — 산야를 중심으로」(寄せ場と飯場の10年 — 山谷を中心に),『요세바』(寄せ場), 11, 1998, pp.168~175; 山口惠子,「도쿄 산야에서 보이는 포섭과 배제의 구조 — 노숙자의 증가와 요세바의 변용에 대해」(東京·山谷にみる 包攝と排除の構造 — 野宿者の増加と寄せ場の變容について),『解放社會學研究』,15, 2001, pp.26~53.

16 中村光男, ibid, pp168~175; 中村光男,「함바 거주형의 기아임금 — 우에노의 노동상담에서」(飯場居住型の飢餓賃金 — 上野の勞動相談から),『季刊Shelter-less』No.4, 1999; 田巻松雄·山口惠子,「노숙자 취로면 도쿄 동부권(산야·우에노) 노숙자 인터뷰 보고서」(野宿者の就勞面 — 東京東部圈[山谷·上野]の野宿者聞き取り調査報告),『季刊Shelter-less』No. 5, 2000; 山口惠子,「東京·山谷にみる 包攝と排除の構造 — 野宿者の増加と寄せ場の變容について」, pp 26~53.

17 山口惠子, ibid, pp.26~53.

18 中村光男, ibid.

슬아슬하게 노숙을 면하고 있는 형편이기 때문에 하층 함바가 제공하는 최악의 노동 조건을 받아들일 수밖에 없다. 함바는 그들이 "하루하루 겨우 살아"[19] 가는 장기적인 '거주' 장소이기도 하다. 다마키 마쓰오(田卷松雄)와 야마구치 게이코(山口惠子)가 밝혔듯이, 노숙자와 별반 다를 바 없는 함바 노동자가 층을 이루어 노숙자 예비군을 형성하고 있다.

취로 경로의 변화를 보여주는 또 하나의 측면은 '기다리기'에서 '얼굴도장'으로, 또 '휴대전화'로 바뀌는 경향이다. 여기서 말하는 '기다리기'란 새벽 요세바에서 중개인이 일자리를 줄 때까지 기다리는 취로 스타일이다. '얼굴도장'이란 특정 중개인이나 업자와 '얼굴을 익혀' 지속적으로 일을 얻는 스타일이다. '기다리기'와 '얼굴도장' 둘 다 요세바에서 오랫동안 써 온 말들이지만, 요즘엔 '기다리기'는 점점 없어지고 '얼굴도장'만 겨우 살아남아 있다.[20] 나아가 이런 흐름의 연장선 위에, 도쿄에서는 비교적 젊은 세대의 노숙자 사이에 어느 정도 퍼져있는 '인력파견회사'와 '휴대전화를 통한 취로'가 자리를 잡아 가고 있다. 이 경우는 중개인도 업자도 더 이상 얼굴이 보이지 않는다. '인력파견회사'에 이름을 등록하고 계속 전화를 걸어 이사나 공사장 보조 같은 날품팔이 일자리를 구한다. 보이지 않는 '회사'에 대해 '실적'과 구직의욕을 계속 보일 필요가 있는 것이다. '회사' 쪽에서 보기에 일하는 데 문제가 있고 의욕이 부족한 사람은 자동적으로 탈락된다. 이젠 더 이상 함바 같은 건물도, 식사도 제공할 필요가 없어졌다.

하층노동시장이 폐쇄되고 있음에도 불구하고 사회복지 행정은 그 곳에서 배제된 사람들을 종전 기준대로 선별하여 배제하고 있다. 노숙자를 조사한 결과 드러난 각 지역 노숙자 인구 구성은 놀랄 정도로 비슷하다. 모두 단신 남성이 압도적으로 많고, 50대(60대가 아닌 점이 중요하다)가 중심이다. 이 편중은 무엇보다 그런 사람들을 하층노동시장이 밀어내고 또 접근하지 못하게 하고 있음을 의미한다. 그런데 복지사무소는 배제의 논리에 따라 노숙자들의 비국민성, 비인간성을 재확인하여 그에 따라 배제하고 방치한다. 노숙자 중에는 '적선'을 싫어하고, 행정이나 지원단체로부터의 원조에 눈도 돌리지 않는 사람도 많다. 원래는 홈의 공간에 살다가 노숙자가 된 사람은 시민사회의 규범

---

19 中村光男, ibid, p.172.

20 산야의 노동조합 활동가인 나카무라 미쓰오는 다음과 같이 쓰고 있다. "이미 80년대부터 새벽 인력시장에 나오지 않고 모두 현장으로 직접 일하러 가는 상황이 조금씩 진행되어, 지금은 완전히 정착되었다. (중략) 중개인이나 업자와 노동자의 관계가 일대일이라고 할까. 무리지어 일하러 갈 수 없게 되었다. 말하자면 한 사람씩 선별하는 식이 되어 (중략) 연대하기가 매우 힘들어졌다. (중략) 70년대부터 80년대에 걸쳐서는 (중략) 현금층이든 함바층이든 무리니 친구니 하는 작업 동료가 노동자 가운데 항상 있었다. 그런데 그것이 완전히 해체되는 중이라고 해야 할지. 산야 쪽은 이미 거의 해체된 상태다"(中村光男, ibid, pp.166~169)

인 '자립'을 근거로 오히려 노상에 계속 머무르려고 한다. 그러나 그 같은 생존 양식도 홈의 공간에서 거부당하고 홈리스의 공간으로 밀려나면서 정착되었을 것이다.

　도시 하층을 '없는 것'으로 하려던 은폐가 이젠 오히려 노숙자를 노출시켜 사회문제로 귀결되었다. 애당초 은폐 권력과 하층노동시장의 연대는 서로 뜻을 같이해 이루어진 것이 아니었다. 고도성장기에 하층노동시장이 확대되는 가운데 이질적인 행위자들이 상호 보완적으로 도시 하층의 은폐를 수행했다고 해야 할 것이다. 사회복지 행정은 많은 조직이 그렇듯이 조직에 정착된 원리를 따르면서 그냥 전개되는 데 불과하다. 이 조직체는 더 이상 은폐가 불가능할 정도로 많은 노숙자를 앞에 두고서도 은폐를 중지하지 않는다. 오히려 배제해야 할 비국민적인 존재를 보다 정확하게 찾아내 홈의 공간에서 다시 밀어내는 방향으로 나아가고 있다.

은 폐 의 정 치 화 (精 緻 化)

요세바의 일용직 노동자는 일정한 주거가 없이 간이 숙소에 살거나 현장과 함바를 왔다 갔다 한다. 그런 까닭에 하층 단신 남성의 격리 공간으로 형성된 요세바는 호적과의 동일화가 곤란한 인구를 양산하고 집중시켰다. 도심부에 위치한 인구 규모가 큰 요세바는 격리되어 있기는 해도 완전히 은폐된 것은 아니었다. '단순노동력'의 무리가 확보되어 있다는 것은 건설·토목업계가 비숙련 노동자를 그야말로 편리하게 조달받을 수 있음을 의미한다. 그래서 교통편이 좋은 도시 중심부에서 요세바가 팽창하고 유지될 수 있었다. 요세바에 모인 사람들은 요세바 노동자 무리에 섞이면서, 접촉을 매개로 독자적인 사회적 세계를 구축하고 그 존재를 보존할 수 있었다. 1960~70년대에 빈발한 폭동[21]은 그런 요세바의 사회적 세계를 배경으로 일어났으며, 은폐된 외부를 내부로 노출시킨 것이었다. 요세바에서는 노동자를 숫자로만 계산할 뿐 개개인의 신원이나 능력을 따지지는 않았으므로 신체적 장애조차 어느 정도는 숨길 수 있었다. 그런데 함바로 분산·수용되거나 '기다리기'에서 '얼굴도장', '휴대전화'

---

21 1961년 8월1일 가마가사키 제1차 폭동은 요세바의 존재를 처음으로 세상에 드러나게 했다. 이후 산야와 가마가사키에서 발생한 일련의 폭동들로 요세바는 비로소 시민사회에 인식되었으며 행정당국이나 운동단체들의 관심 대상이 되었다. 1992년 10월에 있었던 가마가사키 제23차 폭동 이후 현재까지 일본에서는 폭동이 발생하지 않고 있다. (옮긴이)

로 취로 경로가 변화되면서, 모든 하층민 노동자는 낱낱이 분해되었다. 그리고 나이가 많거나, 몸이 약하거나, 고분고분하지 않은, '근로 의욕'이 없어진 사람들이 추려지고 하나하나 탈락되어 갔다.

앞에서 서술했듯이 은폐는 조건에 따라 대상을 낱낱으로 분해하여 비국민성, 비인간성을 측정하는 방향으로 나아갔다. 그러면서 '합리적' 논리에 기초해, 많은 범주로 이루어지던 차별을 비국민 혹은 비인간이라는 궁극적인 범주에 의한 배제로 바꾸었다. 하층노동시장의 변용으로 진행된 하층노동자의 개별화는 그런 이행을 촉진하는 큰 요인 중 하나였다.

그 사례 중 하나로, 도쿄도의 산야(山谷) 대책(산야는 도쿄 최대의 요세바)과 '노숙자' 대책을 들 수 있다(도쿄도에 있어서 전자의 변경과 후자의 정비는 연동하고 있다). 행정당국은 산야에 빈민 보호에 따른 생활보호 수급자가 급증하자 요세바에서 '복지의 거리'로 전환을 모색하고 있다.[22] 물론 요세바의 일반 노동자가 '복지의 거리' 혜택을 받게 되는 것은 아니다. '복지의 거리'가 된다는 것은 온정주의에 입각해 고분고분한 '고령자'만 골라내 내부로 포용하고, 나머지는 뱉어 내는 것이다. 이 움직임과 호응하여 도쿄도는 산야 대책실을 폐지하고, 산야를 포함한 '노숙자 문제' 일반을 다루도록 조직과 정책을 변경했다. 이 변경에서도 철저한 은폐를 간파할 수 있다. 첫번째로 '지역'이라는 표상이 파기됨으로써 하층은 '문제 있는' 개인의 통계적 집단으로 환원된다. 두번째로 '노숙자'로 표상함으로써 배제나 빈곤은 불문에 붙여진다. 따라서 노상에서 '보이지 않게 하는 것'이 목적인 은폐를 통한 해결을 답습하기가 쉬워진다.

노숙자 증가와 노숙자 지원단체의 적극적인 행동 결과, 2002년에 '홈리스의 자립지원에 관한 특별조치법'이 만들어졌다. 이 법이 만들어지던 무렵을 전후하여 '홈리스 문제'를 안고 있는 자치단체들이 '자립지원 사업'에 힘쓰기 시작했다. 도쿄도의 자립지원센터 사업이든, 기한부로 저렴한 임대주택을 제공하는 사업이든 노숙자에게 '시험적인' 요소가 다분하다는 것이 중요하다. 생활보호를 받는 것이 아니고, 정해진 기간 안에 일정한 직업을 구해 '자립'해야 하는 것이다. 이에 실패한 노숙자는 성과주의를 바탕으로 한 공정한 선발에 패배한 것이므로 다시 노숙으로 돌아가야 한다. 이제 사회적으로 그들은

22 山口惠子,「東京・山谷にみる包攝と排除の構造 野宿者の増加と寄せ場の變容について」, pp.26~53.

'자립'에 적응하지 못한, 더 이상 '어쩔 수 없는' 존재로 낙인찍히고 방치도 정당화된다. '불황의 희생자'라며 형성되기 쉬운 사회 일부의 공감도 재차 '자립 불능'을 선고받은 이들에게까지는 미치지 않는다. 이런 주의 깊은 작업은 치료적 체제와는 달리, 사회문제로 인식되어야 할 '홈리스 문제'를 개인의 결격 문제로 돌려 다시 무효화하는 외부의 재구축·재설정의 성격을 지닌다.

'은폐'의 기능변용

그렇지만 앞에서 말했듯이 노숙자가 노출된 상황은 분명 은폐의 실패이다. '홈리스 문제'가 성립되어 그 존재를 인정할 수밖에 없게 되었기 때문이다. 그런데도 무엇이 지속되는 은폐를 정당화하는 것일까?

노숙자가 증가하면서 하층이 노출되고 있다. 이와 병행하여, 세계화·탈산업화에 따라 일어나는 중심부의 사회적 분극화는 광범위한 계층을 서서히 빈곤으로 몰아가고 있다. 단신 인구의 증가도 뚜렷하다. 지금까지의 배제 기준에 따르면 예비 도시 하층은 분명히 점점 두터워지고 있다. 특히 최근에 증가하는 청년 비정규직 노동자 중 상당수는 종래의 배제 기준인 비국민 범주에 속한다. 물론 모든 '프리타'[23]가 똑같지는 없다. 비정규직 노동자라는 비조직적인 지위임에도 수입원이 여럿인 가족에게 몸을 숨길 수 있는 동안은 빈곤을 피할 수 있고, 배제의 대상도 되지 않는다. 혼자 살아도 젊음과 강한 체력이라는 장점이 있다면 홈의 공간에 머무는 것이 가능하다. 연령이 최종 심판을 지연시키는 효과를 불러일으키기 때문에, 젊은 세대의 '프리타' 증가와 빈곤층 증가는 평행하지 않는다. 그렇다고 하더라도 불행히 비조직, 비정주, 비가족의 세 가지 요소에 해당되어 홈리스 공간으로 밀려나기 직전인 사람은 자신이 비국민적, 비인간적인 존재로 취급되리라는 것을 안다. 비가족화·비정주화되어 가는 비조직 인구가 사는 사회적, 경제적, 지리적으로 한정된 공간이 빈자의 영역이다. 빈자의 영역은 도시 하층이라는 외부를 저변에 깔면서 오랜 시간에 걸쳐 팽창해 왔다.

근대의 빈자는 사회적으로 멸시받으면서 '좋은 국민'으로 가는 과도기적

---

23 '프리'(free)와 '아르바이터'(Arbeiter)를 합성시켜 만든 말로, 일본에서 비정규직 고용으로 생계를 꾸려가는 사람들을 가리킨다. (옮긴이)

상태로만 그 존재가 인정되었다. 그래서 치료의 대상으로 간주되었다. 그러나 탈산업화는 규율 훈련을 받은 노동자보다는 오히려 단순노동에 종사하는 가난한 비정규직 노동자의 수요를 증가시켰다. 그에 따라 빈곤을 치료할 정당성까지 사라졌다. 들뢰즈의 '훈육사회에서 통제사회로' 라는 테제에[24] 따르면, 비효율적인 훈육=치료의 비중이 낮아지면서 치료할 필요도 없어진 빈곤층은 치안 관리의 대상이 되었다. 이제는 불완전하게나마 국가적으로나 사회적으로 빈자를 인정해 왔던 논리가 흔적도 없이 사라졌다. '문명', '풍요로움', '중류' 와 같은 대중적 준거점은 존재하지 않으며, 빈자가 찾아가야 할 장소도 준비되어 있지 않다. '좋은 국민' 상(像)의 내용도 상실되어 형식만이 남았다.

　　현대의 빈자 무리는 국민적 질서의 공간에서 살며 이미 국민적 의식·무의식을 품고 있다. 그러나 다른 한편으로는 착착 비국민화되는 특징을 보인다. 현재 상황에서는 그들에게 국민적인 것에 대한 대항을 기대하기 어렵다. 그보다는 근친증오적으로 비국민적인 것을 부인함으로써, 스스로가 국민임을 입증하려는 반응이 훨씬 쉽게 예상된다.[25] 대항적인 무언가가 발생하기 위해서는 대항적 공공권(公共圈)을 성립시키는 사회적 세계의 확장이 불가결하다. 지금은 요세바나 노숙자 간 개별화 과정이 비정규직 노동자 전체의 노동환경 변화와 동시에 맞물려 일어나고 있다. 그로 인해 젊은 비정규직 노동자층도 연대의 기회를 빼앗긴 채, 연대보다는 사소한 경쟁으로 흘러가고 있다. '프리타' 이야기는 무리에서 자신을 구별하기 위한 소박한 꿈에 지나지 않는다.[26] 빈자의 영역은 비국민적인 것, 비인간적인 것이라고 지시된 부정항의 자기장 안에 있다. 개별 저항은 자기장 안으로 쉽게 빨려 들어간다. 그런 까닭에 빈자

---

24 Gilles, Deleuze, 宮林寬 譯, 『記号と事件: 1972~1990年の對話』, 河出書房新社, 1996(김종호 옮김, 『대담 1972~1990』, 솔, 1993, pp.198~205).

25 이런 생각이 드는 것은 빈발하는 노숙자 습격이 머리에서 떠나지 않기 때문이다. 1975년 무렵에 이미 청소년들의 노숙자 습격이 확인되었다. 그때 노숙자의 배제가 행정, 경찰, 지역주민이 하나가 된 '운동' 으로서 권장되기도 했다는 것이 지적되었다. 보도된 신문기사들을 모아 읽어 보면 그 폭력은 다음과 같은 특징을 가지고 있다. 첫째, 노숙자 습격은 예외화된 폭력이다. "부랑자를 죽였을 뿐인데 체포되느냐?" 는 어느 습격자의 반응은, 그것이 갖는 여러 의미들 가운데 노숙자를 예외로 하고 있음을 우선 드러낸다. '인간쓰레기', '개나 고양이 같은', '버러지' 등 표현은 다양하지만, 모두 노숙자에게 '인간 이하' 의 낮은 도덕적 지위를 부여하고 있다. 또한 습격은 종종 '사냥' 으로 비유되는데('부랑자 사냥', '홈리스 사냥'), 이 또한 노숙자에 대한 예외성을 의미한다. 둘째, 노숙자 습격은 '정의' 에 의거한 폭력이다. 노숙자는 '해치워야 할', '퇴치되어야 할' 존재이다. 따라서 '죽여도 된다'. '세상을 바로잡는 것' 으로 이야기되기도 한다. 그렇기 때문에 '왜 혼나는지 모른다' 거나 '왜 체포되는지 모른다'. 셋째, 노숙자 습격은 노숙자를 부인하는 행위로 굴절되면서 강박성을 띤다. 습격자에게 노숙자는 '저항하지 않는' '검은 덩어리' 일 뿐이다. 그러나 습격자는 노숙자가 반격하는 존재임을 깨닫게 된다. 반격을 두려워해 폭력이 격화되는 것은 몇몇 보도에서도 지적되었다. 또 '조롱하니까 노려봐서 열이 받아' 살해에 이르렀다는 사례도 있다. '반격' 이나 '노려보는' 반응은 결국 인간의 것이다. 습격자는 노숙자에게 가까워짐으로써 그들이 '같은' 인간임을 알게 된다. 그래서 강박적으로 노숙자를 비인간의 범주로 다시 되돌리고자 한다. 예외자를 향한, '정의' 에 의거한, 강박적인 부인 행위는 함께 몰려다니는 무리 사이에서 더욱 고조된다. 그들은 '친구들이 자신을 겁쟁이로 불까봐 두려웠던' 것이다. 노숙자 습격에서 보이는 의식과 무의식의 운동 패턴과 집합화의 양식은 결코 특수한 것이 아니라, 널리 공유된 행동 양식이라고 볼 수 있다. 그런데 그것이 1975년경부터라는 것은 의미심장하다. (1975년은 일본에서 실업자가 100만 명을 돌파한 해임 ─ 옮긴이)

의 영역에서 모든 저항은 그 자기장을 벗어나게 할 연대의 형태 및 그 성립 조건의 탐구와 함께 모색되어야 한다.

이제 은폐의 조작이 지금까지와는 다른 의미를 부여받고 정당화된다. 어쩔 수 없이 가시화되는 부분에 관해서, 도시 하층을 '없는 것'으로 해 왔던 그 조작이 거꾸로 비국민, 비인간을 드러내는 조작으로 전환되고 있다. 지목된 하층민은 더 이상 '반면교사'가 아니다. 그저 그들을 부인함으로써 무리 사이에서 스스로를 정당화하기 위해 농락해야 하는 '공공의 적'일 뿐이다. 그런 '공공의 적'을 만들어 내는 것은 은폐 기능을 담당해 온 다양한 개입이 수행하고 있는 새로운 기능이다.

부기 이 글의 논의는 졸고 「배제에 의한 빈곤 ──도쿄의 도시 하층」(排除による貧困 ── 東京の都市下層, 이와타 마사미[岩田正美]·니시자와 아키히코[西澤晃彦] 엮음, 『빈곤과 사회적 배제』(貧困と社會的排除), ミネルヴァ書房, 2005)과 중복되는 부분이 많다.

---

26 흔히들 프리타가 직장에 매이지 않고, 자기가 편리한 시간에 아르바이트를 하고, 남는 시간에 좋아하는 일을 하며 자유롭게 살아가는 사람이라고 생각해서 부러워하기까지 한다. 그러나 현실에 있어서 그들은 불안정고용으로 힘들게 생계를 꾸려가는 비정규직 노동자일 뿐이다. (옮긴이)

2-3

ISSUE

케어노동의 글로벌한 공급회로[01]

도쿠나가 리사(德永理彩, 젠더론) [번역] 강현정

1. 케어노동의 국제분업을 둘러싼 논의

가사노동자로 일하기 위해 동남아시아, 중남미, 아프리카, 구소련, 동유럽에서 보다 풍요로운 아시아 공업국이나 페르시아만 연안국, 북아메리카, 서유럽으로 이주하는 여성들이 있다. 이 여성들은 가사노동자 뿐 아니라 성노동자 또는 중개업자를 통해 알선된 신부[mail order bride], 간호사, 노인 간병인으로 일하기 위해 이주한다. 특히, 성산업 분야에서의 여성 거래는 세계적으로 상당히 증가했다. 이들 유상(有償) 케어노동[02]에 관련된 여성의 이주에 초점을 맞춘 연구가 젠더연구나 이민연구의 영역을 중심으로 최근 몇 년간 새로운 전개를 보이고 있다.[03] 특히 파레나스[Rhacel Salazar Parreñas]는 필리핀 여성 가사노동자의 국가 간 [Transnational] 이동을 '케어노동의 국제적 이전'[international transfer of caretaking]이라는 틀에서 파악한다. 그의 논의는 재생산노동의 글로벌한 분업체제와 이주여성의 주체편성 프로세스를 연관시킨 분석으로 주목을 받고 있다. 또 "이주케어노동자는 선진국에 없어서는 안 되는 존재임에도 불구하고, 그들을 보이지 않는 존재로 만드는 여러 조건"들을 분석한다. 이것은 사스키아 사센[Saskia Sassen]의 "노동시장에서의 제3세계 여성 포섭과 국제 노동력의 이동관계"를 둘러싼 논의에 의거한다.[04] 파레나스는 사센의 '국제분업론'[05]을 중심으로 이주케어노동자 분석을

---

01 이 글은 IMAG연구회와 戸端연구회에서 있었던 논의를 많이 다루었다. 참가자에게 지면으로 감사드린다.

02 가사, 육아, 간병 등 감정노동을 동반하는 노동을 총칭한다. 생명과 노동의 재생산, 가족이나 커뮤니티의 유지를 위한 사회적 재생산의 기능을 갖는다.

03 Ehrenreich and Hochschild, *Global Woman: Nannies, and Sex Workers in the New Economy*, Metropolitan Books, 2003 ; Rhacel Salazar Parreñas, *Servants of Globalization: Women, Migration and Domestic Work*, Stanford Univ. Press, 2001 ; Saskia Sassen, 小ヶ谷千穂抄 譯, 「글로벌리제이션의 사용인」(グローバリゼーションの使用人), 『현대사상』(現代思想), 2001년, 6월, p.158~181; Momsen, *Gender, Migration and Domestic Service*, Routledge, 1999; Heyzer et al, *The Trade in Domestic Workers*, Zed Books, 1994.

04 Rhacel Salazar Parreñas, ibid. 3장; Saskia Sassen, "Note on the Incorporation of Third World Women into Wage-Labor Through Immigration and Off-Shore Production", in *International Migration Review*, Vol18, winter, 1984.

전개해 왔다. 사센은 이민연구, 세계도시론을 독자적인 월경(越境)방법론으로 쇄신하면서 글로벌리제이션 연구라고 불리는 영역을 개척했다. 최근에는 글로벌리제이션에 대한 페미니스트적 분석도 시도하면서 '국제분업론'을 훨씬 더 분절화하여 전개하고 있다.[06] 이 글에서는 사센의 연구 중 세계경제의 구조변동을 글로벌시티와 그곳의 시민의식[citizenship], 국가론 등 정치경제적 시각에서 분석한 것을 채택한다. 이를 통해 서두에 이야기한 ①최근 국경을 넘는 여성이주가 의미하는 것은 무엇인지, 특히 ②전세계적으로 케어노동이 이주여성의 배치에 의해 공급·유지되는 공통된 현상은 무엇을 의미하는지, ③글로벌화되는 시대에 새로운 젠더화의 역학관계는 어떤 것인지를 검토하고자 한다.

2. 글로벌리제이션에 대한 페미니스트적 분석

사센은 글로벌리제이션에 대한 페미니스트적 분석에서 세계경제의 현 국면을 종래 체제[regime]와의 단절, 혹은 비연속적인 선상에서 파악한다. 그러면서 글로벌리제이션의 조직적 역학관계에 젠더화가 어떻게 기능하고 있는가 하는 논점을 부각시킨다. 「글로벌 경제에 대한 페미니스트적 분석을 향하여」[07]에서는 젠더화의 전략적인 사례의 장과 여성 지위의 새로운 형태의 장을 제시하려는 목적으로, 세계경제에서 젠더화의 세 가지 국면을 보여 준다. 첫번째 국면은 자본주의적 기업과 생존유지 경제의 절합관계(節合關係)인 젠더 역학관계이다. 이것은 환금작물화(換金作物化)와 남성 임금노동의 침투가 여성의 무상(無償) 가사노동에 의해 유지되고 있다는 것을 의미한다. 두번째 국면은 제조업이 주도하는 수출용 해외 생산노동력의 여성화로, 성장부문의 고용에도 불구하고 노동력은 격하되는('노동귀족'의 쇠퇴) 역사적인 단절이다. 세번째 국면은 젠더화·여성주체·멤버십으로 표현되는 여성 개념의 변형 과정을 강조한다. 사센에 의하면 이 세 가지 국면은 엄밀한 시간 계열에 따른 구분이 아니라 서로 겹쳐지면서 진행되는데, 특히 세번째 국면은 글로벌리제이션 시대인 현

05 Saskia Sassen, ibid.

06 Saskia Sassen, "Toward a Feminist Analytics of the Global Economy", in *Globalization and Its Discontens*, The New Press, 1998 ; Saskia Sassen, "Women's Burden : Counter-geographies of Globalization and the Feminization of Survival", in *Journal of International Affairs*, No.52(2), 2000, pp.503~524 ; Saskia Sassen, 徐阿貴 譯, 「글로벌리제이션을 파헤치다」,(グローバリゼーションを掘り起こす), 「사상」(思想), No.938, 2002, pp.96~96 ; Saskia Sassen, "Global Cities and Survival Circuits", Barbara Ehrenrich and Arlie Russell Hochschild, (eds.), in *Global Woman : Nanneis, Maids, and Sex Workers in the New Economy*, Metropolitan Books, 2003, pp.254~274.

07 Saskia Sassen, "Toward a Feminist Analytics of the Global Economy" ; Saskia Sassen, 伊豫谷登士翁 譯, 「글로벌 경제의 페미니스트 분석을 향하여」(グローバ經濟のフェミニスト分析に向けて), 伊豫谷登士翁 編, 「경제의 글로벌리제이션과 젠더」(經濟のグローバリゼーションとジェンダー), 明石書店, 2001.

상황과의 작용에 의해 생겨난 것이다. 구체적인 예로, 여성 이민에 관해 페미니스트 연구가 전개해 온, 국제적 이동에 따르는 젠더의 변형, 국경을 넘는 세대[08]의 형성과 여성의 지위 향상과의 관계를 들 수 있다.[09] 또한 글로벌한 경제 과정을 이해하는 열쇠인 분석 범주로서의 세대, 페미니스트의 주체성을 포함한 새로운 주체성을 표징하는 국경을 횡단하는 공동성이나, 멤버십과 아이덴티티 형성의 경험이라는 새로운 형태도 세번째 국면의 이해와 연관된다.[10] 현재 글로벌리제이션을 주도하는 금융부문에서 젠더와 관련된 요소가 있는지 여부에 관한 연구는 기존의 페미니스트 연구에서는 범주화되지 않은 영역이었다. 이 영역에 젠더화의 지표를 배치하여 글로벌리제이션에 대한 페미니스트적 분석을 확장하는 과제에 대해서도 최근 논의되고 있다.[11]

사센의 구분에 따른 두번째 국면은 '노동력의 여성화'로, 세번째 국면은 '이주의 여성화'[12]로 바꿔 읽을 수 있다. 두번째 국면은 마리아 미스[Maria Mies]의 '자본주의적 가부장제' 론으로 대표되는 다국적기업에 의해 재발견된 제3세계 여성의 '노동력화'와 선진국 여성의 '주부화'로 이뤄지는 생산과 소비 세계 시스템에서의 절합이라는 '신 국제분업'을 특징으로 한다. 아다치 마리코(足立眞理子)가 페미니스트 정치경제의 이론적 과제를 추인하면서 현 국면을 '이주의 여성화'로 파악한 것은, 페미니스트 경제 분석이 이런 두번째 국면과는 다른 역학관계에 있는 작용을 포착한 것이다. '이주의 여성화'라는 국면이란 본원적 축적 과정의 '내재하는 외부'로의 침투 과정이다. 이것은 1970년대 신 국제분업을 통한 자본주의의 외연적 확장이 반전되어, 남에서 북으로의 노동력 이동 혹은 중심부로 이민 유입이 가시화되는 것을 의미한다. 이때 일어나는 젠더변형에 대한 분석이 요청된다.[13] '이주의 여성화'를 둘러싼 아다치의 논의에서는, 이런 국면의 주요한 역학관계로서 여성의 이주에 의한 월경(越境)세대[14]가 발생하고, 월경세대라는 형태로 국제적 재생산 노동의 연쇄가 생성되는 것을 지적하며, 여기서의 자본축적 메커니즘과 젠더화 작용의 매듭을 어떻게 풀지가 과제로 부상했다.[15] 여성의 이주와 송금 행위는 그녀의 출신가정의 소득을 증가시키고, 케어의 분업을 포함한 가정 내 노동 분업관계를 글로벌한 규모로 구축하며 '월경세대'를 지속시킨다. 케어노동의 국제분업이 초래하는 변형은 이동 그 자체의 결과로서 다음과 같은 삼층 구조를 이룬다. 즉 ①케어

---

08 이 글에서 쓰인 '세대'는 generation의 의미가 아니라 한 가구(household), 가정의 의미로 파악해야 한다. (옮긴이)

09 Saskia Sassen, ibid, p.84.

10 Saskia Sassen, ibid.

11 Saskia Sassen, 「グローバリゼーションを掘り起こす」, pp.96~26

12 '목적지에서 취로' 하는 것을 목적으로 이동하는 여성의 비율 상승이라는 의미에서는 '이주노동의 여성화'라는 용어가 보다 정확하겠지만, 여기에서는 'Feminization of migration'이라는 일반적 용어를 번역한 '이주의 여성화'라는 용어를 사용한다.

를 구입하는 북부 여성과 그 세대, ②이주케어노동자, ③나아가 이주케어노동자가 (남부에) 남긴 아이를 돌볼 여성 친족이나 유상 케어노동자. 이런 삼층 구조를 글로벌한 케어의 연쇄와 새로운 월경세대의 생성 — 이주여성의 송금으로 이뤄지는 — 이 병행하는 프로세스에서 포착하는 것도 과제일 것이다.

항상 '전략적 비연속'의 고찰을 시도하고 차이를 구성하려는 입장을 지닌 사센은 이주에 대한 분석에서도 같은 방식으로 접근한다. 글로벌리제이션에서 이주 분석의 주된 물음은, 다양한 맥락과 국면을 띠는 이민의 흐름에 글로벌리제이션이 어떤 영향과 변화를 미치고 있는가 하는 것이다. 모든 것을 글로벌리제이션으로 환원하는 설명 방식에 회의적인 사센은 글로벌리제이션을 자본, 화폐, 서비스, 정보 등의 국경횡단적인 흐름을 가능하게 하는 인프라이자 제도적 구축물로 정의한다. 그리고 글로벌리제이션으로 가능해진 현대 이민의 흐름으로서 순환적 이민의 증가와, 종래에는 국가나 지역으로 한정되어 있던 프로세스가 지구 규모로 확대된 것을 거론한다.[16] 이 분석을 최근 여성 이주에 적용해 보면, '이주의 여성화'라는 새로운 국면이 형성되고 있음을 알 수 있다. 즉 가사노동자, 성노동자, 중개업자를 통해 알선된 신부 등 최근의 이동은 지구 규모로 확장되어 글로벌리제이션의 새로운 조건들과 역학관계를 맺으면서 인신매매나 송금과 같은 새로운 흐름을 불러일으키고 있는 것이다. '이주의 여성화'에 관한 역사적인 흐름을 살펴보면, 여기서 다루는 가사노동자와 같이 전통적인 여성직에 배치된 이주여성이 19세기부터 20세기에 걸쳐 중국 대륙에서 동남아시아나 북미로 이동한 역사가 있다. 따라서 모든 이동이 글로벌리제이션으로 환원되는 것이 아니라, 어떻게 글로벌리제이션과 교차하는가라는 물음이 생긴다. 이에 대해 사센은 이주여성의 통합이 글로벌시티라는 전략적인 장에서 이루어지기 때문에, 이동이 국가나 지역으로 한정되어 있던 예전과는 다른 글로벌한 이동이라고 대답한다. 현재의 국면을 특징짓는 전략적 역학관계와 변형을 추출하고 이론적이고 실증적인 차이를 구성하는 사센의 방법론인 글로벌시티는, 오늘날 글로벌리제이션 과정을 연구하는 전략적 장으로 설정되어 있다. 또한 글로벌시티는 주요 자본축적과 글로벌한 경제 과정 조정의 장이자, 첨단부문을 지탱하고 있는 말단 서비스노동을 제공하는 활동들로 '여성과 이민'을 통합하는 장이기도 하다. 이 통합에는 '여성 이민'

13 足立眞理子, 「글로벌리제이션과 비연속」(グローバリゼーションと非連續), 伊豫谷登士翁 編, 『경제의 글로벌리제이션과 젠더』(經濟のグローバリゼーションとジェンダー), 明石書店, 2001, pp.194~195.

14 일가족이 국경을 넘거나 가족 구성원 중 누군가가 일을 하기 위해 국경을 넘어 다른 나라로 간 세대를 가리킨다. (옮긴이)

15 足立眞理子, 앞의 책.

16 Saskia Sassen, 「グローバリゼーションを掘り起こす」.

을 보이지 않는 존재로 머무르게 하는 양식이 있다. 성장부문의 고용이 노동자의 권리를 증대시켰던 선진국의 역사와는 달리, 글로벌시티는 주요 산업의 고용이 노동자를 보이지 않는 존재로 만드는 동시에 해외 생산에 종사하는 제3세계 여성 노동자의 '제도적 등가물'로서 나타난다.[17]

글로벌시티가 글로벌리제이션 국면의 분석에서 중요한 것은, 고소득 전문직 부문과 저임금 서비스직 부문과의 양극화를 축으로 한 자본축적이 이루어지고 있기 때문이다. 이 저임금 서비스직 부문에 편입되는 '여성과 이민' 중에서 상당한 비율을 점하고 있는 것이 이주케어노동자이다. 글로벌시티 안에서 이주케어노동자의 배치를 어떻게 파악할 것인가. '하녀', '가정부', '유모' 등 전통적 여성직의 '부활'이라는 역사적인 측면에서도, 혹은 인종화된 마이너리티 여성 착취라는 인식적인 측면에서도 어떻게 종래의 '연속성'을 강조하지 않으면서 이주케어노동자의 증대를 분석할 수 있을까? 다음에서 사센의 글로벌리제이션에 대한 페미니스트적 분석인 「글로벌시티와 생존회로」^{Global Cities and Survival Circuits}라는 최신 논고를 바탕으로 검토하고자 한다.[18]

3. 케어노동 공급론

사센은 「글로벌시티와 생존회로」에서, 남에서 북으로의 여성노동력 이동을 글로벌시티와 생존회로^{survival circuits}라는 두 가지 동태적인 전략적 장으로의 편입이라는 측면에서 포착한다. 이동에 따른 글로벌시티로의 편입은 글로벌시티의 첨단부문인 기업 법인과 고소득 전문직의 생활 양식에 따라 저임금 서비스직 노동자에 대한 수요가 발생하면서 생겨난다. 글로벌시티에서 간접적인 저임금 서비스직 노동자에 대한 수요의 배경에는, 가정부나 유모를 고용하고 외식이나 쇼핑을 자주 할 수 있는 높은 구매력이 존재한다. 다른 한편 글로벌한 경제 시스템 주변부에서는 다방면에 걸쳐 채무 문제가 발생한다. 글로벌기업에 대한 시장 개방이나 규제 완화에 따른 국내 노동시장의 유연화는 실업률을 증가시킨다. 또한 빈번한 채무 변제에 따른 사회 서비스 삭감도 세대의 생존 상황을 악화시킨다. 따라서 실업자가 된 남성을 대신해 여성에게 세대를 유지

---

17 Saskia Sassen, "Toward a Feminist Analytics of the Global Economy".
18 Saskia Sassen, "Global Cities and Survival Circuits".

해야 할 책임이 더해지고, 이를 계기로 여성은 해외로 이주해 돈을 부쳐야 하는 생존회로에 동원된다. 지금까지 이주여성은 경제적 행위자로서 충분히 인정받지 못했다. 그러나 글로벌시티와 생존회로에서는 일을 통해 새로운 경제를 구축하고 부여[所与]된 시스템을 확대하는 데 결정적인 역할을 하고 있다.

3 - 1 제3세계로 이전되는 가정 역할 공급원

그렇다면, 글로벌시티와 생존회로의 형성에 의해 이주여성이 제1세계에 배치되어, 지금까지 제1세계 여성에게 할당되어 온 가정 역할과 관련된 서비스 ─ 가사, 육아, 간호 ─ 가 그들에게 집중되는 것은 무엇을 의미하는가. 글로벌시티의 역학관계는 노동시장의 상층부에서 여성 고급 전문직 노동자의 비율을 증가시켰다. 이 직종들은 시간에 대한 수요가 극히 높기 때문에 전문직 노동자는 도심에 거주하는 것을 선호하고, 이는 도심에 고소득 주거구역을 부활시킨다. 도시 전문직은 시간적 제약이 매우 높음에도 불구하고 완벽한 가정생활을 추구하는 경향이 있어, 제대로 돌아가지 않는 가사는 시장으로 재배치시킨다. 재배치된 가사 서비스는 재화와 서비스로 직접 구입되거나 노동 고용을 통해 간접적으로 구입된다. 이때 구입되는 가사 서비스를 제공하는 것이 제3세계에서 제1세계로 배치된 이주케어노동자이고, 이에 따라 글로벌시티에서의 젠더화된 역학관계가 형성되었다. 예전 가정의 기능 ─ 노동력 재생산기능 ─ 의 일부가 노동시장으로 이행하고, 이에 따라 표준화된 노동의 장을 형성해 왔던 노동시장의 여러 기능들이 가정이나 이민 커뮤니티로 이행하는 두 가지 운동이 글로벌시티에서 이주여성의 생활로 수렴되고 있다.[19]

3 - 2 도시에서의 새로운 고용체제로 편입된 케어노동 수요

글로벌시티에서 새로운 고용체제는 첨단부문의 출현에 따른 기존 직종의 축소나 쇠퇴가 아니다. 이는 비정규화와 노동력 격하를 통한 재조직화를 가리키

---

19 여기서는 논점이 빗나가기 때문에 자세히 다루지는 않았지만, 이러한 변형이 이주여성의 자립, 자율과 임파워먼트(enpowerment)로 연결될 수 있다는 논의도 전개되고 있다.

며 노동시장의 정점과 저변의 글로벌화도 진행시키고 있다. 첨단부문의 기업 법인과, 고소득 전문직의 생활양식은 저임금 서비스직 노동자에 의해 유지되고 그 수요 역시 증가하고 있다. 저임금 여성노동자와 이주노동자는 전략적으로 자신들이 글로벌시티에 통합되고 있음을 알고 있다. 다시 말해 직접적으로는 청소나 유지·보수 같은 블루컬러 직종이나 저임금 사무직에, 간접적으로는 고급 레스토랑이나 상점의 저임금 서비스직 노동, 가사 서비스, 유모가 필요한 고소득 전문직의 소비 실천에 의해 통합되고 있다.

글로벌시티에서 상층부 노동시장의 글로벌화는 글로벌 자본에 의한 인력 파견회사에도 영향을 미친다. 아데코Adecco, 맨파워manpower, 캐리 서비스와 같은 주요 인력파견회사가 홈-케어[20] 부문을 개설하거나 데이케어daycare 서비스를 제공하는 데 손을 뻗치고 있는 것이 그 예이다. 시간 여건상 '어머니'나 '아내' 역할을 예전처럼 수행하는 것이 어렵기 때문에, 세대의 재생산기능이 시장으로 이행하는 것이다. 법인을 대상으로 하는 케어 서비스 파견사업의 글로벌한 전개는 전문직의 수요에 '보편적'으로 공급할 수 있는 케어 서비스의 표준화가 진행 중이라는 것을 시사하고 있다.

4. 생존의 여성화

사센은 경제적 글로벌리제이션과 관련이 깊은 이주케어노동자의 공급 과정으로 정부나 불법적인 거래를 통한 조직적인 이동을 거론하고 있다. 과거 10년간의 경향은 다양한 행위자와 제도들에 의해 형성된, 생존을 위해 국경을 넘는 회로가 뚜렷했다. 글로벌리제이션을 구성하는 주요행위자 — 일자리를 구하는 여성, 불법 중개업자, 이민자의 출신국 정부 — 간의 주된 역학관계로부터 글로벌리제이션의 대항의 지형도countergeographies라고 할 만한 것을 형성하기도 한다. 생존, 이윤, 통화 획득을 위한 대체적(代替的) 회로는 특히 개발도상국의 경제적 글로벌리제이션에 대한 반응으로서 확대되었다. 개발도상국에서 이 변화된 젠더에 대한 임팩트는 남성의 고용기회를 축소시키고 여성의 세대책임을 상승시켰다. 때문에 생존을 위한 회로는 여성에게 더욱 의존하여 '생존

---

20 사센의 정리에 따르면, 홈케어 서비스란 목욕과 옷 갈아입기 보조, 식사 준비, 보행, 취침과 기상, 투약, 이동, 가사, 대화 상대 역할을 포함한다. 고소득 전문직 세대의 요구와 직접적인 관련은 적지만, 이 역할들은 전형적으로 북반구 주부들에게 케어노동이라고 인식되는 것들이다.

의 여성화' _feminization of survival_ 라 할만한 상황을 만들어 낸다.[21] 성산업에서 여성 인신매매는 범죄조직의 일반적인 이윤형성 수단이며 이주여성의 송금 행위는 출신국의 가족과 커뮤니티뿐만 아니라 채무위기에 처한 국가 재정에 외화를 증대시키는 중요한 역할을 한다. 국가 재정에 세계은행이나 IMF의 구조조정 프로그램 같은 국제적 금융기관의 영향력이 강화되는 것은, 국가 채무위기를 극복하기 위한 전략으로 관광업을 촉진하고 그 지원을 위해 융자하는 국제적 금융기관과 관계가 깊다. 그런데 관광업은 성 거래를 동반하는 오락부문과 떼려야 뗄 수 없는 관계이다. 그런 까닭에 국가나 국제기관에 의한 개발전략으로서의 관광업 촉진 프로그램은 간접적으로 여성의 인신매매를 확대시킨다.

5. 케어노동 공급을 둘러싼 젠더의 변형

사센의 글로벌리제이션에 대한 페미니스트적 분석은, 글로벌시티에서 진행 중인 양극화된 새로운 고용체제가 이주여성을 케어노동으로 재배치하고, 이 재배치에 의해 이주여성이 생존회로로 편입되며, 이주하는 여성과 그녀들을 둘러싼 구조적인 조건들이 개발도상국에서 '생존의 여성화'를 불러일으키고 있음을 보여 준다. 글로벌시티와 이주의 프로세스에서 케어노동의 공급회로는 젠더가 내셔널한 것과 글로벌한 것의 변형과 관련되어 있음을 시사한다. 그러나 세번째 국면에서 특징적인 젠더의 형태를, 젠더분업의 변용만 아니라 "주체의 여성성 혹은 남성성이라는 젠더"[22], 나아가 "사회 구축성을 통한 유동성, 변형가능성"[23]으로 이해하기에는 불충분하다. 왜냐하면 사센의 논의가 아직 케어노동 공급회로의 변형 혹은 지속적 자본축적의 '비연속'을 충분히 추출했다고는 할 수 없기 때문이다. 사센의 글로벌리제이션에 대한 페미니스트적 분석을 파레나스의 '위치의 유동/탈구-전위혼란' _dislocations_ ─이주여성의 월경 프로세스에 늘 따라다니는─의 분석과 절합시키는 것이 과제이다. 케어노동의 이전(移轉) 프로세스는 위치의 유동/탈구를 야기한다. 이는 이주케어노동자뿐만 아니라, 글로벌시티의 첨단부문 고소득 전문직 여성도 경험하게 된다. 이주케어노동자를 고용하는 중상 _upper middleclass_ 내지 중류층 _middleclass_ 여성은,

21 Saskia Sassen, ibid, p.265.
22 Saskia Sassen, 「グローバリゼーションを撮り起こす」.
23 足立眞理子, 「グローバリゼーションと非連續」.

고용의 장에서 보자면 남성주체의 위치라고 할 수 있다("금융부문의 상층을 점하는 대부분 여성은 남성주체의 위치라고 단언"한다[24]).[25] 그러나 사센이 말하는 "'아내' 없는 전문직 세대"[26]에서 이 여성들은 어떤 젠더주체로 행동할 수 있을까. "'아내' 없는 전문직 세대"는 이데올로기적으로는 신자유주의적인 '배우자 간 평등'[27]에 기초한다. 그러나 가사를 시장에서 구입해, 고용한 이주케어노동자에게 의존하는 상황이 보여 주듯이, '배우자 간 평등'은 케어노동이 제3세계 여성으로 이전될 때에야 달성된다. 케어 구입에 관해 가정 영역에서도 "'아내' 없는 전문직 세대"에서는 전통적인 '아내 역할'을 수행하는 것이 시간적으로 불가능하다. 이를 '가정 역할'이나 '가정적인 것' domesticity 의 방기로 보는 것은 사태의 정확한 진단이 아니다. 사센이 상정한 '가사노동자에게 요구되는 표준화된 고소득 전문직의 라이프 스타일의 유지'라는 것은 구체적으로 어떤 것일까? 일종의 계층 규범적 라이프 스타일로 비춰지는 커리어의 추구, 영리하고 귀여운 아이, 만족스러운 배우자, 깨끗한 집, 유행하는 애완동물과 같은 여러 가지 욕망들 안에서 '모든 것을 잘하는' 커리어 우먼[28] 특유의 새로운 젠더화 작용을 읽을 수 있다. 이 글로벌시티에서 여성성/남성성 또한 이주여성의 월경 프로세스에 따른 북반구 중산층 여성 위치의 유동/탈구로도 읽을 수 있을 것이다.[29] 그리고 이것이 새로운 자본축적 메커니즘으로서 뿐 아니라 젠더화의 사회 구축적 유동성으로 어떻게 작용하는가를 분석 — 즉 세번째 국면의 젠더화 작용의 분석 — 하는 것이 앞으로 요구된다. 이주케어노동자의 월경은 국경을 넘는 것뿐 아니라 시장/가정, 국가/시장, 국가/가정, 북/남, 남성성/여성성, 생산/재생산……과 같은 중층적인 월경의 차원으로 얽혀 있다. 이 중층적 월경을 통한 글로벌리제이션을 어떤 방향으로 볼 것인가.

---

24 Saskia Sassen, 「グローバリゼーションを撮り起こす」, p.112

25 사센은 젠더를 주체의 여성성이라고 파악하고 있다. 예를 들면, 글로벌리제이션의 지배적 부문인 금융부문의 최상층을 점하고 있는 여성의 대부분은 남성주체성을 가진다. 한편, 이민 등 착취당하는 쪽에 있는 남성은 여성주체로서 생산되고 있는 것이다(Saskia Sassen, ibid, pp.112~113).

26 Saskia Sassen, "Global Cities and Survival Circuits", p.259

27 Annie Phizacklea, "Migration and Globalization : A Feminist Perspective", Khalid Koser and Helma Lutz (eds.), in *The New Migration in Europe : Social Constructions and Social realities*, Macmillan, 1998, p.34

28 Ehrenreich and Hochschild, *Global Woman : Nannies, and Sex Workers in the New Economy*, p.4

29 보이지 않지만 불가결한 존재인 이주여성에게 장소를 부여하기 위한 방법을 모색하는 것은, 그럴싸한 말들로 포장된 표상에 지나지 않는 북반부의 국내/가정 영역의 여성/여성성의 글로벌리제이션에서 재배치의 검토와 함께 병행하여 행해질 필요가 있다.

2-4
ISSUE

'대항의 장'과 '재생산'의 보장

가이즈마 게이코(海妻径子, 젠더론) ^{번역} 강현정

1. 시작하며

정말 '예상했던 대로' 기획자에게는 매우 '힘든' 특집이었다.

도서관이나 공공센터[公民館], 여성센터, NPO[01] 와 같이 비영리로 사회·문화적 가치를 추구하는, 그래서 체제에 대한 '대항의 장'일 수밖에 없는 장소이자 희망의 터전이어야 할 장소들이 있다. 그런데 그곳에서 일하는 많은 사람들이 가혹한 환경 때문에 피폐해져 있다.

물론 최근에 신자유주의화에 따른 경쟁원리의 도입이나 고용의 비정규화라는 파도가 영향을 미치고 있다. 그러나 문제는 그것뿐만이 아니다. 거기에는 매우 복잡한 역학관계가 있기 때문에, '대항의 장'에서 '비정규직'의 형태로 일하는 대부분의 사람들은 가혹한 환경으로 피폐해지면서도 기진맥진해질 때까지 그곳을 떠나지 않는다. 심지어 만신창이가 된 후에는 침묵한 채 그곳을 떠난다.

나는 이 특집의 내용에서 '적' 혹은 '명쾌한 답'을 쉽게 찾을 수 있도록 하고 싶지 않았다. 그런 관점은 '대항의 장'에서 일하는 사람들이 피폐해지는 메커니즘을 왜소화시킬 뿐, 만신창이가 되어서도 침묵한 채 떠나는 사람들이 '왜 그렇게 당하고서도 침묵을 지키는가'를 이해할 수 없게 만들어 버린다. 그러나 많은 사람들이 침묵할 수밖에 없을 만큼, 정치적으로 미묘한 '대항의 장'의 역학관계를 기술하는 것이 간단하지 않은 것도 사실이다. 이 특집에 '집필'

---

01 Non-Profit Organization(비영리민간단체). 특정인의 이해와 영리를 목적으로 설립되어 운영되고 있는 영리조직과 대비되는 개념으로 사회의 공익 등을 목적으로 설립되어 비영리사업을 영위하는 조직을 말한다. 미국과 일본 등에서 공식적으로 쓰이는 용어로 학교, 종교기관, 사회복지기관, 연구기관 등이 해당된다. 우리나라에서는 NGO(비정부단체)와 같은 의미로 사용되고 있다. (옮긴이)

이라는 어려운 작업을 수락해주신 분들께 이 장을 빌어 감사를 드린다. 더불어 이 특집의 이면에는 문제의 정치적인 미묘함을 고민한 끝에 최종적으로 집필하지 않기로 결정한 몇 명의 사람들도 있었다는 것도 꼭 알려드리고 싶다.

2. '대항의 장'의 피폐한 상황

물론 모든 '대항의 장'들이 거기서 일하는 사람을 혹사시키고 있다는 것은 아니다. 그러나 여러 해 동안 그 주변에 있으면 '해도 너무하다 싶은' 이야기들을 보거나 듣거나 체험하게 되는 것이 사실이다. '파트타임' 노동자가 '풀타임'으로 일하는 것을 당연하게 여기며, 거의 매일 밤 11시나 12시까지 일하는데도 주 20시간이라는 명목상의 노동시간밖에 임금을 지불하지 않는다(이것보다 시간이 짧으면, 사회보험 적용에서 예외가 된다). 이뿐만 아니라 미리 임금에서 일정 금액을 직장에 '상납'하도록 강요한다든지, 휴일에도 전화 한 통으로 불러내서 일을 명령하는 등 형태도 가지가지다.

그러나 이러한 상황을 '너무하다'고 생각하지 않는 사람도 있을 것이다. '대항의 장'에서는 그런 게 당연한 것 아니냐며, 원래 도서관이나 여성센터, NPO는 무상(無償)의 시민활동이어야 하고 따라서 거기서 임금을 받는다는 것 자체가 잘못된 것이라고.

그렇다. 일하는 사람 역시 처음에는 그렇게 생각해서 '자발적으로' 시간외 업무나 휴일 근무에 응한다. 임금의 '상납'이라는 것도, 그것이 합법적인 예산의 변통이 '아님'에도 불구하고 본래 '대항의 장'의 취지에서 필요한 활동에 쓰이는 것이라고 설명해 버리면 수긍하지 않을 수 없게 된다. '대항의 장'에서 행해지고 있는 일을, 사회·문화적 가치를 추구하는 활동이라고 깊이 생각하면 할수록 그렇게 된다.

그러나 어느 날 문득 심신이 모두 기진맥진해진 자신을 발견한다.

그때가 되어서야 자신이 처한 상황을 바꿔 보려고 해도 쉽지 않은 게 사실이다. 선배나 아직까진 괜찮은 동기에게서 "자신이 스스로 동의해서 그런 방식에 따라 놓고 이제 와서 '나쁜 방식을 강요하고 있다'는 듯이 주장하다니!",

"저 사람은 사회운동을 하겠다는 각오가 없어"라는 비난을 받는다. 자신이 맡아 온 일의 일부를 동료에게 넘기려고 해도, 모두가 '해도 너무할' 정도로 많은 일을 하고 있기 때문에 의뢰하는 것조차 망설이게 된다.

그러나 정말 괴로운 것은 자기계발을 위한 시간과 에너지까지 모두 소진해 버려, '대항의 장'에서 자기 일의 퀄리티나 창의력이 충분한 수준을 유지할 수 없게 되고 만다는 것이다. 연수 기회를 보장해 줄 것을 직장에 요구했는데 그것이 받아들여지지 않으면, 그걸 계기로 '대항의 장'을 떠나는 사람도 적지 않다. 그러나 결심을 하기까지의 세월이 길면 길수록 '대항의 장'을 떠나는 것은 어렵게 된다. 직장을 바꾼다 하더라도 완전히 다른 직종으로 전환하기는 어렵다. 결국 여성센터에서 일했던 사람은 다른 여성센터나 여성단체로, NPO에서 일했던 사람은 다른 NPO나 그 관련 단체로 옮기는 것밖에 선택지가 남아 있지 않다.

마땅히 직장을 옮길 곳이 없으면 오히려 '해도 너무한' 방식의 일을 스스로 진행해, 역으로 그렇게 하지 않은 동료를 비판하여 살아남으려고 하는 사람도 나오게 된다(예를 들면, '풀타임' 노동자가 정시에 돌아가는 '파트타임' 노동자를 비난한다든가). 그리하여 같은 처지의 사람들이 대립하고, 때로는 거기에 여러 가지 편견(섹슈얼리티의 차이, 아이를 가진 사람과 싱글 중 누가 생활이 더 힘든가 등)도 얽혀 뒷담화까지 횡행하게 된다.

지금까지 기술한, 같은 처지의 사람이 대립하는 험한 상황들은 대부분 공식적으로 말하기 힘들다. 또 아무리 피폐해져도 '대항의 장'에서 영위하는 사회·문화적 활동 자체에는 애착과 의의를 계속 갖고 있다고 말하는 사람도 많다. 그래서 자신이 경험한 억압이나 착취를 공식적으로 말하는 것이 해당 사회·문화적 활동의 평판을 떨어뜨리고 마는 게 아닐까 하는 염려에서 침묵을 지키는 사람이 많다. 그러나 페미니즘 진영에서 조금씩 그 침묵이 깨지고 있다. 예를 들어 균등대우액션2003[02]의 「인정하라! 나의 일하는 방식 ─파트 비상근 등 비정규직으로 일하는 여성의 균등대우 앙케이트와 인터뷰」(2004)나, 그룹 와이와이[03]의 「여성센터에서 일하는 사람들 ─ 비상근직원으로 유지되는 여성센터」(2004) 등 몇 개의 (종종 익명의) 노동 실태조사에서 그 피폐한 상황의 한 단면이 떠올랐다.

---

02 일본 전국의 여성들의 연대를 도모하며 남녀 고용평등, 정규직과 비정규직의 균등대우 실현을 목적으로 하는 여성단체.

03 2002년 도요나카(豊中) 남녀공동참가추진센터의 '세계의 페미니즘' 수강생들이 모여 결성한 그룹.

3. '임금노동자화'라는 노동의 거부?

이러한 상황에 대해 "대항의 장에서 이런 인권침해가 횡행하다니"라고 분개하는 사람도 적지 않다. 그러나 이것은 오히려 대항의 장이기 '때문에' 일어나는 구조적인 문제라고 생각한다.

사람들은 영리를 추구하는 노동에 종사하는 사람에게 '재생산'을 위한 시간이나 자원이 당연히 확보되어야 한다고 생각할 것이다(최근엔 신자유주의의 대두로 그것도 단언할 수 없게 되었지만). 그러나 '대항의 장'에서 진행하는 비영리 사회·문화적 활동이 영리를 추구하는 노동에 종사하는 사람들을 위한 '재생산' 활동(레크리에이션이나 지역에서의 사회적 유대 형성)이라고 인정하면서도 그 활동 자체가 '재생산'을 위한 시간이나 자원을 필요로 한다는 것은 그다지 인식하고 있지 않다.

그 결과 예를 들면, 여성센터에서 일하면서 시간 외 업무나 휴일 근무에 쫓긴 탓에 센터 밖에서 이루어지는 여성운동집회에는 거의 참석하지도 못하고, 황금같은 휴일엔 수면 부족을 해소하거나 산더미 같이 쌓여 있는 집안 일을 해치우는 것이 고작인데도 "좋겠다, 하고 싶은 여성운동하면서 돈까지 받으니까"라는 말을 듣기도 한다. 혹은 이치카와(市川)기념회 문제[04]에서 볼 수 있듯이 '재생산' 비용을 요구하는 직원을 해고하고, 그 대신 자원활동가를 활용하는 공공설비나 NPO도 나오게 된다. 자원활동가도 '재생산' 비용 없이 사회·문화적 활동이 불가능하므로, 단순히 다른 장소에서 그 비용을 충족하는 것에 불과하지만.

나는 다자키 히데아키(田崎英明)와의 인터뷰 외에도 비영리의 사회·문화적 활동에서 요구되는 젠더gender·정의justice에 대해 논한 적이 있다. 즉, 사람들에게 '사회적 유대의 재생산'을 할 수 있는 시간과 자원을 보장하는 동시에, 그 그늘에 존재하는 "'사회적 유대의 재생산'을 위한 재생산노동"에 관한 분배에서의 젠더·정의의 필요성을 말이다.[05] 그러나 분배의 정의 이전에 "'사회적 유대의 재생산'을 위한 재생산노동"은 그 존재를 아직까지 폭넓게 인정받지 못하고 있는 것 같다. 아내나 어머니가 행하는 가족을 위한 '재생산' 노동은 무제한이라고 생각해서, 아내나 어머니 자신은 재생산, 즉 휴식이나 자기계발

---

04 이치카와기념회 문제에 대해서는, 이치카와기념회 http://www.ichikawa-fusae.or.jp/, 이치카와기념회 노동조합 뉴스 http://www.mndds.com/fusen/, 부선회관을 원래의 모습으로(婦選會館を本來の姿に) http://fusennet.exblog.jp 등을 참조.

05 田崎英明,「소진한 자들에게 유대를 ── 퍼포머티비티(performativity) 지배에의 저항과 재생산」(消盡した者たちに紐帶──パフォーマティヴィティ支配への抵抗と再生産),『情況』, 2007, 5~6월호;海妻徑子,「어떤 것에도 포섭되지 않는 재생산」(何ものにも包攝されない再生産) 논문 중,「생명정치에서 가부장제 권력의 작용과 새로운 남성운동주체」(生政治における家父長制權力作用と新たなる男性運動主体)

을 위한 시간과 자원이 필요치 않은 것처럼 치부해 버리는 경향이 있다. 이와 마찬가지로 도서관이나 여성센터, NPO에서 일하는 사람에게는 '사회적 유대의 재생산' 노동을 마치 무제한으로 맡겨도 되는 것처럼 여겨, 그들의 '재생산' 시간이나 자원을 보장할 필요성은 지금까지 간과되어 온 것이 아닐까?

달라 코스타Mariarosa Dalla Costa는 여성이 임금노동자가 되는 것을, 여성이 가부장제인 농촌에서 그녀들에게 끊임없이 떠맡겨지는 생산/재생산노동을 거부하는 것으로 파악한다. 임금노동자가 됨으로써 가족과 떨어져 있는 시간을 가질 수 있고 적어도 그 시간만큼은 가족을 위한 재생산노동에서 벗어날 수 있기 때문이다. 그러면 현재 도서관이나 여성센터, NPO에서 일하는 사람들이 그들에게 무제한으로 떠맡겨지는 '사회적 유대의 재생산' 노동을 거부할 수 있는 방법은 철저한 임금노동자가 되는 것일까? 즉 임금노동자라는 정체성을 강화하여 임금이 지불되지 않으면 그것을 이유로 '사회적 유대의 재생산' 노동을 거부하는 수밖에는 없는가?

나는 이 점에 대해서 현재 확실한 의견을 가지기 힘들다. 다만 몇 가지 지적해 두고 싶다. 1990년대에는 여성센터의 제도화뿐만 아니라 소위 'NPO 사업화' 라고 불리는 현상이 일어났다. 그때는 NPO를 취직할 만한 곳 중의 하나이자 경력을 쌓기 위한 곳으로 파악해 NPO에 들어오려는 사람들이 증가했다고 한다. 말하자면 전반적으로 '대항의 장' 에서 임금노동자화가 철저하게 진행된 것이다. 그 배경에는 앞에서 기술한 '임금노동자가 됨으로써 무한정한 노동을 거부한다' 는 측면도 있지 않았을까?

그러나 NPO 활동에 생활을 통째로 반납하지 않고 특정 사업이나 프로젝트에 한정하여 일하는 태도는 '기업적 수법', '능력주의' 의 유입이라고 하여 좋지 않게 받아들여졌다.[06] NPO가 본래 가지고 있던 정치성이 프로젝트 달성을 저해하는 요인으로 취급되어 흐려지고 만다는 지적도 있었다.[07] 물론 그런 점도 있을 것이다.

그러나 혹시 그것이 '임금노동자가 됨으로써 무한정한 노동을 거부' 하는 것이었다고 한다면? '경력을 쌓은' NPO 직원이 '사회 저변' 과의 연결고리를 잊어버린 '글로벌 엘리트' 가 되어 버린 면은 물론 부정할 수 없다. 그러나 현 시점에서 보면 그것이 '재생산' 이 보장되는, 만신창이가 되지 않는 방식으로

06 藤岡美惠子·越田清和·中野憲次, 「어째서 국가인가, 어째서 사회혁명인가 ── NGO의 가능성과 '한계'」(なぜ國家か, なぜ社会變革か──NGOの可能性と '限界'), 『사회변혁·국가·NGO』(國家·社会變革·NGO), 新評論, 2006.

07 越田清和, 「NGO와 사회운동」(NGOと社会運動), 藤岡美惠子·越田清和·中野憲志, 『사회변혁·국가·NGO』(國家·社会變革·NGO), 新評論, 2006.

일할 수 있는 하나의 '대항의 장' 모델이라는 것 또한 부정할 수 없다.

그렇다면 지금 필요한 것은 철저하게 임금노동자가 되는 것 말고 어떻게 '무한정한 노동을 거부'할 수 있을 것인가, '사회적 유대의 재생산'과 노동자 자신의 '재생산'의 시간이나 자원을 어디에서 책임지고 어떻게 보장할 것인가라는 방법론에 대한 논의이다. 기업 수법을 도입하는 것 이외에 '대항의 장'에 있어 '재생산'의 새로운 보장 방법, 즉 '재생산' 론의 재구축을 구체적으로 논의해 가야 한다.

4. '재 생 산' 보 장 을 위 한 연 대

"'무한정한 노동을 거부한다라니, 간단하잖아, '싫습니다'라고 말하면 되지. 그게 허락되지 않는 '대항의 장'이라면 더 이상 '대항의 장'이라고 말할 수 없다구. 빨리 그만두고 다른 운동단체에 들어가."

…… 맞는 말이다. 맞는 말이라 생각하면서도 나는 그렇게 쉽게 단언해 버리는 것에 주저하게 된다. 그 말은 '대항의 장'의 현실을 너무 외면하는 것이기 때문이다. '대항의 장'은 '운동'적인 성격이 짙으면 짙을수록 항상 '긴급 상황'이다. 체제는 늘 이런저런 방법으로 '대항의 장'을 위협해 오기 때문에 (성과주의의 도입, 문화 복지 예산의 삭감, '대항의 장'의 활동을 억제하려는 정부나 자치체의 각종 '통보' 등), 그것에 대처하는 것만으로도 일이 무한정 늘어나는 것은 어쩔 수 없다고 생각하게 된다. 그래서 2절에서 기술했듯, 많은 사람들이 처음에는 자발적으로 일을 맡지만 심신이 피폐해지기 시작하면서 자신들의 '재생산'을 누구도 보장해 주지 않는다는 것을 깨닫게 된다. 하지만 그때는 이미 다른 곳으로 이직하는 것이 어려운 경우도 적지 않다.

그러므로 '대항의 장'은 구성원의 '재생산'을 위협할 수 있는 것들에 대해 영리기업 이상으로 예민해질 필요가 있다. '대항의 장' 조직 운영 안에서 의식적으로 구성원의 '재생산' 보장을 하나의 시스템으로 조직하려는 노력을 해야 할 것이다. "'무한정한 노동의 거부'는 개인의 용기와 노력 여하에 달려 있다"고 말하는 것은, 경제 자문회에서 인력파견회사 사장이 "과로사는 노동자의 자기관리 문제"라고 일축해 버리는 것과 마찬가지이다.

물론, 영리기업조차 비용이 든다는 이유로 육아휴직이나 개호(介護)휴직을 비롯한 '재생산' 보장을 거절해 버릴 정도이니, 비영리 단체인 '대항의 장'에서는 부담이 커서 보장하고 싶어도 못한다는 말도 익히 들어 잘 알고 있다. 그러나 거꾸로 육아휴직·개호휴직법을 성립시켰을 때만큼의 담론을 생산할 수 있다면, '대항의 장'에서 '재생산' 보장의 제도화와 그 재원 확보도 불가능한 것만은 아니지 않을까. 최근에는 반(反)빈곤이라는 슬로건 하에 한부모가정이나 다중채무자, 프리타 등 다양한 단체의 연대가 있다. 마찬가지로 '재생산의 보장'이라는 슬로건 아래 다양한 '대항의 장'의 관계자(집행부에서 말단 구성원에 이르기까지)가 연대할 수 있지 않을까.

지금까지는 이상적으로만 희망해 왔던 사람, '시민활동가'의 확립과 충실화를 희망하는 사람, 일과 '운동'과의 구별이 애매하게 되기 쉬운 '대항의 장'에서 노사분쟁을 중재하는 조정기관이 확립 되기를 바라는 사람들이 모여 '재생산 보장'의 방법에 관해 논의해야 할 것이다. 즉, 국가나 정부로부터 세금공제나 보조금이라는 형태로 — 급진적으로는 보편급부라는 형태로 — 자원을 획득할 수 있는 방법을 다양한 입장에서 의견들을 내고 여러가지 방법을 논의해야 할 것이다. '대항의 장'의 미래를 생각할 때 이와 같은 논의는, 적어도 개별 '대항의 장'이 기업적 수법에 근거한 '경영 노력' 따위를 밀실 안에서 추진하고 내부의 모순은 모르는 척 방치하고 그대로 진행하는 것보다는(공공설비나 대학 등에 있어 고용이 멈추는 문제 등은 이미 이 전형이다) 좀더 희망적인 것이 아닐까. 지금 필요한 것은 무엇보다도 상호 불신으로 분절되어 버린 '대항의 장'의 연대를 재구축하는 것이다.

1989년에 출판된 『여성 뉴워크론』[08]에서는 워커스 컬렉티브workers collective(노동조합)를 비롯한 뉴워크new work, 혹은 "'대안적인'Alternative 일의 방식"을 다음과 같이 기술하고 있다. "경제사회에 제도로서 조직되고 있는 공식적formal 활동(화폐를 매개로 하는 사회적 생산노동 또는 그것이 분업체제로 조직된 경우의 직업)과, 어떠한 주장을 실현하는 것을 목표로 하는 비공식적informal 활동(사회운동이나 사회활동)의 양면성을 지녀, 후자를 거점으로 쌍방을 조합하여 전자에 대항적인 또 하나의 활동(반(半)공식적semi-formal 방식의 일)을 창출하는 실험"이라고.

---

08 金森トシエ 外 編, 『여성 뉴워크론』(女性=ニューワーク論), 有斐閣, 1989.

이 대안적인 방식은 뉴워크라고 하든 NPO라고 하든 이 단어가 등장하기 전부터 도서관이나 일하는 여성의 가정에서 이미 실천되고 모색되어 온 것이다. 그런데 여러 가지 논의나 제도화가 진행된 오늘날에 와서 이런 방식이 오히려 대항해야 할 '공식적인 일의 방식'으로 포섭되어 혼란스러운 것처럼 보인다. 출판된 지 약 20년이 지난 현재 『여성 뉴워크론』을 다시 읽어 보면서, 새로운 방식의 일(뉴워크)의 구축이 성과 없는 '실험'으로 계속되는 것을 보면 씁쓸한 마음을 감출 수가 없다. 이번 호의 특집이었다.

#3

동맹

추방된 ____ 자들의 ____ 동맹

중요한 것은 대중들의 방향을 점치는 데 있지 않다. 정작 중요한 것은 우리가 어느 방향으로 나아갈 것인가이다. 삶의 불안정이 확대될수록 보장된 일자리와 보험상품이 눈에 먼저 들겠지만, 오히려 이런 때일수록 우리가 원하는 삶의 형태에 대해 물어야 한다. 새로운 성을 구축하는 것이 무엇보다 중요하다. 삶의 불안정이 확대될수록 보장된 일자리와 보험상품이 눈에 먼저 들겠지만, 오히려 이런 때일수록 우리가 원하는 삶의 형태에 대해 물어야 한다. 국가적 공공성이 아닌 대안적 공공성, 사회적 공공 협력적 삶의 형태를 창조해 내는 것이 정말로 중요하다.

대담 — 프랑스폭동, 어떻게 볼 것인가

우카이 사토시(鵜飼哲, 프랑스문학), 히라노 치카코(平野千果子, 프랑스제국사)
모리 치카코(森千香子, 사회학), 나스비(なすび, 산야노동자복지회관)　**번역** 남효진

폭동의 배경

우카이 2005년도 다사다난했습니다. 이 시대의 사상이나 사회운동의 방향을 어떻게 잡아야 할지 과제가 산적해 있다는 걸 새삼 느낍니다. 오늘은 10월 27일 파리의 방리유[01] banlieue, 클리시수부아 Clichy-sous-Bois에서 일어난 일을 계기로 확산된 많은 사건들 — 뭐라 불러야할지, 폭동? 반란? 아니면 봉기? 꼭 집어 부르기 어려운데, 이번 사태를 어떻게 볼지 함께 이야기하고자 합니다.

　모리 치카코 씨는 사회학의 관점에서 수년간 방리유에 대해 조사해 오셨는데요. 이번 사태의 배경에는 프랑스 식민지 지배의 역사 전체가 있습니다. 최근 프랑스에선 식민지 시기의 문제를 어떻게 돌아봐야 할지를 놓고 법, 사회, 교육 등 여러 분야에서 갈등이 있었지요. 프랑스의 식민지 역사를 전공하신 히라노 치카코 씨께서는 주로 그 점에 초점을 맞춰 주셨으면 합니다. 또한 이번 사태는 세계화와 함께 진행되고 있는 민중의 궁핍화라는 문제와 따로 떼어서 생각할 수 없는데요. 역사적인 컨텍스트, 현재의 사회 상황 등 모든 추론이 프랑스와 일본 사이에 그대로 성립되지는 않습니다. 그렇지만 이번 사태에서, 계층화가 진행되는 가운데 하층계급이 사회적으로 가시화되고 있는 일본의 상황과 동시대적인 움직임을 볼 수는 있습니다. 이번 홍콩의

---

01 프랑스 대도시의 교외 지역을 뜻하는 방리유는 미국이나 영국의 교외와 달리 도시의 중심에서 밀려난 사람들이 사는 지역이라는 의미를 내포하고 있다. (옮긴이)

WTO각료회의 저지투쟁으로 동아시아에서도 세계화와 그에 대항하는 세력이라는 축이 확실하게 생겼습니다. 이번 프랑스 사태를 일본의 사회운동 입장에서는 어떻게 생각해야 할지? 이 점에 대해 산야노동자복지회관[02]의 나스비 씨께 문제제기를 부탁드리고 싶습니다.

사회자인 제가 도입 부분을 먼저 말씀드리겠습니다.

제가 90년대 초에 프랑스의 소위 식민지 문제에 대해 글을 몇 편 썼는데요. 당시의 제 견해와 이번 사태를 어떻게 연결해서 생각하면 좋을지……. 이번 사태는 이른바 냉전이 종언을 고한 이후, 프랑스나 유럽에서 진행된 상황과 관계가 깊습니다. 우선 그 전제가 되는 구도를 간단히 이야기하겠습니다.

프랑스는 이민의 나라입니다. 19세기 후반 나라가 커지고 있던 독일과 달리, 프랑스는 인구 증가가 크게 둔화되었습니다. 그 무렵 주로 유럽 기독교 국가들로부터 적극적으로 이민을 받아들였습니다. 19세기 중반에 획득한 알제리로 식민된 유럽인은 프랑스뿐만 아니라 유럽 전체에서 모집된 사람들입니다. 하지만 현재와 연결되는 이민의 큰 흐름은 아무래도 제1차 세계대전 이후에 성립된 것입니다. 전쟁 중에 성인 남자가 대량으로 죽으면서 생긴 빈자리를 메워야 하는 전후 부흥 과정에서 프랑스는 폴란드, 이탈리아, 포르투갈 같은 가톨릭국가들로부터 이민을 많이 받아들였지요. 지금은 상상하기 어려운데, 30년대에는 이 사람들도 프랑스 사회에서 심한 차별을 받았어요.

제2차 세계대전 이후 프랑스 식민지가 하나둘씩 독립해 가던 중 알제리가 독립한 게 1962년입니다. 60년대 초는 프랑스 경제가 호황을 누리던 때라 막 독립한 구식민지국가들로부터 주로 자동차공장이나 탄광에서 일할 노동자를 모집해 이민자로 받아들이는 상당히 조직적인 시도가 있었습니다. 이 이민정책은 프랑스 정부와 막 독립한 신흥국 정부 사이에 맺은 일종의 비밀협정에 따라 취해진 것입니다. 그로부터 십수 년 후 오일쇼크가 일어납니다. 불황 속에 공장이 하나둘씩 문을 닫자, 공장 옆에 모여 살던 이민공동체는 프랑스 사회로부터 완전히 격리되어 육지에 있는 일종의 섬처럼 되어 버렸어요. 실업률도 프랑스 평균의 두 배에서 두 배반까지 올라갑니다. 그런 불안한

---

02 도쿄 북부 산야에는 일본 최대의 요세바(인력시장)가 있어서, 오래 전부터 일용노동자들이 많이 모여들면서 빈민가를 형성하였다. 산야노동자복지회관은 활동가들과 일용직 노동자들이 1990년 건립하였다. 자세한 내용은 www.jca.apc.org/nojukusha/ sanya/ 참조. (옮긴이)

상황 속에서 방리유의 특히 젊은이들이 집단으로 무위도식하게 됩니다.

여기서 중요한 게 프랑스 공교육의 양상인데요. 공교육이 탈식민지화에 맞춰 변화했냐면, 전혀 그러지를 못했어요. 19세기 말 쥘 페리[03] Jules Ferry 시대는 식민지 확장기이기도 한데, 그때 성립된 공화제 공교육의 이념이 탈식민지화 이후의 변화를 제대로 따라가지 못했습니다. 그런 공교육 속에서 이민가정의 아이들이 탈락되는 경향을 보이는데요. 객관적으로 보면 이것은 거의 필연적인 결과입니다. 프랑스 자동차 대기업에 단순노동자로 투입된 이민자의 자식들로, 프랑스 공교육을 받은 아이들이 사회에 나갈 때 취직이 되냐면, 그게 잘 되질 않아요. 실은 이때 차별을 많이 받게 돼요. 졸업장이 취직으로 연결되지 못하면, 학습 의욕이 떨어질 수밖에 없지요. 이런 악순환 속에서 실업이 만성화되는 거죠.

이 같은 현실로부터의 해방을 희구하는 사회운동도 복잡한 변천을 거칩니다. 이민 1세가 현역 노동자였던 시기에서 2·3세가 주역이 되는 시기가 되면 운동의 형태 자체가 달라집니다. 1세들은 노동총동맹[CGT] 같은 대규모 노동조합에 가담하여 전투적인 노동운동의 일익을 담당했습니다. 대략 70년대 끝 무렵까지는 그랬어요. 그런데 '뵈르' [04] beur라고 불리는 2세 시대가 되면 단순한 노동운동의 범위를 벗어나게 됩니다. '시테' [05] cités라고 불리는 방리유의 집단거주지역을 근거로 하는 생활보호운동 같은 측면도 생겨나고, 1981년 프랑수와 미테랑이 대통령에 당선된 것을 큰 전환점으로 하여 정치적으로 방리유 문제를 해결하고자 하는 시민운동 형태가 됩니다. 그때 모델이 미국의 흑인공민권운동입니다. 사회당계 인권단체 형태를 띤 SOS인종주의[06] SOS Racism 같은 운동단체도 그때 생겼어요. 그러면서 어떤 의미에서는 방리유 운동을 정치적으로 흡수해 가는 흐름이 됩니다.

그 무렵 전 프랑스에 있었는데, 옆에서 보기에도 일이 어지간히도 무책임하게 돌아간다고 느꼈어요. 당시 저는 70년대 계급투쟁형 이민자운동이 사회당 정권의 스펙터클한 정치로 흡수되는 것을 비판적으로 봤습니다. 그리고 1989년에 일본으로 돌아왔으니까, 90년대 초부터 상황이 급속히 악화되

---

03 19세기 말 프랑스 수상을 두 차례 역임한 식민지 확대주의자. 1880년 프러시아와의 전쟁에서 진 원인중 하나가 교육에 있다고 보고 프랑스의 새로운 공교육 확립에 힘썼다. (옮긴이)

04 아랍인을 뜻하는 아랍어 rebeu를 뒤집은 속어적 표현으로 마그레브계 이민 2·3세를 가리킨다. (옮긴이)

05 60년대 대량 유입된 이민계 노동자들을 수용하기 위해 급히 조성된 프랑스 대도시 외곽의 콘크리트 아파트 단지. 임대료는 싸지만 문화공간이나 상가, 대중교통 등 편의시설을 제대로 갖추지 못했다. 주민 대부분은 마그레브나 아프리카계 이민자 또는 도시 저소득층이다. (옮긴이)

던 국면은 가까이에서 보지 못했습니다. 이미 80년대에도 상황은 그다지 좋지 않았어요. 인종차별로 인한 살인도 있었고, 르팽의 국민전선도 나왔으니까요. 그런 일들에 대한 항의로 리옹의 방리유인 맹게트^Minguettes에서 큰 소란이 있었고, 그곳에서 파리까지 '평등을 위한 행진'도 있었습니다. 그게 1983년이에요. 그런데 방리유의 상황이 한층 더 나빠진 것은 90년대 이후, 1991~1992년부터라고 하더군요. 저는 그 시기에 대해 일상적인 경험은 갖고 있지 않아요. 기본적으로 미테랑이 14년간 대통령으로 있었지만 보수파가 행정부를 장악한 시기도 있었고, 그때 이루어졌어야 할 것이 이루어지지 못하면서 사태가 악화되었습니다. 보수파인 시라크가 대통령이 되고 사회당인 조스팽이 정권을 운영한 시기도 있었지요. 우파가 실권을 장악한 후에는 모두가 언젠가 폭발하리라 예감해 왔어요. 그 결과가 2005년에 이런 형태로 표출되었습니다.

　　이번 사건을 사회운동으로 어떻게 이해할 것인가가 아주 중요하다고 생각하는데요. 우선 최근까지 수년간 방리유에서 조사를 해 오신 모리 씨께서 방리유의 현재 상황에 대해 말씀해주셨으면 합니다.

방 리 유 와 　 경 찰

모리　저는 이번 사건의 발단이 된 클리시수부아가 있는 세느생드니^Seine Saint Denis 지방에서 현지조사를 해 왔는데, 젊은이들의 봉기가 자주 일어나는 곳이에요. 2002년 7월엔 팡탱에서 젊은이와 경찰의 대립을 직접 목격하기도 했어요. 일상적으로 있는 경찰의 난폭한 신분증 검사가 발단이 되어 폭행 사건으로까지 발전했습니다. 이번 방리유 봉기도 1990년대 초부터 지금까지 15년간 프랑스 여러 대도시 방리유에서 일어난 일들의 연장선상에 있습니다.

　　이 봉기들은 메커니즘이 거의 비슷한데, 언제나 그 지역 젊은이가 '경찰에게 살해당한 것'이 계기가 됩니다. 실제로 1991년 파리의 방리유에서 한

---

06 1984년 프랑스에서 결성된 반인종차별주의단체. 이 단체의 구호 "내 친구에게 손대지 마!"(Touche pas á mon pote!)를 새긴 손바닥 모양의 뱃지는 1980년대 프랑스 젊은이들에게 큰 인기를 끌었다. (옮긴이)

청년이 경찰이 쏜 유탄에 맞아 죽은 일도 있었고, 천식을 앓는 청년이 경찰조사를 받던 중에 발작이 일어나 죽은 일도 있었어요. 결국은 경찰의 '직접적인 폭력'인지 아닌지에 관계없이 '친구가 경찰에게 또 죽임을 당했다'고 지역 젊은이에게 인식되는 것, 그것이 최근 15년 동안 일어난 봉기의 발단이라는 것을 강조하고 싶습니다. 이번에 일제히 일어난 봉기도 마찬가지에요.

방리유 젊은이와 경찰의 관계는 오래된 문제인데요. 방리유의 젊은이들에게 있어 경찰의 '존재'는 현실적인 차원과 상징적인 차원, 양쪽 다 큰 비중을 차지하고 있습니다. 방리유에서 경찰의 신분증 검사는 정말 지독해요. 저도 당한 적이 있는데, 아시아계 여성이라 그다지 난폭하지는 않았지만 그래도 심하더군요. 신체적인 폭력 운운하기에 앞서 우선 언어폭력이 심해요. 그런 폭력이 일상적으로 일어나고 있습니다. 일상적으로 신분증 검사를 받으면서 모욕당하고, 피부색이 다르다고 경찰한테까지 비인간적인 취급을 당하기 때문에 친구의 죽음과 경찰의 폭력이 바로 결부되어서 이런 식으로 분노가 폭발하는 겁니다.

2005년 4월 엠네스티가 프랑스 경찰의 인종차별에 대한 보고서를 냈습니다. 과거 15년간 경찰에 의한 폭력으로 죽거나 다친 사건 중에서 30건을 뽑아 조사했는데요. 사건 대부분이 파리나 리옹의 방리유에서 일어났고, 피해자의 이름도 북아프리카나 사하라사막 이남 아프리카에 뿌리를 둔 사람이 많았습니다. 이민계 젊은이에 대한 경찰의 폭력은 정말 심각한 문제입니다.

경찰이라는 주제는 방리유 젊은이의 문화 표현에서도 반복적으로 나타납니다. 랩은 1990년대를 통해 방리유에 사는 젊은이들 사이선 일종의 '정치성'을 갖고 있는데요. 랩에도 경찰 모티브가 반복적으로 나오고 있어요. 그리고 경찰 쪽도 그것을 신경 쓰고 있습니다. 1995년에는 경찰을 모욕하고 경찰에 대한 폭력을 선동했다고 하여, 두 랩그룹이 유죄 판결을 받았습니다. 그후에도 경찰 조합은 래퍼들을 몇 번이나 명예훼손으로 기소했습니다. 경찰이라는 주제는 랩뿐만 아니라 영화에도 자주 나옵니다. 90년대 이후 프랑스에서 방리유를 주제로 한 영화가, 일본에서도 유명한 마티외 카소비츠의 「증오」[07]를 비롯해 많이 나왔습니다. 영화를 찍는 사람 가운데에는 80년대에 SOS인종주의 운동에 참여했던 사람이 정치를 떠나 영화계에 입문한 경우가 꽤 있습니다. 방리유를 주제로 한 영화 작품에는 「증오」 외에도 다양한 장르가 있는데, 경찰과의 실랑이, 특히 신분증 검사는 성격이 전혀 다른 영화에도 많이 나왔어요.

실제로 젊은이들은 실업이나 인종차별이라는 다양한 차원의 폭력에 시달리고 억압받는 상태에 있습니다. 그들에게 있어 경찰은 어떤 의미에선 가장 쉽게 접할 수 있는 체제의 상징이에요. 억압의 원인은 정치나 기업, 다양합니다만, 그것들은 비교적 멀리 있기 때문에 얼굴이 보이지 않아요. 그에 비해 일상적으로 방리유 임대주택단지 가까이에서 검문하거나 순찰을 도는 경찰은 '바로 피부에 와 닿는' 억압의 원인처럼 보이죠.

이번 봉기와 90년대부터 계속되어 온 봉기는 어떤 차이가 있을까요? 젊은이들의 봉기가 이 정도 규모로 확산된 적은 지금까지 없었습니다. 1991년 망트라졸리[Mante la Jolie] 봉기 때 파리 방리유의 다른 지역으로 불똥이 튄 적이 있긴 합니다. 하지만 전국 규모로 이렇게 오랫동안 계속되지는 않았습니다. 그 원인을 파악하기 위해서는 우선 '방리유 젊은이'들을 둘러싼 환경의 변화에 유의할 필요가 있어요.

일반적으로 프랑스에서 '방리유 젊은이'는 곧, '학교를 관두고 무위도식하는 젊은이'라고 인식이 되어 있어요. 그러나 실제 방리유의 젊은이들은 다양한 범주로 구성되어 있습니다. 물론 방리유의 청년실업률이 높고 25세 이하의 실업률이 4할에 달하는 곳까지 있지만, 그래도 6할은 직업을 가지고 있습니다. 실업자뿐만 아니라 취업자도 많이 있는 거죠. 그들 대부분은 CDD[Contrats á Durée Déterminée]라는 기간제 계약직입니다. 수개월 또는 일 년 계약인데, 정규직으로 될 수 있을지는 불투명합니다. 업종도 레스토랑이나 판매원, 또 파리의 방리유에선 공항 화물계 같은 데가 많습니다. 이런 직업을 가진 젊은이 대부분이 비정규직이라서 실업과 취업을 반복합니다. 하지만 어떻게 해서든 일하고 싶어 하는 젊은이들이에요.

---

07 「La Haine」, 마티외 카소비츠(Mathieu Kassovitz)감독, 1995년. [이 영화는 한국에서도 1997년 11월에 씨네코아, 씨네하우스 등에서 상영된 바 있다. (옮긴이)]

조금 전 우카이 씨도 말씀하셨듯이 설령 고등학교를 졸업하더라도 취직이 쉽지 않다는 문제가 분명히 있습니다. 그래도 2002년까지는 청년실업의 대안 중 하나로 청년고용 시스템이 있었습니다. 이 시스템은 18~26세 젊은이가 5년간 정부로부터 급여를 받으며 공공서비스 또는 비영리단체에서 연수를 받고, 그 후엔 스스로 취직하도록 하는 것입니다. 이 시스템 자체는 실업을 현혹시키는 것일 뿐 진정한 고용창출이 아니라는 비판도 많았지만, 긍정적인 역할도 있었습니다. 고등학교를 졸업해도 일자리를 못 찾기 때문에 학교도 안 가고 아무 데도 마음을 두지 못하던 젊은이들에게 '갈 곳'을 만들어 주었으니까요. 무엇보다 '우선은 청년고용으로' 라는 젊은이들도 꽤 있었거든요. 처음엔 '우선 돈을 받으니까' 라며 시작하지만, 직장에서의 경험을 통해 거주단지 이외의 새로운 세계를 접하는 사회화의 한 과정으로도 기능했습니다. 이것은 실업이라는 근본 문제의 해결 여부와는 별도로 하나의 대안이 되었는데, 2002년 정권교체로 이 시스템이 폐지되었어요. 지금까지는 어떻게든 고등학교를 졸업하면 우선은 청년고용이 있으니 5년 동안은 전망이 있었는데, 2002년에 그것이 없어져 버린 거죠.

그게 이번 사건과 어떤 관계가 있는가 하면요, 이번 봉기가 이 정도로 광범위하게 장기화된 것은 지금까지는 어떻게든 희망을 가지려고 노력하던 젊은이들의 환경이 그만큼 악화되었기 때문입니다. 일종의 '절망' 이 지금까지보다 더 넓은 층으로 확대된 겁니다.

히라노 경찰에 대해서입니다만, 1997년에 사회당이 집권했을 때 '동네순경 아저씨' 비슷한 제도를 만든 적이 있지요. 그게 2002년에 보수정권이 되면서 폐지되었는데, 이 동네순경아저씨 제도가 잘 되었더라면 하는 측면은 없을까요? 이제야 하는 이야기로, 동네순경아저씨 시대 5년 동안에도 경찰과 젊은이의 대립관계가 결코 해소된 것은 아니었지만요.

모리 동네순경아저씨 제도가 없어진 지금에 와서는 결국 필요했다는 이야기가 나오지만, 있었을 때도 이런저런 문제가 많았어요. 지역에 따라 상당히 달랐던 것 같지만.

우카이 모델은 일본이었지요?

히라노 네, 모델은 일본이었어요. 전 그다지 나쁘지 않았다고 생각합니다. 예전에 지방에서 살았을 때 이야기인데요. 한 젊은이가 폭주족과 시비에 휩쓸린 적이 있었습니다. 주말이면 폭주족들이 잘 모이던 장소에서 으레 있는 소동이었는데, 순경아저씨도 쭉 알던 사이여서 적당히 타이르고 지나갔습니다. 나쁘다고 주의는 받지만 그래도 용서받을 수 있다는 느낌 비슷하게…… 단순히 단속하는 것만은 아니지요. 경찰이라는 권력에 대한 친근감이 하나의 요소였던 것 같아요.

모리 프랑스의 방리유에서도 80년대부터 현지 NGO가 동네 경찰과 방리유 젊은이의 축구 시합을 기획하여 일종의 사회관계 구축을 꾀하기도 했는데, 근본적인 부분에서 어려운 문제를 안고 있었어요.

'갖 지 못 한 자'의 연 대 로 부 터

우카이 다음, 나스비 씨께서 말씀해 주셨으면 합니다. 나스비 씨는 방리유 사태가 한창일 때 프랑스대사관을 상대로 항의행동을 하셨는데요. 어째서 이번에 그런 형태로 연대의 의지를 보일 필요가 있다고 생각하셨나요? 산야의 운동과 이번 문제 사이에 어떤 동시대적인 공통점이 있다고 생각하십니까? 그 부분을 출발점으로 해서 말씀해 주셨으면 합니다.

나스비 동시대적이라고 하면 그렇습니다만, 운동의 역사적 배경으로부터 두 가지 이유가 있었습니다. 하나는 제가 활동하고 있는 요세바에서도 예전엔 폭동이 빈번하게 일어났던 탓에,[08] 이번 폭동에 담겨진 일종의 메시지를 느낄 수 있었어요. 매스미디어를 통해 듣는 정보는 일반적으로 폭동이라는 형태의 표현에 대해 부정적인데, 그걸 우리는 다른 느낌으로 받아들였습니다. 그것이 실제로 현지에서 어떤 배경 아래 일어났으며 어떤 메시지를 갖는지는 잘 알 수 없었지만요. 그래도 여전히 그들에게 폭동이라는 수단으로밖에 표현

---

08 1960~70년대에 일본 최대의 요세바가 있는 오사카 가마가사키와 도쿄 산야에서 폭동이 빈발했다. 그 시발점이 된 가와가사키 제1차 폭동은 경찰차에 치인 일용직 노동자가 그대로 방치되어 결국 사망에 이른 사건이 발단이 되었는데, 초기 대응에서 경찰의 강경한 무력진압으로 부상자가 나오면서 사태가 확산되었다. 이런 폭동들을 계기로 요세바의 존재와 실상이 비로소 사회의 주목을 받게 되었다. (옮긴이)

방법이 없었으리라는 잠재된 공감이 우리 운동 속에 축적되어 있었다는 것이 그 한 가지 이유입니다.

그리고 또 하나는 우리가 프랑스의 실태에 대해 잘 모르고 운동을 해 왔다는 충격이었습니다. 최근 우리가 하고 있는 '갖지 못한 자' 의 운동은 우리 나름대로의 반세계화 대응인데요. 우리는 이 운동의 모델 비슷한 걸로 프랑스의 사회운동을 생각했었습니다. 그것은 프랑스의 새로운 노동조합 SUD^{Solidaires Unitaires Démocratiques}나 DAL^{09 Droit Au Logement}이나 AC!^{10 Agir Ensemble contre le Chômage!} 같은 사회운동단체의 새로운 대응과 그 가운데 일어난 NO-VOX¹¹ 같은 사회적 권리를 빼앗기고 사회적으로 배제당한 사람들의 연대행동입니다. 우리는 실업자들이 유로마치^{12 Euro March}을 하는 프랑스의 사회운동에 자극을 받았습니다. 프랑스에서는 어떻게 그런 일이 가능한지 사람들에게 물었더니, 프랑스의 사회민주주의적 배경 혹은 사회적으로 인권선언까지 거슬러 올라가는 민중이나 시민 나름대로의 권리 획득을 위한 역사적 과정이 축적되어 있어서 그 바탕 위에서 운동이 가능하다는 겁니다. 결국 민중의 사회적 권리의식이 높기 때문에 자신과 가까운 문제로 받아들인다는 거죠.

프랑스에는 자기 주위에도 홈리스가 있음을 자각하고 있는 사람이 꽤 많아요. 그것은 홈리스의 범주 자체가 매우 넓기 때문입니다. 일본의 경우엔 행정적 · 법적인 정의가 홈리스자립지원특별법 속에 있습니다. 그러다보니 일본에선 홈리스가 어디까지나 공공구역에서 노숙생활을 하는 사람으로 한정됩니다. 그러나 프랑스에서는 자립할 나이가 되었는데도 경제적 이유로 어쩔 수 없이 부모와 함께 산다든지, 친구들에게 얹혀산다든지 하는 사람까지 포함합니다. 그러니까 홈리스의 범주가 매우 넓은 거지요.

우카이 니트^{13 NEET}도 홈리스의 범주에 들어가 버리는군요.

나스비 그런 의식이 배경에 있어서 일반 시민들에게 홈리스 문제를 어떻게 해결하는 게 좋겠냐고 물으면, 빈집에 들어가 살면 된다는 대답이 가장 많다고 해요. 빈집에 멋대로 들어가 살다니, 일본에선 바로 강제퇴거의 대상이지요. 그 이야기를 들었을 때 프랑스의 민중의식에 대해 또 한 번 놀랐습니다.

---

09 'Right to housing' , 프랑스의 주거권 운동단체. www.globenet.org/dal/참조. (옮긴이)

10 프랑스의 반실업 운동단체. (옮긴이)

11 일자리, 주택, 주거 등에서 혜택을 받지 못한 갖지 못한 자(Have - not)들의 풀뿌리 사회운동들과 조직들의 네트워크. 2003년 포르투알레그레 세계사회포럼 이후 꾸준히 국제 연대운동을 펼치고 있다. 자세한 것은 http://www.novox.ras.eu.org 참조. (옮긴이)

12 1997년 봄, 실업자들이 핀란드에서 모로코까지 유럽 각지에서 유럽정상회담이 열리는 암스테르담으로 행진을 시작했다. 그들은 행진한 모든 곳에서 만나 직업도 없고 집도 없고 심지어 어떤 수입도 없는 자신들의 삶의 상태에 대해 서로 이야기를 나누었다. 그리고 그들은 실업, 불안정한 취업, 빈곤의 폐지를 요구하는 데 그들의 투쟁을 한곳으로 모으기로 결의했다. 이후 유럽에서 연

실업이라는 사고방식에 대해서도 믿어지지 않는 부분이 있습니다. 쓰루다미코(都留民子) 씨가 번역한 『행동하는 실업자 ─ 어느 집단행동의 사회학』[14]에서 저자인 디디에 데마지에르Didier Demazière은 실업이란 단순히 직업이 없는 상태가 아니라 자신이 희망하는 형태로 일하지 못하는 것도 포함한다고 했습니다. 이 또한 실업의 개념을 폭넓게 받아들이고 있고, 시민의식 속에 그것이 살아 있다는 데 놀랐습니다.

이런 것들을 배경으로 지금 프랑스의 새로운 사회운동이 가능한 것이라고 생각했지요. 근데 실제로 폭동을 계기로 입수된 정보들은 우리가, 적어도 제가 그리고 있던 프랑스 사회의 사민적(社民的) 이미지와 크게 달랐습니다. 오히려 우리는 프랑스 사회에 대해 잘 모르면서 우리 식으로 대응하고 있었던 겁니다. 실제로는 우리가 방리유 문제를 전혀 인식하지 못하고 있었던 것에 대해 큰 충격을 받았습니다. 방리유 문제는, 이나바 나나코(稲葉奈奈子) 씨도 딱히 이민자 문제라고만 해서는 안 되는 프랑스 방리유의 빈곤층 문제로, 파리 시내에도 빈곤층이 있기 때문에 여러 가지로 아주 복잡하다고 지적하더군요. 이것이 두번째 이유입니다.

그래서 우리는 이 사태에 대해 다른 사람들처럼 방관할 수만은 없었습니다. 바꿔 말하면 우리가 하고 있는 '갖지 못한 자'에 의한 반세계화라는 대응의 핵심을 이 폭동에 대한 반응 가운데서 찾을 수 있지 않을까 생각했습니다. 하지만 실제로는 상황이 어떤지를 몰랐어요. 게다가 프랑스 사회운동 단체들로부터 이 폭동에 관한 입장 표명이나 의견이 좀처럼 나오지를 않았어요.

10월 27일에 폭동이 일어나고 나서, 실제로 우리가 본 것은 NO-VOX에 참여하고 있는 젊은 이민자들의 운동단체인 MIB[15]Movement de l'Immigration et des Banlieus가 11월 9일에 낸 공식성명서가 처음이었어요. 그 당시엔 프랑스의 사회운동 단체들도 이 폭동을 어떻게 받아들이고 자신들의 운동 안에 어떻게 위치 지을 것인가에 대해 꽤 혼란스러웠던 것 같습니다. 그들도 그때까지 방리유 문제에 대해 자신들이 제대로 운동하지 못했던 점이 있어서 쉽사리 반응하지 못했다고 들었어요. 하물며 일본의 우리야, 그때까지 나름대로 접촉하고 있

이어 일어나고 있는 행진들에 대한 자세한 내용은 행진 후에 결성된 NGO, European Marches(홈페이지 www.euromarches.org/)를 참조. (옮긴이)

13 Not in Employment, Education or Training. 일하지도 않고 일할 의욕도 없는 청년들을 가리키는 말이다. 실업자와 달리 구직 활동을 하지 않는 '무업자'로, 실업률에도 잡히지 않는다. (옮긴이)

14 Didier Demaziére, Maria Tereza Pignoni, 都留民子 譯, 『행동하는 실업자 ─ 어느 집단행동의 사회학』(行動する失業者 ─ ある集団行動の社會學), 法律文化社, 2003(Chômeurs : du silence la à révolte, Hachette Littérature, 1998) (옮긴이)

15 이민과 방리유를 위한 운동. 자세한 내용은 홈페이지 http://mibmib.free.fr 참조. (옮긴이)

던 곳으로부터 정보가 오지 않으니 솔직히 말해 어떻게 해야 좋을지 몰랐어요. 우선은 프랑스 대사관에 대해 뭔가 행동을 하기로 했습니다. 덧붙여 한 가지 더, 올해[2005년] 11월 3일에 했던 '갖지 못한 자'의 국제연대행동에 이어지는 토론집회를 1개월 후인 12월 3일에 가졌습니다. 만일 우리가 11월 3일 이전에 이번 폭동에 대해 좀더 알았더라면, 이번 '갖지 못한 자'의 국제연대행동 자체의 성질이 완전히 달라졌을 겁니다. 그래서 연대행동 1개월 후에 연 토론집회를 이번 폭동의 의미를 함께 생각하는 장으로 설정하고, 이나바 나나코 씨에게 발표를 부탁드려 모두 함께 논의했습니다.

그때도 나온 이야기인데, 우리가 지금 받고 있는 사회적 배제나 그 과정에서 타자를 보는 가운데 우리 스스로의 양상이 보인다는 것입니다. 그것은 국내 상황에서도 그렇고, 해외의 대응도 그렇습니다. 이번 폭동에 대해 점점 더 알게 될수록 결국은 우리 상황과 따로 떨어뜨려 생각할 수 없는 문제라는 것이 분명해졌습니다. 그 당시로선 우리가 근거로 가진 게 MIB나 NO-VOX의 성명서밖에 없었는데, 그 후 당사자가 어떤 메시지를 갖고 있는지를 점차 알게 되었으므로 그 내용을 축으로 프랑스대사관에 대해 행동을 했습니다.

프랑스대사관에 대해 행동을 한 이유가 실은 하나 더 있는데요. 2004년에 우리가 '갖지 못한 자'의 국제연대행동 집회와 시위를 했을 때, 프랑스 NO-VOX의 회원이 프랑스 주재 일본대사관에 대해 동시행동을 한 적이 있습니다. 그런 일도 있고 해서 이번 사태에 관해 우리도 국내에서 프랑스 정부에 대해 뭔가 행동할 필요가 있었지요.

모리 저도 그때 NO-VOX 항의행동에 갔었어요.

우카이 그때는 어떤 동기로?

나스비 그때는 프랑스 사람들도 일본대사관에 대해 무엇을 요구해야 좋을지를 잘 몰랐습니다. '갖지 못한 자'의 국제연대행동에 대해서 조금 설명하자면, 처음 시작된 것은 2003년입니다. 2003년 1월 포르투알레그레Porto Alegre의 세계사회포럼에서 '제1회 목소리 없는 자의 세계회의'라는 모임이 있었습니다. 그것은 프랑스의 NO-VOX와 브라질의 거주권투쟁전국운동MNLN이 중심이 되어 기획한 것입니다.

그때 낸 성명은 반세계화운동이든 사회포럼이든 NGO든 어디서든지, 대규모 중류층 위주의 단체가 기본적인 발언권을 독점하는 장으로 가고 있는 게 아닌가 하는 우려에서 나온 것입니다. 어떻게든 실제 사회적으로 배제당하고 있는 사람들이 목소리를 내자고 호소한 것이지요. 그리고 가을에 세계적으로 동시행동을 하자는 호소가 있었습니다. 우리는 2003년 10월에 그에 답하는 형태로 도쿄에서 제1회 '갖지 못한 자' 의 국제연대행동을 했습니다.

그 연대행동에서 주최자가 스스로의 존재를 확실하게 정의하고 구체적으로 정리해서 주장하지는 못했습니다. 다만, 그때까지 개별 과제로 나뉘어져 있던 사람들이 적어도 사회적 배제 또는 '갖지 못한 자' 라는 하나의 말 아래 연대하자는 것이었지요. 2004년 제2회 때도 갖지 못한 자 또는 사회적 배제를 받는 사람이라는 게 참가자의 공통 개념으로 확실하게 정리되지는 못했습니다. 장애인단체, 연대노조 비슷한 작은 노동운동그룹, 프리타노조, 성노동자그룹 등 다양한 운동을 하는 사람들이 모이는 장을 가지기는 했는데요. 통일된 메시지는 '전쟁과 세계화 반대' 뿐이고, 그 외에는 여러 운동 과제들에 대한 요구의 나열. 그런 메시지가 툭툭 던져지는 가운데 이루어진 운동이었습니다.

바로 그 직전에 런던에서 유럽사회포럼이 있었는데, 프랑스 NO-VOX 초청으로 이쪽 멤버가 간 적도 있어요. 그런 일들이 있었기 때문에 일본에서 '갖지 못한 자' 의 국제연대행동을 한다고 했더니, 프랑스 NO-VOX의 멤버가 자기들도 일본대사관에 가서 연대행동을 할 테니 내용을 보내 달라고 말해 왔습니다. 우리도 정리가 안 되었던 탓에 질질 끌다가, 행동 직전에야 겨우 연대행동의 기조 항의문을 이나바 나나코 씨가 번역해서 보내 주긴 했습니다만, 그쪽도 무엇을 요구하는 건지 구체적으로는 전혀 이해하지 못했던 것 같아요. 어찌됐든 일본대사관에 가서 '갖지 못한 자' 의 국제연대행동을 하고 있는 사람들에 관한 이야기를 들어 보려고 했는데, 거기서 아무런 이야기도 못 듣고 쫓겨났다고 하더군요. 일본 정부에게 그런 취급을 당하다니……결과적으로는 단지 분노를 공유하는 데 그쳤지요.

　이것은 지금 반세계화운동을 대중적으로 만들어 가는 과정 속에서 어쩔 수 없는 일이라고 생각합니다. 지금 세계화라는 보이지 않는 상황 속에서, 자신들의 위치를 스스로 결정하지 못하고 자신들이 어떤 억압을 받고 있는지 횡적 연대로 정리하지 못했기 때문에, 그 안에서 무언가를 표현하고자 하는 움직임만 먼저 일어나고 있는 거지요. 이것이 적어도 현재 일본의 상황이며, '갖지 못한 자' 행동의 세계적인 동향입니다. 그런 와중에서 우리의 국제연대운동이 하나의 상징성은 갖고 있다고 생각합니다.

역 사 적　관 점

우카이　앞서 나스비 씨께서 언급하신 이나바 나나코 씨의 지적인데요. 이번 사태의 한쪽에는 식민지 문제에서 비롯된 이민 2·3세가 처한 상황이 있고, 또 다른 한쪽에는 출신에 관계없이 민중의 궁핍화가 진행되고 있는 상황이 있습니다. 이번 사태를 그 좌표축의 양 끝 사이 어디에 정확하게 위치 지어 이해해야 할지, 아주 어려운 문제입니다. 이번에 시라크 정권이 들어서면서 프랑스에도 신자유주의가 급속도로 침투했습니다. 소위 순수 프랑스인도 이번 사태에 참가했다고 들었어요. 사태를 제대로 이해하려면 어느 한쪽으로 환원시켜서는 안 된다고 생각합니다.

　이번 11월 7일에 나온 비상사태령은 1955년 당시 프랑스령이었던 알제리에서 1954년 11월에 시작된 무장 독립투쟁을 계기로 제정된 법률입니다. 얀 물리에 부탕Yann Moulier Boutang도 지적했습니다만, 이 비상사태령은 1968년 5월 노동자 900만 명이 파업했을 때도 발동되지 않았던 것입니다. 프랑스 본토에서 실제로 사용된 적은 아이러니컬하게도 알제리 독립을 프랑스가 승인하는 과정에서 극우파 군인들이 쿠데타를 일으킬 우려가 있었을 때뿐이었습니다. 그런 법률이 이번 사태로 발동됐는데, 이것은 당사자들뿐만 아니라 이민자들 모두에게 역사적 연속성을 분명하게 인식시켰다는 점에서 매우 중요하다고 생각합니다. 2005년 2월 23일에는 프랑스의 식민지 지배에는 긍정적인 측면도 있으니까 그것을 학교에서 가르치라는 내용을 담은 법률이 프랑스 의회를 통과했습니다. 이 법률의 시비를 둘러싼 공방도 이번 사태와 얽혀 있어요.

　　이와 같이 이번 사태를 이해하기 위해서는 몇 가지 역사적 관점이 필요한데요. 프랑스 식민지사를 연구해 오신 히라노 씨께서는 이번 사태를 어떻게 보십니까?

히라노　방금 우카이 씨께서 이 문제에 여러 측면이 있다고 지적하셨는데, 분명 하나로 환원될 수는 없습니다. 제 전공이 식민지사라 그런지, 저는 여전히 식민지 문제가 크다고 생각해요. 프랑스에서는 과거 식민지에 대한 인식이나 관심이 굉장히 회박해 포스트콜로니얼 같은 말도 최근에야 겨우 사용되고 있어요. 지금까지 들은 적도 별로 없을 정도에요. 그래서인지 그런 사상의 전제가 되는 에드워드 사이드의 『오리엔탈리즘』조차도 충분히 수용되고 있는 것 같지 않아요. 1960년대 식민지가 독립한 이후 지금까지 사회문제와 식민지 역사가 뒤얽혀 이렇게 전면에 대두된 것은 아마 이번 봉기가 처음일 겁니다.

　　물론 이제까지 구식민지 출신 이민자들의 자기주장이 없었던 것은 아니에요. 하지만 이번 봉기는 운동을 펼치는 쪽이 아닌, 운동의 메시지를 받아들이는 쪽인 프랑스 사회에 그 배경이 되는 식민지 지배의 역사를 의식하도록 했다는 점에서 상당히 주목할 만한 사태입니다. 이런 것도 포함해서 먼 훗날 이번 봉기가 프랑스 현대사에 새로운 한 장을 연 것으로 평가받지 않을까 하는 생각이 듭니다.

　　차별을 받는 사람은 물론 아랍계나 아프리카계의 구식민지 출신인데요. 그 사람들은 식민지 시대에 조상들이 받았던 고통을 이번엔 자신들이 또 다른 형태로 받고 있다고 여기고 있습니다. 그런 목소리가 최근 급속히 커지고 있어요. 특히 2005년에는 식민지 지배의 역사를 청산하지 못한 것에 관심이 집중되었습니다. 이번 봉기의 배경과 관계가 있다고 생각되는 대표적인 사례 두 가지를 이야기할까 합니다.

이 둘도 서로 관련이 있습니다만, 우선 하나는 2005년 1월 16일에 나온 성명입니다. '우리는 공화국의 원주민이다'라는 것인데, 방리유를 연구하는 사회학자가 발의하고 이슬람계와 좌파 사람들이 서명했습니다. 근데 서명을 인터넷상에서 받았어요. 제목에서도 알 수 있듯이 프랑스에 살고 있는 과거 식민지 지배를 받았던 지역 출신들이 지금은 프랑스 공화국에서 차별받는 '원주민'이라는 상당히 과격한 고발인데요. 이 성명에서 "프랑스는 과거에 식민지국가였고 지금도 그렇다. 따라서 프랑스 공화국의 '비식민지화'가 긴급한 과제"라고 했어요.

프랑스의 비식민지화나 탈식민지화에 대해 제일 처음 말한 사람은 에티엔 발리바르^Etienne Balibar^입니다. 발리바르는 아주 일찍이 80년대에 그 주제에 관한 글들을 쓰긴 했지만, 프랑스가 식민지 지배를 한 과거에 대해서 정면으로는 거의 묻지 않았어요. 또 발리바르가 쓴 것 그대로 크게 주장되지도 않았습니다. 90년대 중반 무렵 새로운 각도에서 식민지를 주제로 연구하는 젊은 역사가들이 일부 등장했어요. 이들이 오늘날의 사회적 차별 문제는 결국 프랑스의 식민지 지배의 역사와 관련해서 생각해야 한다고 말하기 시작했습니다.

1월 16일의 성명은 그런 견해를 당사자들이 인터넷상에서 서명하는 새로운 방식이었어요. 여기에 대해서는 이미 '백인에 대한 역차별'이라는 비판이 나왔고, 성명 내용이 전부 적절한 건지에 관해선 논의가 엇갈리고 있습니다. 그렇지만 이런 주장을 하는 사람들이 나오도록 만든 상황은 이번 봉기의 배경으로도 매우 중요하다고 생각합니다.

관점을 바꾸면, 프랑스는 '국내 식민지'를 안고 있다고 말할 수 있겠는데요. 사르트르가 1970년대에 '제3세계는 방리유에서 시작된다'는 글을 썼는데, 제3세계는 바로 구식민지이지요. 그것이 방리유에서 시작된다는 문제의식은 지금도 유효하며, 사태는 오히려 더 심각해졌습니다. 방리유 문제의 중심에 있는 사람들은 모두 아랍계든 아프리카계든 이슬람 문제와 바로 결부됩니다. 방리유 문제는 사회문제임이 분명한데도, 사회문제로 특화될 것 같지가 않아요. 종교를 축으로 하면서 오히려 문제의 본질을 가리는 요소가 생기는 것에 주의해야 합니다.

 이 성명 외에 하나 더, 올해 있었던 식민지에 관한 두번째 사건으로 앞서 우카이 씨께서도 말씀하신 2월 23일 법률이 있습니다. 이것은 해외 프랑스령에서 귀환한 자에 대한 보상을 정한 것으로, 기본적으로는 알제리로부터의 귀환자를 상정하고 있습니다. 알제리 독립전쟁은 1954년부터 62년까지 계속되었는데, 그 때 알제리인 가운데 프랑스군으로 싸운 아르키[16] Harkis라고 불리던 사람들이 있었습니다. 이 법률은 그 사람들에 대한 보상을 인정한다는 것으로 아주 획기적인 것이긴 한데요.

 법률안 작성 단계에서 '해외 영토, 특히 북아프리카에서 프랑스가 한 긍정적 역할'을 학교 교육에서 가르친다는 조항이 쓱 들어가 버렸습니다. 프랑스가 해외에 존재했다는 것은 물론 식민지 지배를 말합니다. 이 법률은 식민지 지배의 과거에 대한 인식을 다시 떠오르게 했다는 자체만으로도 상당히 심각한 문제입니다. 게다가 어찌됐든 이것은 어떤 역사에 플러스 평가를 해야 할지 마이너스 평가를 해야 할지를 법률로 정해 그것을 학교에서 가르친다는 강제적 형태입니다. 즉시 대학 관계자나 교육 현장에 있는 사람들 사이에서 이 조항을 삭제해야 한다는 운동이 일어났습니다.

 이번 방리유의 움직임과 관계 깊은 일은 사회당계 사람들이 이 조항을 삭제하는 법안을 가을에 겨우 제출했는데, 그것이 11월 29일에 부결된 겁니다. 이미 봉기 자체는 진압되고 있었지만, 그 여파가 아직 강하게 남아있을 때였습니다. 그 무렵 내무장관 사르코지가 아프리카의 구식민지를 열정적으로 돌고 있었는데, 원래는 해외 프랑스령인 마르티니크[17] Martinique도 방문할 예정이었습니다. 카리브해의 마르티니크를 대표하는 에메 세제르[18] Aimé Cé saire도 처음에는 오라고 했습니다. 그런데 방문 직전에 법안이 부결된 거예요. 그러자 세제르는 프랑스의 식민지 지배에서 '긍정적인 면 따윈 하나도 없었다'고 항의하면서 사르코지를 만나지 않겠다고 했어요. 마르티니크 전체에서 비판이 쏟아져 결국 사르코지는 방문을 단념했는데요. 내무장관이 국내의 한 '주'로부터 방문을 거부당하다니, 굉장하죠.

---

16 알제리 독립전쟁에서 프랑스군으로 싸운 알제리인 병사를 말한다. 아르키는 1962년 알제리 독립을 승인하는 에비앙협정으로 알제리 쪽에 넘겨져 반역자로 5만 명 가까이 처형당했다. 생존자와 그 가족은 알제리로부터는 배신자로 몰리고, 프랑스에선 차별로 취직도 못하는 극빈의 생활을 해 왔다. (옮긴이)

17 서인도제도 동부 앤틸리스제도에 있는 화산섬으로 1635년 프랑스령이 되었다. (옮긴이)

18 마르티니크 출신의 문학자, 시인, 정치가. 1930년대부터 프랑스의 식민지동화정책을 비판하고, 흑인 존재의 존엄과 그 문화적 정치적 회복을 호소하는 등 '네그리튀드운동' (흑인정체성회복운동)을 주도하였다. 1945년에 마르티니크주의 수도인 포르드프랑스의 시장에 취임하여 2001년에 퇴임했다. (옮긴이)

하지만 법률은 2월에 성립되었는데, 조항 삭제가 부결되고 나서야 비로소 마르티니크에서 크게 항의를 표명했다는 것도 염두에 둘 필요가 있어요. 해외 프랑스령이라는 것은 물론 구식민지입니다. 약소 지역이라서 기본적으로는 프랑스령에 머무름으로써 지위 향상을 꾀해 왔어요. 역사적으로 프랑스인이 되고 싶은 의식이 강한 곳이지요. 그런 곳에서 이렇게까지 분명하게 식민지 지배의 과거에 대해 이의신청을 한 것은 처음 있는 일이었습니다. 언제나 프랑스 편을 들던 지역에서 이런 종류의 목소리를 간접적으로나마 끌어냈다는 점에서도 이번 방리유의 봉기가 갖는 의미는 큽니다. 구식민지가 식민지 지배의 역사를 결코 잊지 않았다는 것을 재인식시켰다고나 할까요.

일본과 동아시아에서는 없었지만, 알제리에서는 이 법률에 대해 비판이 나왔습니다. 2005년은 알제리가 독립한 지 40년이 되는 해로, 마침내 알제리와 프랑스가 우호조약을 맺을 예정이었는데 이 법률 탓에 연기되어 버렸어요. 하지만 그 외에 다른 구식민지로부터 비판이 나왔다는 이야기는 별로 듣지 못했습니다. 이것은 항상 있는 일로 그 이유는 제각기 다르겠지만, 어떤 의미에서는 '국내 식민지' 쪽이 이런 종류의 법률에 훨씬 민감하게 반응하지요. 여하튼 전 이 법률 조항을 지지하는 프랑스 사회의 분위기가 '공화국의 원주민 성명'이 나온 배경이라고 봅니다. 이 성명은 나올 게 나온 거예요.

2005년에는 상당히 극단적인 일들이 일어났는데, 사회문제를 식민지 문제와 결부시켜 생각하는 밑바탕은 그 이전부터 몇 단계를 거쳐 이미 형성되어 있었습니다. 느닷없이 '공화국의 원주민 성명'이 나온 것도 아니고, 이번 봉기를 계기로 갑자기 식민지 역사에 주목하게 된 것은 아니라는 거지요. 그런 면도 조금 봐둘 필요가 있습니다.

여러 요소 중 두 가지만 들자면, 우선 프랑스에서 1990년대에 제2차 세계대전 중 유대인 박해에 대한 '인도에 반하는 범죄' 재판이 열렸습니다. 그 과정에서 제2차 세계대전시 유대인 박해에 앞장섰던 사람이 알제리 독립전쟁 때는 시위를 탄압하여 많은 알제리인을 죽게 만든 책임자[19]였다는 것이 밝혀졌어요. 모리스 파퐁[20] *Maurice Papon*이라는 사람인데요. 프랑스에서 알제리 독

---

19 알제리 독립전쟁 당시 비상계엄 하에서 알제리인에게 야간 외출금지령이 내려졌다. 이를 항의하는 파리 알제리인 약 1만 명이 시위행진을 했는데, 이때 많은 사람들이 구속되고 심한 고문으로 죽었다. 공식 발표로는 2명 사망이나, 실제로는 200명 이상이 죽은 것으로 추정된다. 그 당시 경찰청장이 모리스 파퐁이다. 알제리 전쟁 관계 정부기밀문서는 아직도 접근이 불가능하며, 프랑스 정부는 이 사건에 대한 국가의 책임을 정식으로 인정하지 않고 있다. (옮긴이)

립전쟁 중 프랑스군의 행위가 '인도에 반하는 범죄'인지 아닌지를 따지는 길은 완전히 닫혀져 있어요. 적어도 이런 종류의 재판을 하는 장에서 식민지와 얽힌 문제가 이렇게 크게 부각된 적은 지금까지 없었습니다. 2000년을 전후하여 이 파퐁 재판을 계기로 알제리에서 있었던 잔혹 행위에 대해 사회가 새삼 크게 주목하게 되었습니다.

또 하나는 대서양의 노예무역과 노예제에 관한 논의입니다. 이것은 2001년 남아프리카 더반에서 열린 유엔 인종차별반대회의에서 '인도에 반하는 범죄'로 규정되었지요. 이 문제는 프랑스 내에서도 80년대 미테랑 정권 이후 꽤 화제는 되었습니다. 특히 1998년은 프랑스에서 노예제가 폐지된 지 150주년 되는 해라서 그 무렵부터 움직임이 있었습니다. 최종적으로는 2001년에 노예제와 노예무역이 '인도에 반하는 범죄'라는 법안이 더반회의에 제출되어 가결되었지요. 21세기로 바뀌는 시기에 식민지 지배의 과거가 우르르 쏟아져 나왔다는 느낌이 들어요.

그리고 바로 그 무렵부터입니다만, 유명한 인기 코미디언인 디외도네Dieudonné가 차별적인 발언으로 물의를 일으키고 있어요. 디외도네는 아버지가 아프리카계, 어머니가 프랑스계인데, 차별과 싸운 공로로 2000년에는 유엔에서 표창을 받기도 했어요. 그런데 그 후에는 완전히 얼굴을 바꾸어, 특히 아주 과격한 반유대주의적인 발언을 일삼아 문제가 되었습니다.

디외도네는 역사 속에서 누가 가장 고통을 겪었냐는 식으로 문제를 삼는데요. 그가 말하고 싶은 것은 아프리카계 사람은 기본적으로 노예의 자손이고, 유대인에 비해 노예제와 노예무역으로 받은 고통을 충분히 보상받지 못했다는 거지요. 즉 '고통의 위계'의 정점을 유대인이 독점하고 있다는 불만이에요. 그래서 반유대주의적인 발언을 종종 하는데, 물론 그것은 반시오니즘이고 그것이 또 시오니스트들을 흥분시킵니다. 어떻게 보면 그의 발언이 프랑스 사회에서 차별을 받고 있다고 여기는 아프리카계 사람들의 불만을 부채질하고 있는 상황입니다.

이미 말씀드렸지만, 프랑스에서는 과거 식민지 지배에 대한 평가가 아주

---

20 비시정부 아래서 보르도 지방 치안책임자로 있으면서 유대인 1,590명을 추방하는 서류에 서명하는 등 유대인 추방에 주도적 역할을 하였다. 종전 후엔 레지스탕스였음을 주장하며 승승장구하여, 드골 정권에서 파리 경찰청장을, 지스카르탱 정권에선 예산장관을 지냈다. 1983년 희생자 유족들의 고발로 기소되어 1997년 재판에서 10년형을 선고받았다. 이것을 소재로 한 소설로 『처절한 정원』(미셸 깽, 이인숙 옮김, 문학세계사, 2005)이 있다. 모리스 파퐁은 2007년 2월, 96세로 사망했다. (옮긴이)

미묘합니다. 노예제나 노예무역은 이론의 여지없이 비판의 대상이지만, 식민지화에 대해서는 '문명화'의 부분도 컸으므로 전면적으로 비판해서는 안 된다는 생각이 아직도 뿌리 깊게 남아 있습니다. 그것이 2월 23일 법률로 나타난 것인데요. 노예제라는 부정적인 측면이 식민지 지배를 한 과거와 관련되어 있다는 당연한 사실을 받아들이려 하지 않아요. 나아가 현재 프랑스 사회의 차별 문제를 그것들의 연장선상에 두는 것에 대해서는 『르몽드』같은 신문에서도 비판적인 논설을 싣고 있습니다.

그런데 프랑스에서 과거의 노예제가 문제가 되어 사회의 주목을 모았을 때, 비록 위험한 방법이긴 하지만 대중적으로 큰 인기가 있는 디외도네가 그런 역사를 차별의 문제와 연결시켰다는 측면도 있습니다. 아프리카계 이민을 연구하는 사람들은 디외도네 덕분에 노예제의 과거를 식민지 지배의 역사와, 그리고 현재의 차별 문제와 결부시키는 인식이 이만큼 넓어졌다고 지적하기도 합니다. 그러니까 디외도네 같은 과격한 존재가 사회 변화의 흐름을 타고 '공화국의 원주민 성명' 같은 것을 가능하게 했다는 거죠.

하나 더 덧붙인다면, 올해는 유럽도 전후 60주년입니다. 60년 전 독일이 항복한 5월 8일 프랑스 최대의 식민지였던 알제리에서 다음은 자신들이 지배자 프랑스로부터 해방될 차례라고 하여 시위가 있었는데, 당시 많은 사상자가 발생했습니다. 그날을 알제리 독립전쟁이 발발한 날로 보는 연구자도 있습니다. 올해는 60주년을 기념하여 5월 8일에 파리와 알제리에서 시위가 있었는데요. 파리 시위는 '공화국의 원주민 성명'을 냈던 사람들이 기획했다고 하더군요.

이 민 과   방 리 유

우카이 이제부턴 정치가 사르코지 문제를 논하고 싶은데요. 사르코지에게는 일본의 고이즈미나 이시하라와 유사한 면도 있는 것 같습니다. 일본에서 디외도네에 대응될 만한 사람은 눈에 띄지 않습니다만.

모리 프랑스 사회에서 디외도네가 크게 비난받는 이유 중 하나가 팔레스티나 운동에 참여하고 있는 것입니다. MIB는 방리유에서 오랫동안 경찰 폭력에 대한 저항과 이의제기 활동을 해 온 단체인데요. 이 단체도 팔레스티나 운동에 적극적으로 참여하면서부터 반유대주의 단체로 낙인이 찍혔습니다. 요즘 프랑스에선 팔레스티나 운동에 참여하는 것만으로도 반유대주의로 낙인이 찍히고 모든 언설의 정당성이 부정당하는 경향이 있습니다.

히라노 그에 대해서는 SOS인종주의도 같은 문제를 안고 있지요?

모리 SOS인종주의는 팔레스티나에서 1차 인티파다[21]가 있었을 때 처음엔 가만히 있다가, 뭔가 말하지 않을 수 없게 되자 뒤늦게 이스라엘을 비판했어요. 그때 꽤 많은 유대인 학생들이 SOS인종주의를 탈퇴하면서 운동이 약화되었다고 합니다.

지금은 80년대에 비해 연대를 형성하기가 극도로 어렵습니다. 이런저런 원인이 있는데, 결국은 신자유주의적인 경쟁논리가 영향을 미치고 있습니다. 방리유 젊은이는 애당초 취직 활동 시점부터 이름 때문에 출신이 알려져 취직이 잘 안되는데요. 일단 취직이 된 후에도 또 다른 차별이 기다리고 있습니다. 특히 9.11 이후 그 경향이 더 강해졌어요. 거리에서 전단을 나눠주다가 느닷없이 통행인에게 테러리스트로 몰린 친구도 있어요. 그런 경험을 프랑스인에게 하소연하면, 그런 인종차별주의자도 있지만 프랑스인 전부가 그런 것은 아니며 그런 배타주의는 프랑스적인 것이 아니라고 한다더군요.

우카이 '르팽은 프랑스인이 아니'라는 감각이군요.

모리 진짜 프랑스인은 그렇지 않다는 거죠. 직장에서도 이름이 아니라 "어이, 알카에다"라고 불리며 웃음거리가 되는 수준의 차별. 물론 80년대도 직장에서 그런 일상적인 차별은 있었지만, 그때는 지금과 비교하면 그런 걸 이야기할 수 있는 조직화된 장이 있었지요. 지금은 직장에서 문제를 안고 있어도 동료에게 털어놓고 말할 수가 없어요. 자유경쟁하에서는 동료도 상담 상대라기보다 경쟁 상대죠. 문제를 상담하고 이의신청을 할 수 있는 구조 자체

---

21 봉기, 반란, 각성 등을 뜻하는 아랍어. 팔레스티나에서는 이스라엘과의 평화 정착 노력이 수포로 돌아가면서 정규군이 아닌 일반 시민의 이스라엘 저항운동이 전개되고 있다. 1차 인티파다는 1987년 12월에 일어나 오슬로협정으로 일단락되기까지 8년간 계속되었다. 2차 인티파다는 2000년 9월에 시작되었다. (옮긴이)

는 80년대에도 해체되고 있었지만, 지금은 그런 장을 기대조차 할 수 없는 상황이에요.

우카이 조금 전 나스비 씨께서 프랑스의 사회운동 안에 일본 사회에는 없는 긍정적인 여러 조건이 있어 그 안에서 실업자운동의 방침도 생기고, 홈리스의 정의에 대해서도 행정당국의 범주가 일본과 전혀 다르다는 말씀을 하셨는데요. 그 부분을 다시 한 번 생각해 보고 싶군요. 바로 10년 전 1995년 12월에 프랑스에서 대규모 파업이 있었습니다. 그때 나온 책들을 살펴보면, EU 구축을 위해 재정 적자를 일정 수준으로 조절해야 한다는 협정을 빌미로 신자유주의가 들어오는 것에 대해 강하게 저항하고 있습니다. 그 시기에는 EU와 신자유주의가 완전히 같은 의미로 간주되었습니다. 그런데 이라크 전쟁과 같은 국면이 되니까, 한쪽에서 미국형 정치는 앞으로 유럽이 나아가야 할 방향과 다르다는 말도 나옵니다. 여하튼 EU가 구축되는 과정에서 프랑스에 신자유주의가 침투했습니다. 그렇게 급속도로 진행된 신자유주의는, 시민 누구에게나 공통적인 것이 사회 안에 있어야 한다는 근본적인 의미에서의 공화제, 즉 리퍼블릭의 이념과 충돌하지 않을 수 없었습니다. 그 사례 중 하나가 1995년의 총파업입니다. 10년이 지난 지금 프랑스 사회가 당시의 탄력성을 잃고, 대신 방리유에서 이번 투쟁이 일어났다고도 볼 수 있어요. 그러면 현재 일본 상황과의 유추가 아주 확실해집니다. 신자유주의에 사회가 어떻게 저항할 것인가와 식민지주의적인 과거와 어떻게 맞설 것인가가 어딘가에서 연결되어 있습니다. 이 대담의 동기인 이번 사태는 좀 전에도 말했듯이 어느 한쪽의 일방적인 요인으로 환원될 수는 없습니다. 프랑스에서도 일본에서도 이 두 문제는 어디선가 연결되어 있고, 그것을 대중이 인식하지 못하는 상태에서 상황이 진행되고 있습니다.

시간의 폭을 좁혀 최근 10년간 일본과 프랑스의 상황을 비교해 보고 싶은데요. 10월 말에 마침 프랑스에 있었던 미나토 치히로(港千尋)에게 들으니, 시라크와 총리인 드빌팽은 사태를 컨트롤하기 위해 여러모로 애를 썼다고 합니다. 그런데 미디어의 센세이셔널리즘과 사르코지의 언동이나 캐릭터 같은 것들이 동시에 맞물려 버렸다는군요. 미디어가 의식적으로 사르코지를 지지한 것은 아닌데도, 여론조사를 하면 결과적으로 사르코지의 인기를 올라가게 만들어 버린 것처럼 보였답니다. 사르코지 같은 정치가가 나온 배경 한 편에는 프랑스의 지금까지의 양상이 있고, 다른 한편에는 최근 프랑스 정치 무대에서 25년가량 된 국민전선의 존재가 있습니다. 즉 사르코지는 인종차별주의적 정치운동이 최근 프랑스 사회를 좀먹어 온 과정 끝에 나온 거예요. 결코 동일시할 수는 없지만 프랑스에서는 사르코지가, 일본에서는 이시하라와 고이즈미가 거의 동시에 등장한 상황을 좀 전 나스비 씨께서 말씀하셨듯이 겹쳐 보면 비로소 뭔가 보이는 게 있습니다. 후반 논의는 그 부분에 초점을 맞춰 진행했으면 합니다. 프랑스 사회에 살아보면 르팽이 얼마나 나쁜지는 피부로 느낄 수 있어요. 그런데 사르코지는 딱 오는 게 없거든요. 모리 씨는 바로 그 시기에 계셨으니, 사르코지가 프랑스 사람들 사이에서 누리는 인기의 성질 같은 것도 포함해서 이 정치가의 역사적인 개성이라고 생각될 만한 것들에 대해 이야기해 주시면 좋겠네요.

모리 전 2002년에 사르코지가 내무장관이 되었을 때부터 대단한 보수 강경파라고 생각했어요. 그런데 예상 외로 좌파, 원래 사회당계를 지지하는 사람들 중에도 '와 닿는 말'이라며 지지하는 사람들이 있더군요. 가령 방리유에 관한 다큐멘터리와 '이중처벌'[22]에 반대하는 영화를 찍은 영화감독 베르트랑 타베르니에Bertrand Tavernier 같은 상당히 참여적인 인물까지도 사르코지가 틀린 건 아니라고 말하곤 해요. 처음엔 놀랐는데, 이제 와서 생각하면 사르코지 등장의 바탕은 그 전 사회당 정권 때 이미 준비되어 있었습니다.

방리유 문제에 관해서 종래에는 보수파가 '치안 대책'을 주장하는 데 반해 사회당은 문제의 예방을 호소한다는 도식이 있었는데, 1997년부터 크게 바뀌었습니다. 가을에 열린 사회당 대회에서 장 피에르 슈베느망Jean Pierre Chevénement이라는 정치가가 방리유의 젊은이를 두고, 나쁜 놈은 응석을 받아 주면 안 된다, 벌을 줘야 한다는 식의 발언을 합니다. 그는 계속해서 방리유의 젊은이 모두가 나쁜 건 아니고, 일부 '야만스러운 놈들'을 처벌해야 한다고

---

22 범죄를 저지른 외국인은 범죄에 따른 형기를 마친 후, 입국 금지 및 국외 추방이라는 '이중처벌'에 처해진다. 1945년 형법에 기초한 이중처벌은 많은 지식인이나 NGO의 반대를 받아 왔다. 2002년 사르코지 내무장관이 이 형법을 개정하여 장기체류자로 가족이 있는 외국인은 국가안전보장에 관한 범죄자가 아닌 한 국외 추방은 당하지 않게 되었다. 그러나 2003년 몇 군데 부분 수정이 이루어졌고, 실제로는 프랑스 정부가 주장하는 것처럼 이중처벌이 완전히 폐지된 것은 아니다. 상세한 것은 http://www.gisti.org/doc/publications/2004/double-peine/참조. (옮긴이)

말합니다. 방리유 문제에 대해 좌파도 '치안 대책'을 주장하기 시작한 거죠.

그 후 2001년에는 당시 총리였던 조스팽이 사회학자들에게 방리유의 나쁜 놈들을 위한 '사회학적 변명'을 이제 그만두라고 했습니다. 일본의 사회학계와 프랑스의 사회학계는 분위기가 좀 다른데요. 프랑스 사회학자 중에는 좌익이 많아, 방리유 문제에 관해서도 사회학자는 문제의 사회적 배경을 강조하여 젊은이들을 '옹호'하는 흐름이 있습니다. 그런 상황에 대해 조스팽이 사회학적 변명은 지겹다고 말한 거지요. 2002년 조스팽 패퇴 후, 재기를 노리던 사회당은 당시 SOS인종주의 대표로 마그레브^{23 Maghreb}계 이민 2세인 말렉 부티^{Malek Boutih}를 당의 요직에 앉혔습니다. 이 사람도 슈베느망과 비슷한 말을 해요. 방리유 문제는 방리유의 젊은이 모두가 나빠서가 아니라 일부 나쁜 짓을 하는 놈들 탓이라며, 그들을 '방리유의 작은 르팽들'이라고 불러요. 80년대부터 프랑스에서, 특히 이민계 젊은이들에게 르팽이 '절대악'인 것을 감안하면 이것은 심한 폭언이지요.

1997년 이후 이런 흐름을 타고 사르코지가 나타나 지금에 이르렀는데요. 이런 발언들에 공통된 것은 방리유 젊은이들을 양분하는 수사학입니다. 방리유 사람들 모두가 나쁜 것은 아니지만, 그 중에 위험 분자/나쁜 분자가 있으니 다른 사람들에게 전염시키지 않도록 해야 한다는 논리입니다. 이것은 19세기의 노동계급이나 위험한 계급과도 닮았어요. 좋은 분자에게 전염시키지 못하도록 위험한 계급을 배제해야 한다는 병리학적인 발상이죠. 이번 봉기 후에도 사르코지가 TV에 나와 방리유에는 일부 불량배와 '선량한 젊은이'가 있다는 식의 발언을 했습니다. 선량한 젊은이와 '불량배'로 나눈 다음, '불량배'만 제거하면 문제는 해결된다는 사고방식이에요. 여기에는 사르코지 특유의 개인적인 도발도 섞여 있습니다. 어떤 프랑스 활동가들은 사르코지 방식을 '방화마-소방수'라고 부른다더군요. 자신이 방화하고 나서 소방수 역할을 한다는 거죠.

우카이 병 주고 약 주는 식이군요

모리 그렇죠. 사르코지는 스스로 도발을 반복하는데, 현재의 이런 상황은 그

---

23 마그리브(Maghrib)라고도 한다. '일몰의 땅'이란 뜻의 아랍어로, 서쪽의 아랍 나라들을 가리킨다. 즉, 알제리, 튀니지, 모로코를 말하는데 넓게는 리비아나 서사하라, 모리타니도 포함한다. (옮긴이)

바탕이 전부터 준비되어 있었어요. 르팽 본인이 한 말인데, '정신의 르팽화'라고 불리는 현상입니다. 이미 보수뿐 아니라 사회당 같은 좌파 사람들에게도 르팽적인 의식이 서서히 배어들고 있다는 거죠.

우카이 그런데 역사적으로 체제에 대한 반역을 일부 사람들의 일이라고 말하는 수법은 식민지 지배 속에서 항상 있었던 것입니다. 일본에서도 중국인은 좋은 사람들이지만 일부 '반일 분자'가 문제라든지, 독립을 꾀하는 조선인에 대한 '후테이센진'(不逞鮮人)이라는 멸칭 등. 그런 의미에서는 식민지 지배, 계급 지배의 역사 속에 있었던 고전적인 수사학을 그대로 사용하고 있는 거지요.

히라노 그 점이 국내 식민지라고 생각하는 이유 중 하나입니다. 프랑스 사회에서 차별을 받는 사람들 속에 일종의 분단을 불러와 형편이 나은 사람들만 프랑스 편으로 포섭시키는 거지요. 식민지 지배 시기에 '분할해서 통치하라'는 말이 있었는데, 그것이 지금도 살아 있다고나 할까요. 자기가 소속된 사회에 적절하게 융화되어 사회적 상승을 이루고 싶은 것은 많든 적든 인간이라면 누구나 가지고 있는 바람인데요. 구식민지 출신 이민자들은 우선 프랑스 사회에 받아들여지기 위해 노력하는 것에서부터 시작해야 합니다. 그 과정에서 일부는 제대로 '동화' 되지 못하는 '문제아'를 같은 이민자인 자신들의 신분 상승에 방해가 된다고 여기게 됩니다. 하지만 겉으로 보면 구별이 안 되니까 오히려 자신이 먼저 그와는 다르다, 혹은 일부 사람들이 자신들과는 다르다는 것을 강조하게 되지요. 그런 의미에서는 차별을 받는 측에서 오히려 적극적으로 자신들의 내부에 분단 상황을 만들어 내는 측면도 있습니다. 아니, 만들지 않을 수 없는 상황이라 해야 할지도 모르겠네요.

이번 사건을 계기로 프랑스 정부는 유학생들도 엄격하게 선별하겠다는 방침을 내놓았습니다. 이 방침에 대한 유학생 인터뷰를 들어보면, 자기는 규칙도 잘 지키고 사회문제를 일으키는 타입의 학생도 아니니까 확실히 선별해 주는 게 자기로서도 고맙겠다는 식의 발언을 한 사람까지 있어요. 이런 분단을 만들어 가는 상황이 그리 쉽게는 없어지지 않을 것이라 봅니다.

우카이 제가 유학할 무렵에는 이런 문제가 있었어요. 구식민지에서 온 이민자들 중 가운데, 아프리카나 아랍 지역에서 온 사람들과 인도차이나에서 온 사람들이 갖는 정치적 입장의 차이인데요. 1975년 4월 말을 기해 프랑스의 아시아계 이민자 가운데 혁명파는 대부분 귀국해버립니다. 그와 반대로 70년대 말에는 보트피플이 혁명을 피해 프랑스로 들어오는데, 이민자들 중에서 이 사람들은 정치적으로 우파를 지지합니다. 반면 독립전쟁 시대의 기억을 가진 북아프리카 혹은 사하라 이남의 아프리카인들은 좌파를 지지하는 구도가 됩니다. EU가 새로운 단계로 나아가면서 이번에는 유럽 나라들로부터 오는 이민자의 입장이 미묘하게 바뀔 것 같습니다. 이제까지는 제3세계에서 진행되는 탈식민지화의 양상에 따라 어느 정도 우파, 좌파가 갈라졌습니다. 지금은 중국 본토에서도 잇따라 이민자들이 오는 시대라서 아시아인과 아랍인이라는 대립축은 그다지 크지 않은 듯합니다. 사르코지는 헝가리계지요. 결국 구식민지가 아닌 나라 출신의 이민자들 속에서 이런 보수 강경책을 주장하는 정치가가 나왔다는 데에 역사적 의미가 있는 건 아닐까요. '나도 이민자의 자식이지만, 난 이렇게 확실히 성공했다, 그러니까 그놈들은 쓰레기다'라는 기분, 그런 인식이 사르코지 개인에게는 있는 거지요. 그리고 방금 전에 모리 씨와 히라노 씨께서 지적하신 시대 상황이 어디선가 공명하면서 이런 인물이 중심에 나서게 되었다는 느낌이 듭니다만.

모리 사르코지 지지자들뿐만 아니라 일본의 이시하라, 고이즈미 지지자들과도 관련된 문젠데요. 프랑스 중류계급의 사람들 사이에 하층계급으로 떨어지는 건 아닌가 하는 두려움이 확산되고 있는 듯합니다. 현재 30~40대쯤 되는 사람들 중 자신들은 부모 세대보다 가난하다고 느끼는 사람들이 늘고 있습니다. 경제적으로 불안정한 상황에서 보수 강경파를 지도자로 요구하는 현상이 프랑스에 한정된 것은 물론 아니에요. 그 강경한 지도자가 자신들을 잘라내버리는 측임에도 불구하고…….

우카이 올해는 그 문제가 정말 뚜렷하게 보였지요.

모리 막연하긴 한데, 서로 정말 비슷해요.

'하 층'을 어떻게 인식할 것인가

우카이 2005년은 이른바 사회적인 약자가 신자유주의 정치가에게 투표하는 경향이 아주 뚜렷하게 나타난 해이기도 했어요. 지금까지도 일본 사회에 하층민중은 엄연히 존재해 왔습니다만, 지금 많은 문제를 안고 새롭게 주목받고 있는 현대의 '하층'(下層)을 우리가 어떻게 인식할 것인가는 대단히 중요한 문제입니다. 70년대의 요세바 노동자들과 90년대의 노숙자들은 배경부터가 다르고, 지금 '하류'라고 불리는 사람들의 배경 또한 다르죠. 이런 차이와 그런 투표 경향 사이에도 관계가 있는 건 아닐까요?

나스비 노숙자운동을 하면서 느낀 겁니다만, 아까 말씀하신 하층으로 떨어지는 공포에 대해서인데요. 소위 '1억총중류'[24]라고 말하던 시대에서 이제는 누가 봐도 그렇지 않은 상황이 되었는데요. 그렇게는 되고 싶지 않은 모델 중 하나가 노숙자입니다. 그래서인지, 전에도 없었던 건 아니지만 최근 지역사회가 노숙자에 대해 적대심을 갖는 정도가 굉장히 심각합니다. 구체적으로는 특히 청소년들이 가해 행위에 나서는 경우가 굉장히 많아졌습니다. 노숙자 습격이 여론의 주목을 받게 된 계기는 1983년 야마시타(山下)공원에서 있었던 노숙자 살해 사건인데요. 지금도 일상적으로 청소년이 노숙자를 집단으로 습격하고 있고, 올해도 벌써 저희 지역에서만 두 명이 살해당했습니다. 습격이 격화되고 있다는 것이 확실하게 느껴집니다. 그런데 가해 쪽 청소년들도 결코 풍요롭게 자란 건 아니에요.

최근 스미다가와 근처의 오요코가와신스이(大横川親水)공원 노숙자 살해 사건의 경우, 차별적으로 받아들여질까 봐 말하기 좀 그런데, 가해자들이 야간고등학교 졸업생과 학생이었어요. 어떻게 보더라도 엘리트 코스는 아니죠. 가해 청소년들은 대부분 그런 편입니다. 그런 가해자들이 요컨대 저 노숙자들은 사회의 쓰레기라고, 그걸 치워 버리는 게 뭐가 나쁘냐고 태연하게 말합니다. 성인사회 안에도 그런 의식이 없는 것은 아니지만, 성인은 더 음습한 형태로 즉 '합리적'인 형태로 배제하는데, 아이들의 경우는 그러질 못하니까

---

24 일본 국민의 90%가 스스로를 중류로 인식한다는 여론조사에 기인해 나온 말로, 1970년대 일본에서 크게 유행했다. (옮긴이)

직접적인 폭력으로 이어집니다. 실제로 행정당국의 노숙자 강제퇴거가 있을 때, 청소년의 노숙자 습격도 급증합니다. 이것을 보더라도, 사회적으로 불안 요소가 늘고 있고 장래에 대한 전망이 어둡기 때문에 아이들이 갖는 미래에 대한 불안감이 거꾸로 노숙자들에게 향하고 있다는 걸 알 수 있습니다. 그뿐만 아니라 이시하라가 계속 말도 안 되는 발언들을 하고 있음에도 불구하고, 높은 지지를 받고 있는 배경에도 사람들의 이런 불안이 있습니다.

바로 그렇기 때문에 우리는 노숙자의 단순한 생존권 획득뿐만 아니라 치안 관리 문제도 동시에 운동으로서 진행하고 있습니다. 전 불쌍한 노숙자를 '시민과 동등하게' 대우하라는 식의 주장은 굉장히 위험하다고 생각합니다. 왜냐하면 지금 시민 자체가 관리·억압받는 속에 있는데, 그 속에 포섭되어가는 건 좀 문제가 있어요. 아까 말씀드린 것과 연관이 있을 지도 모르겠는데, 그것을 상징적으로 보여주는 것이 경찰과의 관계입니다. 예전에 신주쿠에서 공원 쓰레기통을 뒤지고 다니던 노숙자가 쓰레기통에서 폭발물이 폭발해 다친 적이 있습니다. 또 노숙자들이 청소년에게 습격당해 다치거나 죽기도 합니다. 그럴 때 우리 운동단체 혹은 당사자가 경찰에게 확실한 수사를 요구하거나 빨리 범인을 잡으라고 하거나 수사 협력을 하는 것이 어떻겠냐는 이야기가 나옵니다. 그것은 당연히 자신들을 관리·억압하는 기구 속에 구체적으로 포섭되거나 협력하는, 스스로를 속박하는 구조가 되는 셈인데요. 그럼에도 불구하고 운동단체 안에서까지 '경찰에 협력하자'는 의견이 나옵니다. 즉 치안 관리에 있어서 경찰과 어떻게 대치할 것인지, 어느 정도 거리를 둘 것인지, 나아가 스스로의 생존권 보장을 어떻게 할 것인지 하는 문제입니다. 우리 내부에서도 개인적으로는 여러 의견이 있습니다만, 아직까지 운동으로서 어떻게 할지에 대해 확실하게 정리된 논의는 없습니다. 전체적으로 사회가 불안한 가운데 일어나는 여러 현상들과, 그 현상들을 이용해서 정치적으로 관리·억압하고 있는 현실에 대해 효과적으로 대응하지 못하고 있습니다. 이런 것들을 생각하면, 아까 말한 프랑스의 동네순경아저씨 이야기도 좀 위험한 데가 있는 것 같습니다만.

우카이 그렇군요.

나스비 이건 좀 벗어난 이야기이긴 한데요. 이번 사태에서 프랑스 경찰처럼 노골적으로 억압하는 것은, 치안 관리에선 구식 스타일이라 좀 의아스럽군요. 미국도 흑인 거주지역은 프랑스 방리유처럼 길을 걷다가 느닷없이 몸수색을 당하기 때문에 이에 반대하는 활동들이 있어 왔습니다. 그런데 요즘 미국 정부가 취하는 치안 관리는 이른바 '깨진 유리창 이론' [25] Broken Window Theory에 근거한 것입니다. 말하자면 직접적인 탄압이나 억압·관리가 아닌, 낙서 같은 경범죄부터 철저하게 단속하고 시민사회에서 일탈되었던 사람을 지역 속에 다시 포섭하면서 지역을 좋게 만들어 가자는 일종의 커뮤니티 재생론에 입각해 관리하는 거지요. 이에 따라 주민 하나하나가 감시자가 되는 감시체제를 만들어 가는 것이 지금 미국의 흐름입니다. 줄리아니 전 뉴욕시장 같은 사람은 아주 보수 강경파로 구체적인 탄압을 했는데, 미국 대도시는 기본적으로 그런 식입니다. 프랑스에서도 그런 이야기가 있을 것 같은데요. 그에 대한 위험성도 염두에 두면서 이번 사태에 대처해야 합니다. 신자유주의적 세계화에 있어 치안 관리라는 게 필경 경찰권력에 의한 노골적인 탄압은 아닐 겁니다.

국 내 식 민 지 와 교 육

우카이 앞서 히라노 씨께서 국내 식민지 상황이라는 아주 중요한 지적을 하셨는데요. 식민지 상황과 국내 식민지 상황의 큰 차이점은, 지배를 받는 측이 전형적인 식민지 상황에서는 다수파이지만 국내 식민지 상황에선 오히려 포위당하는 형태라는 것입니다. 프랑스 사회에서 성실한 사람들이 다 함께 지역을 다시 살리자는 식의 이야기가 되기 쉬운 위험이 있습니다. 그런데 일본과 달리 프랑스에서는 그런 이야기가 그다지 신빙성이 없는 단계까지 이미 사태가 진행된 듯합니다.

　　마지막으로 교육 문제에 초점을 맞춰 이야기하고 싶은데요.

---

25 1982년 제임스 윌슨(James Q. Willson)과 조지 켈링(George L. Kelling)이 발표한 범죄예방이론. 낙서나 쓰레기, 유리창 파손 등 사소한 범법 행위의 방치가 거리를 황폐화시키고 큰 범죄까지 초래한다는 이론이다. 줄리아니 전 뉴욕시장이 이 이론을 적용한 제로 톨러런스(zero tolerance)정책을 실천한 결과, 7년간 뉴욕의 살인범죄율이 67% 감소했다. 그러나 이에 대해 1990년대엔 이 정책을 시행하지 않은 다른 대도시들 역시 범죄율이 감소했으며, 범죄율 감소에는 다른 많은 요인이 있음을 지적하는 반론도 만만치 않다. (옮긴이)

최근 프랑스에서 유네스 아므라니^{Younes Amrani}와 스테판 보^{Stéphane Beaud}가 함께 쓴 『불행의 나라!』[26]라는 책이 출간되었습니다. 유네스 아므라니는 가명이에요. 스테판은 부르드외파 사회학자입니다. 이 책은 방리유 단지 출신인 20대 후반 젊은이와 사회학자가 이메일로 주고받은 편지 모음집인데요. 며칠 전에 이 책을 아주 감명 깊게 읽었어요.

이 책에 학교 문제가 나옵니다. 아까 나스비 씨께서 야간학교 학생 중에 노숙자를 습격하는 애들이 있다는 말씀을 하셨는데요. 제가 학교를 다니던 70년대는 그야말로 1억총중류의 환상 속에서 중앙교육심의회의 쓰쿠바(筑波)화[27] 노선에 따른 차별/선별의 교육체제가 확립되던 때였습니다. 국민의 계층화, 계급적 재편이 진행되고 있는 지금은 선별체제가 다른 형태로 재구축되고 있습니다. 국기국가법(國旗國歌法)의 제정과 교육 현장에서의 강요, 역사교과서 문제 및 교육기본법의 개악이라는 흐름과 선별체제의 재구축은 분명히 같은 맥락입니다. 교육 재편에 대한 이 두 축의 연관을 파악하지 못하면, 왜 지금 교육 현장에 내셔널리즘을 강권적으로 관철시키려고 하는지 이해할 수 없습니다.

그런 의미에서 프랑스의 경우는 그 접점이 어느 정도 보입니다. 이 책에서 아므라니가 자신의 학교 체험에 대해 말하는 부분에도 그것이 나타나요. 학교를 마친 후 그는 군대를 체험합니다. 군대에서 교육을 받을 때 그는 라마르세예즈를 부를 수가 없었습니다. 그러니까 2001년 9.11 직후 생드니의 프랑스 스타디움에서 있었던 알제리와 프랑스의 축구 경기가 생각나네요. 그게 1962년 알제리 독립 이후 프랑스와 알제리가 처음 하는 시합이었다는 것이 우선 놀라운데요. 시합 전 '양국 국가 제창'에서 라마르세예즈가 나올 때 관중들이 휘파람과 야유를 퍼부어요. 생드니가 아랍계가 많은 이민 거주지역이긴 하지만, 관람객들 대부분은 응모권에 당첨되어서 온 사람들이었는데 그런 사태가 벌어져서 더욱 상징적이었습니다. 그리고 후반전에 알제리가 불리할 때 젊은이들 수십 명이 경기장으로 내려가서 경기가 중지되었습니다. 수상인 조스팽도 와 있었는데, 그런 자리에서 프랑스 국가가 공개적으로 조소를 받

---

26 Younes Amrani et Stéphane Beaud, *Pays de malheur*, La Découverte, octobre, 2004. (옮긴이)

27 1973년 일본 문부성의 자문기관 중앙교육심의회의 교육재편안인 학내관리강화의 모델이 쓰쿠바대학이다. 학내관리강화는 학생의 자주 활동을 말살하고, 자본의 요청에 따라 고도로 목적화·차별화된 인간 만들기를 목표로 한다는 비판을 받으면서도 많은 대학들로 파급되었다. (옮긴이)

는 사태가 일어난 거에요.

히라노 우카이 씨는 그때 알제리 국기를 들고 계셨나요?

우카이 네, 그랬어요. 그 사건이 나고 알제리 신문도 그 젊은이들에 대해 조국의 얼굴에 먹칠을 한 불량배들이라는 식으로 기사를 실었습니다. 아무튼 지금 방리유에서는 경찰이 국가공무원이라는 인식조차 없다더군요.

　　1993년에 『파노라미크』^{Panoramique}이란 잡지가 특집으로 방리유 문제를 실었는데, 그 가운데 이민지구 젊은이들에게 경찰은 이제 다양한 무장집단 중 하나에 불과하다는 기사가 있었습니다. 아까 히라노 씨께서 국내 식민지라고 말씀하신 또 하나의 의미는, 그곳에서는 프랑스의 국가정통성이 없다는 겁니다. 국가는 기분이 내키면 때때로 돈을 주기도 하지만, 형편이 나빠지면 안 주는 그런 수준의 존재일 뿐이라는 거죠. 대다수 민중에게 '순경아저씨'라 불리는 나라의 경찰이 누리는 정통성이 프랑스의 그 지역에는 없어요.

　　그런데 올해 프랑스에서도 라마르세예즈를 학교에서 가르쳐야 한다는 법률이 통과되었습니다. 이것이 지금 일본 상황과 만나는 또 하나의 접점입니다. 얼핏 보면 지금 일본에는 국가정통성이 존재하지 않는 지역이 없는 것 같습니다. 하지만 어느 시기까지 오키나와는 '히노마루(일장기), 기미가요(일본 국가)' 지배의 외부였어요. 그것이 오키나와의 '국내 식민지성'과 무관하진 않을 겁니다. 일본 본토에서 프랑스와 같은 시기에 교육 현장에서 국기·국가를 강요하는 법률이 제정된 배경을 보면, 앞으로의 경제 상황에 따라서는 일본의 국가정통성 자체도 위기에 빠질 가능성이 어딘가에 상정되어 있을지 모른다는 생각이 듭니다.

　　모리 씨께선 방리유에서 교육 활동에도 참가하셨는데, 이번 사태와 관련해서 교육 문제를 어떻게 보시나요?

모리 제가 참여한 곳은 학교에서 뒤쳐져 허덕이는 아이들을 지원하는 네트워크였어요. 저는 아이들보다 오히려 학교 선생들의 반응에 관심을 가졌습니다. 이번 사건에 대한 반응은 아직 확실하게 정리가 안 됐는데요. 조금 이야기를 비껴 공립학교의 종교상징물착용금지법²⁸에 관해 말할까 합니다. 이 법

---

28 2004년에 제정된, 공립학교 내에서 이슬람의 히잡, 유대교의 키파, 커다란 기독교 십자가 등 모든 종교상징물의 착용을 금지하는 법률이다. 법 제정의 명분은 프랑스 공화국의 기본 원칙인 정교분리(세속주의)였다. (옮긴이)

률을 둘러싸고 격렬한 논쟁이 전개되었는데, 현장을 잘 아는 학교 선생들이 착용 금지를 요구한 것이 논의의 행방에 영향을 미쳤습니다. 학교 선생들 중에는 좌파나 인권파에 속하는 사람들이 꽤 있는데, 그런 사람들까지 스카프 착용을 금지하는 측으로 돌아서서 "공화국의 원칙이 위협받고 있다"는 언설을 되풀이했어요. 자신들 나라의 기본 원칙이 위태롭기 때문에 지켜야 한다는 수사입니다. 이런 교원들의 위기감은 교원이 처한 사회경제적인 조건의 악화와 관련이 있다고 봅니다. 지금까지는 학교 선생이라고 하면 지역에서 존경받는 존재였습니다. 급여는 적지만 학교 선생은 훌륭하다는 인식이 있었죠. 제가 인터뷰한 선생은 어쩌다 학교에서 급여명세서를 잃어버렸는데, 그것을 주은 학생에게서 "선생님, 우리 아빠 월급은 선생님 3배예요. 선생님은 이것밖에 못 벌어요?"란 말을 들었답니다. 도대체 이런 상황 속에서 자기가 어떻게 학생들에게 권위를 유지할 수 있겠냐고 하더군요.

우카이 음, 급여명세서를 분실하지 않도록 해야죠.

모리 지금 젊은이들은 돈 잘 버는 사람이 최고라고 생각합니다. 그래서 학교 선생들 마음이 불편한 거죠.

프랑스의 학교 문제가 일본에서는 어떤지 생각해 봤는데요. 가나가와현 외국인 밀집 거주지역의 학교 역시 구조적으로 비슷한 문제를 갖고 있는데, 프랑스처럼 문제가 불거져 나오지 않는 것은 왜일까요? 물론 프랑스의 경우도 이런 봉기가 없으면 보이지 않는 문제이긴 합니다만.

우카이 불을 붙였기 때문에 보이게 된 거죠.

모리 맞아요. 이번 프랑스에서 3주 동안 검거된 2,900명 중 외국인은 100명 정도였습니다. 외국인이 적다는 게 외국인이 좋은 상황에 있다는 의미는 물론 아닌데요. 프랑스 국적이 없는 외국인은 죄를 지으면 프랑스인과 같은 처벌을 받은 후에, 국외로 추방당하는 '이중처벌'을 받습니다. 국적이 있어서 보호를 받는 사람이 있는 반면, 국적이 없어서 행동에 나설 수 없는 사람도 있는 거지요. 어떤 의미에서는 불을 붙이는 행위를 할 수 있는 단계와 할 수 없는 단계가 있다고 할 수 있습니다.

나스비 결국 지금 말씀하신 불을 붙이는 행위를 할 수 있는 사람은 자신의 존재나 자신이 처한 상황을 객관적으로 확실하게 정리는 못했지만, 막연하게라도 일종의 적에 대해서나 억압을 받고 있는 상황 자체는 어느 정도 자각했다고 할 수 있습니다. 하지만 한편으론 그것조차 빼앗긴 상황도 있습니다. 그런 저항의 표현 자체가 박탈된 상태이죠. 목소리를 내는 것, 혹은 의식화하는 것조차 빼앗긴 상황이 있을 거라고 봅니다. 그래서 아까 급여 이야기도 그렇지만 노동운동이 노동 문제에 대해 제대로 투쟁하지 못하면, 그렇게 될 수밖에 없어요. 동일노동 동일임금 원칙이 깨지고, 결국은 하는 일에 대한 의미나 중요성도 서열화되어 버리지요.

신자유주의사회에서는 기본적으로 급여의 정도에 따라 인간의 가치가 서열화되지요. 어떤 의미에서는 횡적인 네트워크나 하는 일의 내용에 대한 사회적 연대가 점점 무너집니다. 그리고 그것이 시장원리에 따라 정당화되어 버립니다. 급여를 많이 받는 것은 일을 잘하니까 그런 걸로 되죠. 자신들을 억압하는 구조도 그 나름대로 정당화된 사회 내부에 있으니까요. 그러면 자신들이 반격하는 근거를 주장할 수도 없고, 그것을 의식한 단계에서도 그 부분은 절단되어 버리는 경우가 생깁니다. 그런 면에서 불을 붙이는 행위를 할 수 있는 사람들은 그나마 어느 정도 자신이 처한 상황에 대한 자의식이 있는 거예요.

일본 청소년들 중에 노숙자 습격에 가담하지 않은 아이들은 문제가 없다고들 이야기하는데, 전 거기에 절대 동의할 수 없어요. 전혀 그렇지 않다고 봅니다. 바꾸어 말해 노숙자를 습격하는 건수가 줄어든다고 좋아지는 게 아닙니다. 물론 습격하는 아이들에 대해 폭력적으로 반격해선 안 됩니다. 몇 년 전 여름방학 동안 스미다가와 유역의 다이토(台東)구 쪽에서 노숙자 습격이 자주 일어났을 때, 한 모임에서 피해 당사자들이 아이들과 대화를 하고 싶다는 말을 했어요. 아이들과 대화를 나눌 수 있는 자리를 꼭 가지고 싶다고 해서, 그 지역 중학교 교문 앞에서 전단지를 나누어 주었는데요. 그 학교 선생이 금방 알아채고 교문에서 다시 거둬들였습니다. 그러는 사이에 사태가 가라앉아서 습격은 없어졌어요. 그 이유로는 여름방학이 끝나고 학교가 개학했다는 것도 있었습니다만, 또 하나는 교육위원회가 교장을 통해 각 학교 조회에서 그런 일이 일어나지 않도록 강력하게 주의를 주었다는 것도 있었습니다. 표면적으로는 습격이 수습되었지만, 그건 결국 선생과 학생들 사이 일종의 억압구조 속에 일시적으로 봉쇄된 것일 뿐, 결과적으로는 계속 증가하고 있습니다.

　　이에 대해 우리가 앞으로 어떻게 대처해야 할지는 아직 확실히 정해지지 않았습니다. 관심을 보이는 교사들에게 호소하고 교직원조합 사람들과 함께 하는 장을 만들어 가고 있는데요. 그러면서 나온 게 아까 급여 이야기도 그렇고 교사들이 너무 힘들다는 겁니다. 지금은 교사 수가 점점 줄어 업무 자체가 엄청나요. 도저히 그 외에 다른 일들을 할 수가 없습니다. 알아도 어쩔 수가 없죠. 결과적으로 주의 깊게 학생들을 보살피는 일 따위는 도저히 할 수 없는 상황에 처해 있어요. 이것도 행정개혁의 일환으로 행해진 것이니까 이 모든 것이 서로 관련되어 있는 셈이죠.

모리　프랑스의 교육 문제에서 벗어나 버렸는데요. 학교 공간의 양극화랄까, 일부 '삼류학교'가 격리되는 방향으로 진행되고 있는 건 심각한 문제입니다. 예를 들어 방리유에서도 초등학교는 모두 같은 곳에 가지만, 중학교부터는 성적이 좋고 거기다 부모에게 무슨 연줄이 있으면 다른 학군의 좋은 학교로 갑니다.

우카이　지역 경계를 넘어가는군요.

모리　그렇습니다. 작년 여름 『르몽드』도 이 문제를 다루었는데요. 물론 방리유와 파리의 차이도 있지만 파리 시내도 지역에 따라 차이가 있어서, 파리 가정의 약 40%가 다른 학군의 학교에 아이들을 입학시키고 있습니다.

히라노　몇 가지 생각나는 게 있는데, 우선 학교에 대한 것으로는 최근에 『자유롭게 산다』[29]라는 책이 일본어로 번역되어 나왔습니다. 읽어보고 깜짝 놀랐는데, 저자인 메리안느 루브나는 모로코계 2세로 고교시절 자기가 원하는 진로가 따로 있는데도 학교 선생이 완고하게 바꾸려고 했답니다. 요컨대 공부를

---

29 Méliane Loubna, 堀田一陽 譯,『自由に生きる』, 社會評論社, 2005(*Vivre libre*, Oh, 2003). (옮긴이)

별로 안 해도 되는 코스에 진학시키려고 했던 일을 자세히 적었어요. 저자의 주관도 있겠지만, 그 압력이 보통이 아니어서 교육 현장에서 일어나는 차별의 일단을 들여다 본 느낌이었습니다.

그리고 경찰에 대해서인데, 봉기에 참가한 젊은이와 그 지역 담당 경찰이 나이 차가 그다지 없다는 기사를 주간잡지에서 봤어요. 경찰학교를 막 나온 어린 청년이 사회에 불만을 가진 같은 또래의 젊은이들을 낯선 방리유에서 단속하는 거예요. 방리유에는 원래 노련한 경찰들이 있어야 하는데 경력자가 너무 없다는 지적이 전부터 쭉 있었어요. 교육 현장도 마찬가지 상황이에요. 이 부분은 아까 동네순경아저씨 이야기도 그렇지만 큰 과제로 남아 있습니다.

이야기가 빗나가지만 한 가지 더, 2002년 대통령 선거 때 제2차 투표로 보수파의 시라크와 극우 르팽이 맞붙어서 시라크가 압승했잖아요?
우카이 '압승' 절대적인 압승이었죠, 82%.

군 대 와   통 합

히라노 그렇게 승리한 후 시라크 부부가 공화국광장에 갔는데, 맞아주는 젊은이들이 알제리 국기를 흔들고 있어서 두 사람 다 얼굴이 굳어졌다고 해요. 프랑스에서는 인종차별주의자인 극우파 후보를 낙선시켰다는 면만이 강조되고, 이 '환영 방식'은 별로 보도가 되지 않았는데요. 시라크의 당선을 기뻐한 것은 소위 '순수 프랑스인'만이 아니었던 거죠. 일반적으로 그런 환영은 전혀 예상치 못했을 텐데요. 프랑스 국민이 어떤 사람들인지를 다시 한 번 인식시켰다는 점에서 상징적인 사건으로 보입니다. 공화국광장에 있던 사람들이 이민자 전체를 대표하는 것은 아니었지만, 소위 '성공한' 이민계 사람들은 당연히 시라크의 당선보다는 르팽의 낙선을 환영했습니다.

그러니까 성공한 이민계 사람들의 행동 하나가 생각나네요. 프랑스에서는 뭔가 사회적 주장이 있으면 유명 인사들이 서명하는 선언문 종류가 종종 나오잖아요. 알제리 전쟁 중에도 알제리 독립을 지지하는 '121인 선언'[30]이 나왔었지요. 이번엔 방리유 출신자만, 이른바 성공한 사람들이 '방리유를 지키는 300인 선언'이라는 걸 내놓았습니다. 방리유 출신자를 프랑스 사회로 통합하기 위해서는 어떤 정책이 필요한가를 각 테마별로 적었습니다. 아까 화제가 되었던 프랑스와 알제리의 축구 친선경기에서 알제리계 사람들이 '라마르세예즈'에 휘파람을 분 사건에 대해서도 언급했는데요. 1968년 5월 혁명 때도 같은 일이 벌어졌었으며, 결국 이것은 정치적 이의를 제기하는 하나의 수단이라고 주장했어요.

여기서 흥미로운 점은 사회 통합을 위한 유효수단으로 군대를 아주 높게 평가하고 있다는 건데요. 프랑스는 2001년 징병제를 폐지했으니까, 예전처럼 병역 과정에서 프랑스인으로서의 자각과 연대감을 기른다는 의미는 아닙니다. 애초부터 적으로 인식되고 있는 경찰이나 헌병보다는 군대로 눈을 돌리게 하자는 거죠. 이민자 출신으로 군대에서 성공한 사람이 어떤 길을 걸어왔는지, 즉 어떻게 노력해 왔는지를 많이 소개해야 한다고 주장하고 있죠.

나스비 이번에 프랑스 정부가 청년취업 대책을 내놓았는데, 거기서도 큰 줄기로 내세운 게 군대지요?

히라노 군입대 방식이 강제적인 징병제가 아니라, 직업군인을 중심으로 하는 지원제가 되었으니까요.

모리 야미나 벵기기Yamina Benguigui라는 알제리계 이민 2세 영상작가가 있는데, 이민자를 테마로 많은 작품을 찍었습니다, 그녀가 2004년에 군대에 있는 이민자를 주제로 만든 작품이 있습니다. 그 영화를 보면 함께 군대에 들어간 이민계 프랑스인 부자도 나오고, 오빠와 여동생이 함께 군대에 있으면서 오빠가 "야, 알제리랑 전쟁이 터지면 어쩌지? 난 그런 전쟁에는 안 나갈 거야"하면, 동생이 "하지만 우리는 프랑스군이니까 그런 상황에서도 싸우지 않으면 안돼"하고 답하는 대화도 나옵니다. 아주 미묘한 뉘앙스를 풍기는, 평가가 쉽지 않은 영화인데 지금 히라노 씨의 이야기와도 연결되는 부분이 있어요.

---

30 '알제리 전쟁에서 불복종의 권리에 관한 선언' (옮긴이)

나스비 프랑스가 이번 취업 대책에서 군입대를 알선한 것은 미국과 똑같다고 생각해요. 미국은 이번 이라크 전쟁에 이민계 그린카드[31] 병사를 굉장히 많이 보냈어요. 미국 사회에서 시민권 없이 그린카드만 있는, 취직 못한 젊은이가 입대를 통해 시민권을 얻으려고 하는 건데요. 실제로는 전쟁터로 보내져 맥없이 죽고 맙니다. 팔루자 같은 최전선으로 가게 되니까요. 군과 경제적 세계화는 항상 세트입니다. 경제적으로는 국내의 하층노동력으로 쓰고 군사적으로는 병사로 쓰면서, 결국은 양쪽 다 장기의 말처럼 소비하는 소모품이죠. 이런 전쟁과 경제적인 세계화는 항상 세트입니다. 음 프랑스 역시 마찬가지에요. 하층노동력인 병사를 소모품으로 취급하는 거죠. 이번에는 정말로 그렇다는 느낌이 들어요.

우카이 맞습니다. 군대 문제에는 여러 중요한 논점들이 있는데, 미국이 유일한 초강대국이라곤 하나 정치력이나 경제력에서는 결코 그렇다고 할 수 없지요. 미국이 그야말로 초강대국이라고 할만한 부분은 유일하게 군사력인데, 군사력에도 여러 측면이 있습니다. 하나는 막대한 군사 예산을 사용할 수 있다는 것. 하긴 일본 같은 나라가 부지런히 '배려' 해서 그런 거니까, 미국만의 돈도 아니지만요.

또 하나는 소위 기술적으로 고도한 군대를 가질 수 있다는 겁니다. 일본을 포함한 선진국들 중에서 미국만 엄청난 빈곤층을 갖고 있거든요. 전쟁뿐이라면 영국이나 프랑스도 어떻게든 할 수 있어요. 하지만 장기적으로 점령을 유지하기가 쉽지 않아요. 패전국에 주둔하며 민간인의 생활도 어느 정도 관리하면서 점령을 유지하기란 어려운 일입니다. 기술적 우위만으로는 해결하기 힘들죠. 그 과정에서 침략국은 공중폭격과는 비교도 되지 않는 희생을 각오하지 않으면 안 됩니다. 그리고 그것은 국내에 빈곤층이 없으면 불가능합니다. 이스라엘이 중동 전역에서 실질적으로 제공권을 쥐고 있으면서도, 이스라엘과 팔레스타인과의 사이에서 수십 년간 분쟁이 계속되고 있는 게 바로 그런 상황이에요.

프랑스 혹은 EU 차원에서 미국과 맞설 수 있는 군사력을 가지려면, 그

---

31 외국인 대상의 미국 내 노동허가증. (옮긴이)

점을 고려하지 않을 수 없어요. 구 유고슬라비아 분쟁 때 미국 국방부 관리가 경멸조로 이렇게 말한 적이 있습니다. "유럽 군대가 6개월 동안 우리와 함께 포위전을 할 수 있다면 NATO 사령부를 통합해도 좋다. 만일 그럴 수 없다면, 우리가 하라는 대로 해라"고. 그런 말까지 듣고 하니까 프랑스 군대도 그쪽 방향으로 가고 있는데요. 그 빈곤층이 바로 누구냐면 미국의 아프리카계나 남미계 주민에 해당하는, 프랑스에서는 방리유의 이민자 자식들입니다.

『불행의 나라』를 읽어보면, 군대가 국민을 통합하는 장치로 기능하는 일 따윈 절대 일어날 수 없습니다. 오히려 새로운 사회적 트라우마가 심어지는 장소가 될 뿐이지요. 군대 안에서 어디에 배치되는지, 누구와 친구가 되는지, 무엇을 하면 어떤 벌을 받는지, 그런 것들이 전부 차별적으로 행해지거든요. 그러니 군대를 통합의 장으로 하자는 것은 결국 슬로건으로만 그치게 될 것 같습니다

한편 일본의 현재 상황과 관련된 것으로, 홋카이도에 자위대 기지가 많이 있는데요. 아사히카와(旭川)기지에서 이라크로 파병되었고, 미국 해병대를 야우스(矢臼)에 있는 다른 자위대 기지로 일부 옮긴다는 설도 있습니다. 홋카이도에서 자위대에 들어가는 사람들은 아무래도 계급적으로 정해져 있어요. 지금 홋카이도에서는 과거라면 탄광 광부가 되었을 층의 젊은이들이 자위대 말곤 갈 데가 없어서 자위대에 지원하고 있습니다.

아까 히라노 씨께서 경찰이 누구냐는 문제를 제기하셨는데, 아마 프랑스에서도 방리유의 젊은이들 중에 경찰이 되는 사람이 있지 않을까요?

나스비 실은 아까 교육 문제로 들어가기 전에 묻고 싶었던 게 두 가지 있었습니다. 하나는 직접적인 적대 대상으로 간주되는 경찰이 어떤 계층 출신인가하는 점. 그것이 어떠냐에 따라 지역에서 서로 대화할 기회를 갖자는 이야기의 의미가 완전히 달라져 버립니다. 즉 회유의 장으로 될 것인지, 아니면 일종의 계급 안에서 상호간 재설정이란 의미를 지닐 것인지.

이시하라, 고이즈미 문제와 연결되는 이야기인데요. 어째서 자민당에 표를 던지는지에 대한 이야기와 관련해서 하나 알고 싶은 것은 치안 관리 문제

입니다. 지금 일본에서는 감시 카메라의 도입이 진행되고 있는데요. 상가 같은 데선 적극적으로 받아들이고 있습니다. 자신들을 감시하려는 환경을 오히려 적극적으로 긍정하고 인정하는 거지요. 감시 카메라는 깨진 유리창 이론에 근거하고 있는데요. 프랑스에서 경찰의 직접적인 폭력이 이렇게까지 일상적이라고 하면 거기선 감시 카메라 같은 게 어떤 식인지, 이 두 가지가 궁금합니다. 이야기가 좀 산만해지네요. 첫째 경찰의 출신 계급 문제, 이것은 모리 씨가 좋을지 히라노 씨가 좋을지 모르겠는데, 계층에 관한 이야기를 좀 들어보고 싶습니다.

폭 동 을 통 해 서 무 엇 을 볼 것 인 가

모리 방리유에 배치되는 젊은 경찰은 사회계층 측면에선 방리유의 젊은이들과 확실히 가까워요. 그렇지만 그들이 그 지역 출신인지 하는 건 별개 문제입니다. 연령층이 가깝고 사회적인 배경도 비슷하지만 배치된 지역과 직접적인 연관성은 없습니다. 경찰 중에는 대도시가 아닌 지방이나 농촌 출신자도 많아요. 사회계층은 비슷하지만, 방리유는 전혀 모르는 낯선 공간인 거죠. 배속된 젊은 경찰은 처음부터 겁에 질려 어쩔 줄 모릅니다. 이 악명 높은 방리유의, 이 지역의 담당이라니, 겁나죠. 사회적 배경에는 공통성이 있지만 일단은 전혀 모르는 곳이에요. 제가 아는 지역의 경찰 중에는 순수 프랑스인의 외모를 한 사람 이외에 해외 프랑스령 출신들도 꽤 있었습니다. 어쨌든 공무원이니까요.

우카이 앤틸리스^{Antilles} 출신자들이군요?

모리 그래요. 방리유에 살 것 같은 아랍계나 사하라 사막 이남 아프리카계 사람들도 있지만, 반드시 그 지역 출신인 건 아니에요. 그 지역의 젊은이들에게 경찰관의 배경 따위는 아무 상관도 없어요. 그저 경찰일 뿐. 반면 경찰 쪽은 겁을 먹고 있습니다.

한편, 지역 슈퍼마켓이나 상점의 경비원들 중에는 그 지역 출신이 많습니다. 말하자면 지역 불량배들의 취직 자리 중 하나가 경비원이에요. 이 현상을 비꼬아 반대 의미로 어퍼머티브 액션[32] *affirmative action*이라고 부릅니다. 프랑스에서도 어퍼머티브 액션에 관한 논의가 있는데, 실은 이미 경비원에 있어서는 그것이 실행되고 있다는 거죠, 반대 방향으로.

히라노 기간제 계약직인가요?

모리 네, 비정규직이죠.

우카이 프랑스어로는 디스크리미나시옹 포지티브[discrimination positive], 적극적 차별이란 말을 씁니다만.

모리 사태가 뒤집혔다는…….

우카이 영어보다 내용을 더 명확하게 표현했다고 느껴지는데요. 한 가지 더, 방리유의 현실 속 마초주의를 문제 삼고 싶습니다. 프랑스 미디어는 항상 그것을 이용하거든요. 가령 『리베라시옹』 같은 신문은 이런 식입니다. 폭동 몇 일째 오늘은 방리유에서 이런 사람을 인터뷰했더니 이런 목소리를 들을 수 있었다는 식인데, 인터넷에서도 직접 들을 수 있습니다. 대부분 여자들을 선별해서 인터뷰해, 반란을 일으키고 있는 남자들에게 "걔네들도 어지간히 하고 이제 그만두지"하는 식의 목소리를 들려 주도록 합니다. 불을 붙이는 아이들의 90%는 아무래도 남자들이니까요. 그런 의미에서 마지막으로 폭력 문제로 되돌아가고자 합니다.

나스비 씨께서 여러 번 언급하신 노숙자를 폭행하는 중고등학생 문제와 비교해 보면, 프랑스에서는 경찰을 제외하곤 대인(對人) 폭력이 극히 적었습니다. 주로 자동차, 지역 상점의 파괴와 약탈이었습니다. 대형 슈퍼마켓 같은 곳은 습격 대상이 아니었어요. 반면에 학교는 대상이 되었죠. 어쨌든 기본적으로는 대물(對物) 폭력이었고, 이것은 사카이 다카시(酒井隆史) 씨의 말을 빌리면, 일종의 '반폭력'적인 동기가 내재된 폭력이라고 할 수 있습니다. 아무도 지시를 내리지 않는 반란에서 이 같은 질이 공유된다는 것 자체가 흥미로운데요. 한편 규모는 작지만 일본에서 노숙자에 대해 발동되는 것은 다름 아

---

32 미국의 인종차별 해소책. 흑인, 소수민족이나 사회적 약자에 대한 차별을 해소하기 위해, 대학 우선 입학이나 기업의 일정 비율 이상의 고용의무 등을 규정하고 있다. (옮긴이)

닌 대인 폭력입니다. 이런 비교가 가능하다고 봅니다만.

프랑스의 경우 신좌익도 큰 당파는 선거에 참가하기 때문에 어디까지가 체제 내 좌익인지는 잘 알 수가 없는데요. 한 국면만을 보고 이번 사태를 '주장이 없는 폭력'으로 규정하고 있는 그룹이 많습니다. 저는 60년대 미국의 흑인공민권운동과 비교해서, 와츠 폭동[33]을 공민권운동의 총체 속에서 이해해야만 하는 것과 마찬가지로, 이번 사태도 수십 년간의 이민자운동과 방리유를 기반으로 한 사회운동의 총체 속에서 이해해야 한다는 걸 강조하고 싶습니다. 어떤 의미에선 폭동 같은 봉기가 있기 때문에 비로소 합법적인 운동이 다수자 사회로부터 타협을 끌어낼 수 있습니다. 와츠 폭동도 없었고, 블랙팬더[34] Black Panthers도 없었고, 말콤 엑스도 없었다면 미국의 흑인공민권운동이 부분적으로나마 승리할 수 있었겠는지 생각해 볼 필요가 있어요. 소수자운동이 그런 폭력적 계기를 상실하고 이빨을 다 뽑히고 난 후 합법적인 투쟁만으로 승리한 전례가 있나요?

그렇게 생각하면 일본의 운동이 직접행동적인 모멘트를 포기할 수밖에 없는 상황에 있는 것과 정치적인 성과를 좀처럼 이룰 수 없는 것 사이에 상관관계가 있음을 볼 수 있습니다. 프랑스에서는 일본과는 거의 비교가 안 될 정도로 다양한 메시지가 방리유로부터 항상 발신되어 왔습니다. 최근 30년 동안, 넓은 의미에서 방리유 문제에 대해 쓴 책, 연구서, 다양한 증언들, 소설, 영화, 음악 등등 엄청나게 나왔습니다. 그 총체와의 관련 속에 이번 사태를 놓고 생각해야 합니다. 특히 이번 사태는 경찰의 행태를 중심으로 한 고발임이 명백하고, 특히 사르코지를 사임시키라는 것은 이번 투쟁에서 분명한 사회운동의 메시지였습니다. 그런 점에서 프랑스의 경우는 전체 상황과 이번 사태를 연결시키는 회로를 보려고 마음만 먹으면 누구나 볼 수 있습니다. 그러나 일본의 경우는 우리 자신이 이제부터 갖지 못한 자의 운동, 하층의 운동과 전체 상황을 연결시키는 회로를 만들어 가야 합니다. 그것이 앞으로의 과제라고 생각합니다.

나스비 지금 저출산과 앞으로의 노동력 부족을 배경으로 해서 이민자 수용에

---

33 1965년 8월 LA의 흑인거주지역 와츠(Watts)에서 경찰의 과잉단속이 기폭제가 되어 일어난 폭동. 6일간 만 여명이 가세하여 34명이 죽고 흑인 4,000여 명이 체포되었다. (옮긴이)

34 1965년에 결성된 미국의 급진적인 흑인결사. (옮긴이)

대한 이야기가 나오는데, 프랑스에서 일어났던 일들이 일본에서도 일어나지 않을까 우려됩니다. 결국에는 치안 관리로 민중의식을 확 몰아갈 경우를 고려하면, 이번 사태에 어떻게 대처할 것인지를 정말 진지하게 고민해야 합니다만.

모리 바로 그 무렵 히로시마에서 일어났던 여아 살해 사건에서 용의자가 페루인이라고 들었을 때 깜짝 놀랐어요. 주니치신문이 "범인은 일본계 페루인"이라고 보도했는데, 이것은 어떤 면에선 미디어의 직업윤리가 붕괴되었음을 뜻합니다. 결국 언론 문제를 생각하지 않을 수 없어요.

히라노 '외국인 범죄'에 대해서, 국경을 넘어서 이동하는 것은 원래 젊은 세대들인데, 놓인 상황이 어떤지는 전혀 고려하지 않고 마구 위기감만 선동하고 있어요.

모리 일본 언론에서도 이번 프랑스 폭동에 대해 다양하게 보도되었는데, 노골적으로 일본의 외국인 문제와 연관시키는 보도도 있었고, 하여튼 주의해서 봐야 해요.

히라노 세계화가 누구도 예측할 수 없는 속도로 진행되고 있는데요. 역사적으로 세계화에 의한 사람들의 이동은 그야말로 예상치 못한 속도로 진행되어 왔습니다. 프랑스에서 국적법이 출생지주의 원칙으로 전환된 것은 19세기 말인데요. 프랑스에서 태어난 사람을 프랑스인으로 포섭한다는 의미에서, 일본에서는 그것이 강화된 '이민정책'의 토대처럼 여겨지는 면도 있습니다. 유럽은 20세기의 어느 시기를 봐도 외부로부터의 노동력을 어떻게 할 것인가에 대해서 항상 임시방편으로 대처해 왔습니다. 프랑스는 언제나 인구가 부족해서 이민노동력을 끌어들이고는 불황이 되면 바로 다른 정책을 내놓았습니다. 그게 계속 반복되었죠. 일본이 유럽의 이런 과거에서 배울 것은, 임시방편이 아닌 어느 정도 전망이 있는 정책을 어떻게 세우냐는 것입니다. 강 건너 불이 아니라고 위기감만 선동해서는 안 되지요.

모리 러시아 미디어는 이번 사태를 프랑스의 체첸 문제라고 보도했어요.

우카이 각기 자기 나라가 안고 있는 문제의식을 투영하고 있군요.

모리 스페인에서도 자신들의 10년 후라고 보도했대요. 스페인의 '모로코인' 문제라고.

나스비 프랑스는 사회적인 권리나 인권을 획득하기 위해 나름대로 쌓아 온 경험을 갖고 있습니다. 거꾸로 나치 문제로부터 이런 일은 하면 안 된다는 것도 분명 있을 겁니다. 그러나 일본은 민중이 자신들의 힘으로 뭔가 역사적으로 획득했거나 혹은 전쟁 후 철저한 자기비판으로 뭔가를 찾아내어 이건 안 된다고 한 적이 없어요. 그런 경험이 없는 가운데 우리가 무엇을 만들어 낼 것인가가 운동으로서도 아주 중요합니다.

우카이 처음부터 하나하나 만들어 낼 수밖에 없습니다. 무에서 시작한다고 해야 할지?

나스비 그것이 대항권력이 될지? 여하튼 민중 차원에서 의식 내부의 문제이니까요.

성 프레카리오의 강림
이탈리아 프레카리아트 운동

이토 기미오(伊藤公雄, 『임팩션』 편집위원) ^{번역} 신지영

시 작 하 며 : 새 로 운 빈 곤 의 시 대 속 에 서

'양극화 사회'라는 말이 유행하고 있다.

국회의 논쟁에서, 논단지에서, 그리고 매스미디어의 논의에서까지 그 말이 들리지 않는 날이 없을 정도다.

빈부차를 나타내는 지니계수를 토대로 '양극화 사회'가 확대되었음을 증명하는 논의도 있지만, 다른 한편 '양극화 사회'라는 것은 독거노인 증가가 반영된 것뿐이라는 분석도 있다. 그러나 특별히 지니계수를 참고하지 않더라도 '양극화'의 확대는 누구라도 실감할 수 있을 정도이다. 실제로 일본이 OECD 가맹국 중에서 빈곤층 비율 순위가 5위라는 사실이나 생활보호 대상세대가 100만 건을 넘어섰다는 보도, 더욱이 의무교육의 경우 도쿄나 오사카에서는 국가 보조로 학교에 다니는 초등학생이 4명에 1명 꼴이라는 데이터도 있다. 아라카와구(荒川区)[01]에서는 국가 보조로 학교에 다니는 학생의 비율이 40%를 초과하는 학교도 있다고 하니, '양극화' 정도가 아니라 '빈곤' 자체가 사회문제로 부상하고 있다고 해야 할 것이다.

십여 년 전, 일본 경제단체연합회는 정사원은 극히 일부만 남기고 대다

---

01 아라카와구는 최근 도쿄에서 빈곤층이 많은 지역으로 자주 거론되고 있다. 2004년의 데이터에 따르면, 일본 전국에서 국가 보조로 학교를 다니는 비율이 가장 높은 곳은 오사카(27.9%)이고 도쿄는 24.8%로 2위이다. 도쿄의 경우, 국가 보조로 학교를 다니는 비율은 아다치구(足立区)가 47.2%로 1위이고, 여기서 거론되고 있는 아라카와구는 33.7%를 기록하고 있다(『메일 매거진 가료우통신』[メールマガジン臥龍通信], 135호, 2006년 4월 7일, http://www.nakajima-msi.com/). 특히, 아라카와구의 미카와시마(三河島)역과 아라카와구에서 가까운 아다치구는 제주도에서 이주한 재일조선인들이 밀집해 있는 지역이다. (옮긴이)

수를 파트타임이나 파견사원 같은 비정규직 노동자로 바꿈으로써 기업의 효율화를 꾀하는 보고서를 내놓았다. 양극화의 배경에는 이 보고서 이후 진행된, 특히 최근 5년 사이에 현저해진 일본 사회의 신자유주의 구조개혁이 있다는 것은 누가 보더라도 명백하다.

소위 '니트'나 '프리타'라는 불안정한 청년층의 문제도 당연히 이러한 신자유주의의 '구조개혁'에 따른 고통이라고 파악할 수 있다. 최근엔 이 '프리타'라는 단어가 청년층의 고용 부족 문제를 그들이 나태하거나 일할 마음이 없기 때문에 생긴 문제인 것처럼 호도해, 고용 대책이 없는 정부나 기업에 대한 책임 추궁을 비껴가게 한다는 비판도 나온다.

그러나 불가사의한 것은, 이러한 '구조개혁' 고통의 희생자가 될 수밖에 없는 '하층'이나 '저소득층'의 젊은이들에게서는 어떤 움직임도 찾아볼 수 없다는 점이다. 오히려 희생자가 될 수밖에 없는 이 '하층'의 젊은이들이 모두 자민당에 투표함에 따라, 2005년 9월 11일 고이즈미 자민당 정권에 대한 폭발적인 지지가 생겼다고 말할 수 있을 정도이다.

아우토노미아와 그 시대

이렇게 '양극화'가 심화되는 동향은 시장중심적 세계화의 진원지인 미국은 물론, 사회민주주의 조류가 지금까지도 그런대로 힘을 발휘하고 있는 유럽 국가들에서도 그 정도는 다르지만 마찬가지로 나타난다. 최근 프랑스에서 "수습 기간 2년 동안 이유 없이 마음대로 해고할 수 있다"는 CPE법[02]이 도입된 것에 항의해, 45개 대학에서 일어난 시위는 이러한 상황의 표현이 아닐까. 당시 소르본에서는 항의하던 학생 수백 명이 대학을 일시 점거하기도 했다.

하지만 과거를 돌이켜 보면 여기서 문제로 다루려는 청년 불안정층의 고용이나 실업이라는 상황은, 질적 차이는 있지만 유럽의 주요국들에서는 이미 1970년대부터 사회문제화 되고 있었다. 그 중에서도 청년 불안정층의 급증

---

02 CPE법은 최초고용계약법을 말한다. 기업이 26세 미만의 직원을 채용할 경우, 처음 2년 동안 언제든지 이유 없이도 해고할 수 있다는 법이다. 이 법에 대항해 2006년 3월 21일 프랑스의 젊은이들과 노동자들은 쓰레기봉투 복장을 하고 "우리는 일회용이 아니다"라는 구호를 외치며 가두시위를 했다. (옮긴이)

이 두드러졌던 곳은 이탈리아였다. 1970년대 중반에는 20대 인구의 70%가 실업 상태라는 보고서를 읽은 적도 있다. 당시 이탈리아 젊은 층의 고용불안정 상황이야말로, 유럽뿐만 아니라 전세계에서 유일하게 68년 운동이 아우토노미아라는 새로운 운동으로 계승되어 70년대 후반까지 계속될 수 있었던 원인 중 하나였다.

그렇다고 하더라도 당시 이탈리아의 사정은 현재와는 매우 달랐다. 아이러니하게도, 당시 이탈리아에서 젊은 불안정층이 증가한 것은, 노동조합운동 및 좌익정당이 68년에서 69년에 걸친 투쟁으로 더욱 강력해졌기 때문이기도 했다. 불황에도 불구하고 강력한 노동조합과 그 노동조합과 연동한 좌파정치세력은, '구조조정'의 공격에도 까딱하지 않고 고용과 임금을 둘러싼 정부나 경제단체와의 투쟁에서 승리를 거두었던 것이다. 이렇게 되자, 기업으로서는 노동력의 신규채용을 억제하지 않을 수 없었다. 그 결과 젊은이들의 고용은 정지되었고, 거리는 직업이 없는 젊은이들로 넘쳐 나게 되었다. 그러나 사회민주주의세력 덕분에 그 나름의 사회보장 제도가 정비되고 있었고, 부모 세대의 고용은 조합세력에 의해 보다 확실히 보장되었다. 따라서 운동의 에너지는 '빈곤'보다 '사회적 소외감'에 의해 확산되었다는 인상을 받는다. 일정 수준의 생활이 확보된 부모 세대에게 기생함으로써 젊은 사람들의 '빈곤'이 완화된다는 이 구도는 일본의 현재 상황과 흡사하다.

1970년대 이탈리아에서 소위 '운동'은 68~69년 투쟁의 유산을 계승한다는 측면과 함께, 분명 이러한 '부유한 사회에서의 빈곤'이라는 사회적 배경과 결합되면서 발전했다. 그랬기 때문에 아우토노미아로 대표되는 이 기간의 운동은 기존의 노동자 중심이었던 좌익운동 논리를 벗어나, 젊은이들이나 실업자, 특히 주부, 외국인노동자 등 그때까지 변혁의 주체로서는 낮게 평가되었던 세력을 자본주의 비판의 중요한 수행자로 설정할 수 있었다. 이 문제 설정은 나중에 하트와 네그리의 '다중' Multitude이라는 개념으로 연결되는 요소 또한 분명히 포함하고 있다.

당시 일어난 아우토노미아의 문제설정을 간략히 정리해 보면 다음과 같다. 전세계화되고 전사회화된 자본의 지배 — 이 관점도 나중에 하트와 네그리의 『제국』으로 계승, 발전된다 — 는 단순히 생산노동자 뿐만 아니라 학생, 실업자, 주부들까지도 성장 수단으로 활용하고 착취한다. 그들은 산업예비군, 노동조정 때문에 일시적으로 산업에서 배제된 사람들, 게다가 생산노동력을 음지에서 지탱하고 있지만 노동으로 인정받지 못하기 때문에 임금을 받지 못하는[非拂]의 재생산노동자들이다.

학생이나 실업자, 주부 같은 사람들은 그런 의미에서 사회 전체로 확대된 자본의 지배, 즉 사회라는 공장에서 착취당하는 사회적 노동자들이다. 이때 사회 전체로 확대된 자본의 지배란, 공장이나 기업과 같은 생산의 장을 초월해서 소비생활부터 학교나 가정, 지역사회에 이르기까지, 모든 자원을 시장의 이익으로 삼는 과정의 일부로 동원되는 것을 의미한다. 그런 까닭에 그들은 누구든 지불되지 않은 임금[非拂]을 요구할 권리가 있다. 여기에서 "학생에게 임금을", "실업자에게 임금을", "가사 노동자에게 임금을"이라는 어떤 의미에서는 쇼킹한, 그러나 냉정히 생각해 보면 '당연한' 자본주의 비판, 즉 시장중심주의 비판의 슬로건이 등장하는 것이다.

계속되는 '투쟁'

그러나 이런 아우토노미아를 중심으로 한 운동, 즉 기존의 좌익적 관점을 넘어선 새로운 자본주의와 시장중심주의사회에 대한 비판의 움직임은, 유감스럽게도 운동의 급진화 속에서 생긴 테러리즘적 경향이 현저해짐에 따라 급속히 사회적 설득력 — 사회적인 헤게모니 — 을 상실해 갔다. 테러리즘과 치안 강화가 서로 증폭되는 소위 '납의 시대' [03] leaden age 가 시작된 것이다. 삼엄한 강압에 대항했던 운동은 무장화, 폭력화만으로 활로를 찾으려고 했다. 결국 기존의 좌익 논리와 방법을 근본적으로 극복하지 못한 '신좌파'는 이미 네트워크되고 리좀화된 자본 지배의 심화를 간파하지 못했다. 따라서 적을 '일원

---

03 '납의 시대'란 브레턴우즈체제가 해체된 1970년대 이후의 시대를 지칭한다. 환율을 규제하고 자본의 흐름을 통제하는 브레턴우즈체제 시대는 현대 국가자본주의의 '황금시대'라고 불렸다. 반면 1970년대 이후 금융시장의 자유화와 변동환율 제도가 도입된 시기는 종종 '납의 시대'라 묘사되어 왔다. 이 시기엔 상당히 둔화된 경제성장, 더 후퇴한 생산성, 높은 이자율, 더욱 커진 시장 불안, 금융위기 등이 발생했다. 임금은 정체되거나 줄었고 노동시간은 늘어났다. 이러한 현상은 전지구적 상황이기도 하다(노암 촘스키, 장영준 옮김, 『불량국가 — 미국의 세계 지배와 힘의 논리』, 두레, 2001 참조). (옮긴이)

화' 하여 중심에 타격을 주는 것만으로 문제는 해결되고 혁명은 달성된다고 고집했다. 실제로는 이미 중심 없는 네트워크적 지배가 심화되고 있는데도, 적을 관념적으로 설정하고 그 적과의 투쟁을 위해 자기편을 '일원화' 함으로써 모처럼 나타나기 시작한 '운동' 의 다수성·복수성을 위축시켜 버렸다.

그렇다고 하더라도 이러한 아우토노미아를 선두로 한 '운동' 이 완전히 그 모습을 감춰 버린 것은 아니다. 특히 1980년대 중반 이후 '납의 시대' 가 종언을 고하자, 그때까지 이탈리아 각지에서 다수성과 복수성을 유지하며 뿌리내려 온 다양한 움직임이 사회적 세력으로 다시금 그 모습을 드러내기 시작했다.

그 중 가장 전형적인 예로는 1990년대 이탈리아뿐만 아니라 유럽사회에서도 주목받은 이탈리아 사회센터의 활동이 있다.[04] 이탈리아의 사회센터는 1970년대 전후의 '운동' 속에서 탄생했다. 활동가나 아티스트를 위시한 다양한 젊은이들이 빈집이나 폐허가 된 공장, 빌딩 등을 점거하고 그렇게 확보한 공간을 다양한 운동단체와 교류의 장으로 활용하기 시작했다. 세미나 운영 위원회 등이 점거한 공간들을 조정하는 가운데, 카페나 서점, 자유라디오 방송국으로 사용되거나 때로는 콘서트나 집회, 회의장으로 비교적 자유롭게 활용되었다. 그러나 이탈리아 전국으로 확대되었던 사회센터운동은 80년대를 전후한 테러리즘과 탄압의 시대 속에서 한때 그 힘을 잃기도 했다. 80년대에는 이러한 센터가 마약 거래의 온상이 되는 등, 사회적으로 소외된 젊은이들의 비정치적인 배출구로 간주되기도 했다. 그러나 80년대 후반부터 90년대에 걸쳐 새로이 참가하는 젊은 세대에 의해 사회센터는 정치조직이나 이데올로기에 속박되지 않는 다양성과 복수성이 명확히 열린 '운동' 거점으로 그 활동을 소생시켜 가고 있다.

그 중에서도 특히 흥미로운 것은 사회센터운동과도 밀접한 관련이 있는 '하얀 작업복' White overalls 그룹의 활동이다. 이 집단의 활동에 대해서는 하트와 네그리의 『다중』에서 "하얀 작업복" 이라는 칼럼에 소개되어 있다.[05] 하얀 작업복은 일본의 정밀기계나 약품공장 등에서도 흔히 볼 수 있는 하얀 모자, 마

---

04 伊藤公雄, 「공간의 정치학」(空間の政治學), 『인터내셔널한 상황주의자』(アンテルナシオナル シチュアシオニスト) 3巻 解説, インパクト出版會 참조.

05 Michael Hardt, Antonio Negri, *Multitude : war and democracy in the age of Empire*, The Penguin Press, 2004(서창현·정남영·조정환 옮김, 『다중 — 제국이 지배하는 시대의 전쟁과 민주주의』, 세종서적, 2008). 3부 '민주주의' 에 나오는 '하얀 작업복' 이란 칼럼 참조. (옮긴이)

스크에 하얀 작업복을 착용한 '특별 편성조'이다. 이 모습은 일본 학생운동의 경험에 비추어 보면, 헬멧에 복면을 한 모습을 연상시킨다. 특히 하얀 작업복의 형태는 얼굴을 감추는 기능 뿐 아니라, 예전의 청색 작업복을 입었던 조직된 공장노동자들을 대체하는 새로운 정보산업 노동주체의 등장을 표현하는 것이기도 하다. 이 하얀 작업복을 입은 집단은 '운동'의 다양한 장면에서 흥미로운 활동을 보여주었다. 즉 데모 등의 조정 역할, 우익이나 기동대와 충돌할 때의 방위대 등, 상황에 따라 조직적으로 대응하는 특별 편성조로 행동했다. 특히 90년대 후반에는 플라스틱 방패를 든 기동대에 대항해 그들 스스로 나름대로 만든 방패를 들고 대응하는 등, 시위에서는 일종의 '스타'가 되었던 적도 있다. 하트와 네그리에 따르면, 이 '하얀 작업복' 운동은 그 후 철저한 시민불복종운동과 비폭력저항운동 스타일로 이행한다. 그리고 그들은 2001년 제노바에서 있었던 G8 반대운동 이후 '스스로의 역할은 끝났다'고 선언하고 그 후 모습을 감춘다. 하트와 네그리는 이 운동을 높이 평가했다. 이 운동은 다양한 형태를 띤 저항운동을 확대시켰고, 거기에 정치적 일관성을 부여했으며, "새로운 노동형태 — 네트워크 형태의 조직이나 공간적 이동성 및 시간적 유연성 — 에 적합한 표현 형태를 조직했다"는 것이다.

'성 프레카리오'의 강림

이러한 90년대에서 21세기 초에 걸친 반세계화와 반신자유주의를 위한 젊은 세대의 운동 중 하나로 나타난 새로운 표현이 프레카리아트 운동이다. 프레카리아트의 개념이나 실제 활동에 대한 상세한 것은 사쿠라다 가즈야(櫻田和也)씨의 논문[06]을 참조하면 좋을 것이다. 이 글에서는 프레카리아트 운동이 지닌, 70년대 운동에서 계승된 측면에 대해 논의해 보려고 한다.

　　프레카리아트[07]precariat라는 것은, 간단히 말하자면 불안정성precarious과 프롤레타리아트proletariat를 합친 용어이다. 이 용어에는 다양한 함의가 있다. 특히

---

06 櫻田和也,「프레카리아트 공모 노트」(プレカリアート共謀ノート),『임팩션』, 2006년 4월, インパクト出版會 참조. (옮긴이)
07 이탈리아어로는 'precariato'이다

정보, 커뮤니케이션, 지적 생산이 우위를 차지하는 포스트포디즘 사회에서 신자유주의 시장중심 원리에 의해 불안정한 상황에 처한 사람들을 총칭한다. 대표적으로는 비정규직 노동자를 들 수 있다. 그뿐만 아니라, 고학력자이면서도 마찬가지로 불안정한 지적 산업예비군들도 중점적으로 언급된다. 즉 일본의 경우, 박사 학위를 갖고 있고 대학이나 대학원에 출강하면서도 아직도 안정된 직업을 얻지 못한 사람들이 있다. 이들은 사쿠라다 가즈야의 논문에서 브레인 워커brain worker로 지칭된 바 있다. 그러나 이 글에서는 불안정한 상황에 처한 젊은 세대에 대한 총칭으로 이 프레카리아트라는 말을 사용했다. 고학력 프레카리아트에 대해서는 다음 기회에 중점적으로 논의하고 싶다.

프레카리아트라는 용어가 등장한 것은 2003년 이탈리아에서였다. 이 신조어는 곧장 스페인으로 번졌고, 순식간에 유럽으로 퍼졌다. 특히 2004년 2월 29일 이탈리아 각지에서 등장한, 불안정한 노동자와 그 생활의 수호성인인 '성 프레카리오'를 상징으로 한 운동은 프레카리아트의 존재를 널리 알렸다. 가톨릭 달력에서는 매일이 특정한 성인의 날로 지정된다. 그들은 4년에 한 번밖에 없는 이 날(2월 29일)을 성 프레카리오의 날로 정했다. 성 프레카리오가 등장하는 방식은 지역에 따라 남성노동자였다가, 여성이었다가, 트랜스젠더의 모습을 했다가 하는 등 다양하지만, 성 프레카리오라고 칭해지는 성상 대부분은 기도를 올리는 노동자의 모습을 하고 있다. 활동가들은 이 성인상에 기반해 슈퍼마켓이나 서점, 베니스영화제 회장 등에 들이닥쳐 퍼포먼스를 하고 자신들의 불안정한 노동 상황을 호소했다.

성 프레카리오 성인을 중심으로 한, 때로는 카니발식 퍼포먼스를 동반한 운동을 상세히 설명하는 것은 다음으로 미루고자 한다. 단지 다음과 같은 것들은 강조할 필요가 있다. 이 운동의 기본적인 방향성이 탈일상적인 낯설게 하기 효과를 동반하는 때로는 코믹한 퍼포먼스를 하는 한편, 세계화와 시장중심주의에 대항하는 다양한 운동의 연대를 염두에 두었다는 점, 그래서 미디어를 사용한 국제연대를 열어가는 형태의 운동이었다는 점 등이다. 그 운동들을 구체적으로 들자면, 체인점 노동자chain worker라고 불리는 서비스산업에 종사하는 프리타들의 권리 요구, 일회용 시간강사 같은 불안정한 지적 정보 분야 노동자의 권리 요구, 외국인 차별에 대한 비판, 환경운동, 페미니즘이나 퀴어운동, 반전평화운동 등이다.

다시 말해, 이 운동이 이탈리아의 프레카리아트들이 '선언'에서 표현하고 있는 '포스트사회주의 세대, 포스트냉전 세대' 등의 세대운동이라는 점, 게다가 비참한 테러리즘의 시대를 경험한 후 폭력을 넘어선 스타일을 추구하는 포스트테러리즘 세대운동 등으로 설정되고 있다는 점에도 주목해야 한다.

프레카리아트에게 임금을!

그런 의미에서 프레카리아트 운동은 하트와 네그리 식으로 말하면, 다중의 한 형태로 나타났다고 할 수 있다. 아니, 아직 그 구체적인 상을 그리기 어려운 다중이라는 '혁명주체'라기 보다는, 현재 일본에 적용하더라도 보다 확실히 이미지가 그려지는 '시대의 아이'[08]라고 하는 편이 좋지 않을까. 일본에서 거론되는 프리타·니트 문제는 바로 이 프레카리아트 문제이기도 하다. 게다가 그 프레카리아트라는 용어는 젊은이들에게 드리워진 불안정한 상황이 한 국가의 문제가 아니라, 세계화되는 신자유주의의 공통적인 움직임 속에서 경제가 발달한 많은 국가들로 확대되고 있음을 명확히 보여 주는 것이기도 하다. 부연하자면, 세계화 속 개발도상국의 상황을 이 프레카리아트라는 개념을 통해 논하는 것도 가능할 것이다.

실은 프레카리아트의 확대는, 지배층에게도 대단히 중대한 과제이다. 불안정층, 빈곤층의 증대는 분명 사회를 불안정하게 하고, 체제 그 자체의 위기로까지 연결될 가능성이 크기 때문이다. 그렇기 때문에, 지금 각국의 통치세력은 신자유주의적 시장중심주의를 전개하여 불안정층이나 빈곤층을 확대시키는 한편, 그 결과 발생하리라 예견되는 사회적인 위기에 대처하기 위해서 감시국가화를 더욱 강화하고 있다. 이러한 감시국가화의 길은 틀림없이

---

08 지다이코(時代の子). 일본에서 역사적으로 전전 세대와 전후 세대를 구별하거나, 프리타·니트 등 각 시대별 특징을 가진 세대별 집단을 나타낼 때 쓰는 용어이다. (옮긴이)

21세기형 전체주의의 성립이라는 비극적인 결과만 유도하게 되지 않을까 싶지만······.

문제해결은 관리사회화나 감시국가화처럼 자유와 민주주의를 희생양으로 한 '안정'의 길이 아니라, 오히려 비인간적인 자본의 지배를 가능한 한 '인간적인 것'으로 전환해 가는 것이어야 하지 않을까. 현재 자본의 지배는 대자본을 소유한 부유층이나 통치세력조차도 컨트롤할 수 없을 정도로 비대해져 폭주하고 있다. 불안정한 노동 속에서, 병이 나서도 안 되고, 저축도 없고, 최저한의 생활조차 보증받지 못하는, 그야말로 아이를 키울 수도 없고 고령자의 수발도 불가능한 상황을 사회적으로 변화시키려는 작업은 그 첫걸음을 내딛었다.

이렇게 본다면, 70년대 아우토노미아에서 내건 "학생, 실업자, 주부······에게 임금을"이라는 슬로건을 현재의 문맥 속에서 새롭게 해석해도 좋지 않을까. 즉 "프레카리아트에게 임금을"이다. 70년대에는 다소 '공상적'으로 여겨진 슬로건이었지만, 현재라면 이 슬로건과 '보장소득' 논의가 만나는 것도 가능하지 않을까. 예를 들면 갓난아이도 포함한 모든 사람들에게 월 일정 금액을 국가재정에서 지급하는 것이다. 특별예산이 있다는 것을 고려하면 그다지 무리한 방법은 아니다. 또한 아이를 많이 낳을수록 그 가구의 수입도 증가할 것이므로, '저출산 대책(?)'으로도 유효할 것이다. 불안정노동을 안정시키는 첫걸음인, 노동의 균등한 대우를 도모하면서, 불로소득이나 머니게임으로 얻은 소득에 중과세를 부과하는 것도 필요할 것이다. 사회보장은 물론, 주택이나 수업료 등 사회적 뒷받침을 충실하게 할 것도 요구된다. 또한 식료품 등 일용품 가격 제한 같은 기본 생활을 사회적으로 뒷받침하는 장치도 필요하다. 이는 위태로운 상황에 있음이 분명한, 생활보호 수당이나 연금 문제를 해결하는 길이기도 하다. 물론 '그 이상의 생활'을 희망하는 사람들은 열심히 일하면 된다. 급료나 연금도 일한 만큼 더 받고 싶은 사람들은 노력해서 더 올려 받으면 된다. 물론 이런 구상은 어디까지나 그림의 떡일 뿐이다. 노동의욕까지 고려한 노동 문제, 욕망의 문제, 지속 가능한 성장의 문제나 이행 조치 등을 포함해서, 꽤 논의가 필요한 과제인 것은 분명하다.

다시 말해, 더 벌고 싶은 사람은 더 벌면 된다. 물론 돈을 버는 만큼 세금을 더 내야 한다. 이렇게 말하는 이유는 '계획'과 '규제'의 과잉이 어쩐지 현대의 인간사회에는 부적합하다는 생각이 들기 때문이다. 20세기 사회주의가 생각했던 것 같은 '계획'과 '통제'에 의한 경제와 욕망의 조절이, 결국 비인간적인 전체주의체제를 낳았다는 것을 잊을 수 없기 때문이기도 하다. 그러나 규제 없는 이익중심주의, 시장중심주의의 여파는 사람들의 인간다운 생활을 붕괴시키고, 사람과 사람의 신뢰관계나 친밀한 관계성을 돈으로 환산해 파괴할 뿐 아니라, 자연환경도 파괴하는 식으로 진행 중이다. 돈을 벌기 위하여 무기를 만들고, 그 무기를 팔기 위하여 전쟁을 하는 상황은 이미 심각한 상태이다.

유럽에서 탄생한 프레카리아트 운동은 분명히 '이 상황'을 바꾸기 위한 운동과 결부된다. 물론 일부에서는 지나친 행동을 하거나 잘못을 범하는 경우도 많이 있을 것이다. 게다가 이 운동의 주류는 기존의 신좌익과 구좌익운동처럼 '적'을 단순화·일원화하고, 그것에 대항하기 위해 자기편도 집중과 통제를 통해 군사조직과 비슷한 균질적인 것으로 환원해 버렸던 과거의 운동 스타일과는 완전히 다른 맥락으로 전개되는 듯하다. "적에게 일거에 타격을 가해 권력을 쥐면 OK"였던 미련하고 단순한 권력관이나 정치관에서 자유로워지고 있는 것이다. 오히려 자본이나 권력이 복잡한 시스템일 뿐 아니라, 때로는 생명권력bio-pouvoir으로 사람들을 활성화시키면서 끌어들이는 힘을 행사하는 메커니즘을 갖고 있다는 점에 눈뜨고 있다. 그렇게 해야만, 지금의 운동은 스스로의 복잡성과 다양성을 유지하면서 타자와 서로 공유할 수 있는 장이나 인식으로 향하는 조정의 힘을 갖게 될 것이다. 이를 위해서라도 현재의 운동은 단순히 폭력에 의해 문제를 해결하려는 길이나, 교섭력이나 조정능력을 일방적으로 비판하고 부정만 하는 스타일에서 벗어나, 유머가 가미된 제안과 사회적 구상력을 필요로 하고 있다.

물론 이런 유럽에서의 프레카리아트 운동을 일본에 그대로 도입하자는 단순한 제안을 하려는 것은 아니다. 다만 현재 일본에서는 일본 사회를 뒤덮고 있는 '신자유주의', '시장중심주의' 세계화의 움직임에 대해 좌파도 전통적인 보수파도 모두 반발을 표시하면서도, 출구를 찾을 수 없는 상황이다. 좌익세력은 여전히 낡은 구호만 외쳐 결국 현 상황을 유지하는 방향성 밖에 보여 주지 못한다. 보수파는 전통적인 도덕 질서의 회복이나 근거 없는 자기 이미지를 비대화한 자존사관(自尊史觀)의 횡행이라는 더욱 낡은 방법으로 이 상황을 벗어나려는 듯 보인다. 반면 이 새로운 활동은 기존의 좌익도 우익도 아닌, 자본의 폭주를 제어하기 위한 새로운 방법과 그 주체를 모색하기 위한 힌트 한 가지를 보여주고 있음이 분명하다.

ISSUE **3-3**

반권력 리좀,
'갖지 못한 자'의 국제연대행동 모색

나스비(なすび, 산야노동자복지회관) ^{번역} 신지영

1. 시작하며

이 글에서는 신자유주의적 글로벌리즘, 시장지상주의에 따른 착취, 억압, 배제의 상황 속에서 하층민중운동인 일용노동자·노숙자운동이 얼마큼 확대되어 새로운 국면을 열어 갈 수 있는가를 검토하고자 한다. 이를 위해서 최근 우리들이 작업했던 '갖지 못한 자'의 국제연맹운동의 상황과 결과를 정리하는 데서 시작하려고 한다. 특히 최근의 운동에서 우리들과 동일한 목표 아래 연대행동을 해 온 NO-VOX와 같은 운동단체를 참조할 것이다.

2. '갖지 못한 자'의 '국제연대행동' 활동 배경

'갖지 못한 자'의 국제연대행동(이하, '갖지 못한 자' 행동)은, 신자유주의 글로벌리즘 속에서 '사회적 배제'를 당한 다양한 민중을 '갖지 못한 자', '목소리 없는 자'로 규정하고, 각각 상이한 일상적인 운동 과제를 가진 당사자·지원자가 공동으로 대처하고 표현 행위를 하는 연대조직으로, 2003년에 시작되었다. 이 활동에는 노숙자, 프리타, 해고철회 쟁의투쟁을 하는 노동자를 포

함한 실업자, 이주노동자, 난민, 장애인, 지적장애인, 성적소수자, 성노동자, 수감자 등 당사자들과 지원자가 함께 참여하고 있다. 또한 이 활동에는 아티스트나 미디어 액티비스트로 참여하고 있는 사람도 있다.

참가자에게는 제각각의 근거가 있겠지만, 일용노동자·노숙자운동을 중심으로 활동해 온 우리가 이 활동을 제기했던 배경을 설명하기 위해서는 약간의 장기적인 회고가 필요하다. 요컨대, 요세바(寄せ場) 운동에서 90년대의 노숙자운동으로의 전개, 나아가 강제배제에 대한 저항투쟁과 반실업투쟁, 그리고 2002년에 성립된 '홈리스의 자립지원에 관한 특별조치법'을 둘러싼 정세 변화와 운동 내부의 문제 등이 그것이다. 최근의 상황만을 간단하게 말하자면, '특별조치법' 성립 이후, 노숙자운동단체나 지원단체 활동의 큰 줄기는 NPO 법인화나 행정시책의 사업화를 진행하여 정치성을 배제하고, 노숙자로 특화된 '자립지원'을 지향하는 것이다. 이런 활동은 이대로 계속해 가는 한편, '노숙자나 광범위한 빈곤 하층민중을 만들어내는 신자유주의 경제나 정책을 정면에서 문제제기해야 한다'는 견해도 있다.

우리는 지금까지 일용노동자·노숙자운동 속에서 하층노동자에 대한 역사적인 노무지배와 기민정책(棄民政策)을 문제의식의 사상적 축으로 위치시키고, 현장에 의거한 당사자운동을 기반으로 삼는다. 한편 하층민중을 구조적으로 양산하고, 노동력의 이동·착취 시스템을 강화시키고, 잉여노동력[不要勞動力]을 기민[排除]하는 것에 저항하는 투쟁 또한, 이 같은 당사자 중심의 운동으로 자리 매김하려는 문화를 유지하고 있다. 요컨대, 우리의 '갖지 못한 자' 행동은, 이제까지 요세바 중심의 운동이 띠고 있었던 프롤레타리아 국제주의 흐름 속에 있다.[01] 따라서 그것은 일용노동자·노숙자운동의 틀을 뛰어넘는 보다 큰 운동 과제를 달성하기 위한 연대운동 모색이며, 아직 운동의 맹아조차 보이지 않는 새로운 하층민중에 대한 접근이며, 그리하여 노숙자운동만으로는 승리하지 못하는 기존 상황을 타파하기 위한 하나의 방향성이다.

개인적으로는 1999년에서 2000년에 '홈리스 대국'인 미국의 홈리스 지원활동을 보며 큰 위화감과 공감을 동시에 느꼈다. 미국에서는 많은 홈리스

---

01 요세바(寄せ場)의 프롤레타리아 국제주의의 사상에 대해서는 『야마, 당한 만큼 갚아줘라』(山谷, やられたらやりかえせ), 山岡强一, 現代 企劃室, 1996(山谷은 원래 '산야'로 읽지만, 영화의 경우 '야마'로 읽는다 — 옮긴이).

지원조직이 행정이나 재단의 자금을 제공받아 쉼터 운영과 직업훈련 등 자립지원 프로그램을 실행하고 있었다. 쉼터 측이 운영을 열심히 하고 있지만, 입소자들은 일자리를 구해도 형편상 다들 불안정한 저임금노동에 편입될 뿐이었다. 따라서 몇 년이 지나도록 쉼터에서 일터로 출퇴근하는 생활을 벗어나지 못하는 경우도 많다. 아무리 쉼터 사업이 확장되더라도 미국 사회가 그대로라면 본질적으로는 아무것도 바뀌지 않는다. 그 후 일본에서 시작된 노숙자운동을 둘러싼 사태는, 일본의 정치·경제가 미국 주도 신자유주의 정책으로 돌입하는 상황 속에서, 확실히 행정과 지원단체가 하나가 되는 미국적 지원활동과 비슷하게 전환했다. 그런 상황에 나는 위기감을 강하게 느꼈다.

한편, 미국에서도 그런 주류적 활동과는 뚜렷이 구별되는 활동이 행해지고 있었다. 시애틀이나 워싱턴의 WTO항의행동이나 게이·레즈비언 퍼레이드에 참여하는 젊은 지원자들은, 보호소에 들어가지 못하고 노상에 방치된 홈리스들에게 유기농 야채로 만든 음식을 제공Food Not Bounbs하거나 빈집점거 직접행동House Not Jails을 시도했다. 또 삐라를 뿌리며 당시의 이라크 경제제재 반대데모를 하던 홈리스 보호소는, 다양한 정치적 사안에 당사자를 중심으로 활발하게 대응하고 있었다(그 홈리스 보호소는 베트남 반전운동을 계기로 설립되었는데, 그들의 이야기에 따르면 베트남 귀환병사의 1/3이 홈리스가 되었다고 한다). 또한 워싱턴의 'CCNV' 02 Community for Creative Non-Violence 등이 그 예이다.

일본에서도 '홈리스'를 보호대상으로 하는 사업이나 '시민'을 대상으로 하는 계몽운동까지는 아니지만, 필연적으로 홈리스 문제를 안고 있는 사회로서 '과제횡단적인 연대행동'이나 민중운동이 반드시 필요하다고 느꼈다.

3. 2005년 이후의 대처와 NO-VOX와의 연대

이런 배경 속에서, 우리들이 '갖지 못한 자' 행동을 시작한 직접적인 계기는 2003년 1월 브라질 포르투알레그레에서 있었던 제3회 세계사회포럼의 '제1

---

02 http://users.erols.com/ccnv/GetInvolved.htm 참조. (옮긴이)

회 목소리 없는 자의 세계회의'이다. 그때 '갖지 못한 자'의 세계동시행동이
제기되었다. 이 세계회의를 준비한 것은, 프랑스의 DAL ^{Droit Au Logement} (주택의 권
리)이나 AC! ^{Agir Ensemble Contre le Chômage!} (실업에 저항해 투쟁을!), Droits devant!!⁰³ (권
리를 향해서 전진!!) 등의 새로운 사회운동단체와 브라질의 MNLM^{Movimento National}
^{pela Luta por Moradia}(거주를 위해 투쟁하는 전국운동), MST⁰⁴ ^{Movimiento de los Sin Tierra}(토지 없
는 농민운동) 등이었다. 그 회의에서 '목소리 없는 자'들의 투쟁조직과 운동
네트워크가 NO-VOX라는 이름을 얻었다. 이런 과정을 통해 그동안 우리 일
본의 '갖지 못한 자' 행동은 NO-VOX와 연관된 프랑스나 브라질 등의 사회
운동단체들과 교류하고 연대행동을 하면서 활동해 왔다.

'갖지 못한 자' 행동의 시작에 대한 상세한 내용과 2005년 전반까지의
활동에 대해서는 다른 글을 참조하라.⁰⁵ 2005년 후반부터의 활동은 다음과
같다.

* 2005년 11월 3일 '갖지 못한 자'의 국제연대행동(도쿄).
* 11월 14일 방리유 폭동에 관한 프랑스대사관 항의제기행동(도쿄).
* 11월 하순 APEC회의 반대행동(부산), 워크숍 'APEC과 빈곤, 한국정부
  의 빈민탄압'.
* 12월 중순 WTO각료회의 저항투쟁(홍콩), 구속자 발생.
* 12월부터 2006년 1월 홍콩의 시위탄압에 대한 긴급 항의집회, 일본 주
  재 중국대사관·영사관과 홍콩 경제무역대표부에 항의제기행동, 홍콩
  현지와의 동시연대행동(도쿄, 오사카).
* 1월 30일 우츠보(靭)공원, 오사카성(大阪城)공원에서 노숙자 강제퇴거
  에 대한 저항투쟁(오사카).
* 3월 하순 한국 다큐멘터리영화 「노가다」⁰⁶ 상영 활동(도쿄, 요코하마, 나
  고야, 교토, 오사카).
* 6월 15일 세계경제포럼 동아시아회의 항의행동(도쿄).
* 6월 15일 브라질대사관 항의제기행동(도쿄), 구속자 발생.

03 프랑스의 반실업운동단체. 자세한 설명은 http://www.ac.eu.org/ 참조. (옮긴이)

04 자세한 설명은 http://www.droitsdevant.org/ 참조. (옮긴이)

05 なすび, 「일용노동자·노숙노동자운동에서 나타난 반세계화투쟁」(日雇·野宿労働者運動から發する反グローバリゼーションの闘い),
『요세바』(寄せ場) 17·18 합본호, 日本寄せ場學會, れんが書房新社, 2005.

06 「노가다」, 감독·촬영·편집·각본 김미례, 제작 이진숙, 2005. 비정규직 중의 비정규직, 건설 일용직 노동자들의 문제를 다룬 작
품이다. (옮긴이)

*7월 3일 NO-VOX 프랑스 멤버를 환영하는 집회 "국경을 초월한 '갖지 못한 자'의 연대"(도쿄).

이와 같이 2005년 가을부터 2006년 여름에 걸쳐, 우리들은 마치 이벤트 집단처럼 직접행동이나 집회를 준비하고 때로는 참여하며 교류했다. 그 중 몇 가지는 NO-VOX와의 연대행동이었는데, 그 부분을 구체적으로 보고하려고 한다.

2005년 11월 3일 도쿄에서의 "'갖지 못한 자' 국제연대행동"을 전후한 시기, 프랑스에서는 폭동이 확산되고 있었다. 폭동은 프랑스 방리유의 저가 임대주택 지역에서 젊은 청년이 경찰의 부당한 검문을 피해 도망가다가 감전사한 사건을 계기로 일어났다. 일본에서 그 폭동은 빈곤과 실업으로 고통당하는 이민 2·3세에 의한 것으로 보도되었고, 11월 7일에는 알제리 독립투쟁 이후 처음으로 비상사태령이 선포되었으며, 폭력적인 탄압의 양상도 매스미디어를 통해서 알려졌다. 나의 경우, 구식민지에서 온 이민자를 둘러싼 문제가 프랑스에 존재한다는 '일반적 지식'이 있었고, 우카이 사토시(鵜飼哲)[07], 사카이 다카시(酒井隆史)의 저작[08] 등을 통해 프랑스 교외의 빈곤지역이 게토화되는 문제와 접하고는 있었다. 그러나 최근 프랑스의 새로운 사회운동에는 전보다 더 큰 관심을 가져왔기 때문에 폭동의 배경을 보다 구체적으로 알게 되었고, 그에 따라 충격은 커졌다.[09] 이 폭동에 대해 어떻게 대응하느냐에 따라 '갖지 못한 자' 행동의 의미를 찾을 수 있다고 느꼈다. 우리들은 NO-VOX에도 참여하는 교외 이민 젊은이로 구성된 운동단체 'MIB'가 제시한 성명서를 기초로 항의서를 작성하고, 11월 14일 프랑스대사관에 대해 항의 제기행동을 했다. 제기한 내용은 비상사태령을 철회하고 강권적 억압을 그만둘 것, 사르코지 내무장관은 책임을 지고 사임할 것, 배외(排外)와 인종주의를 선동하는 지금의 정책을 그만둘 것, 사회적 불평등, 실업, 빈곤과 사회적 배제라는 현 상황을 극복하기 위해 당사자가 참여해 문제해결을 모색할 것 등 네 가지였다. 프랑스가 아니라 굳이 일본에서 프랑스의 내무장관의 사임을 요구

---

07 鵜飼哲, 「프랑스의 이민운동과 문화 — 샤레프에서 크레피로」(フランスの移民運動と文化 — シャレフからクレイフイへ), 『저항에로의 초대』(抵抗への超克), みすず書房, 1997.

08 酒井隆史, 『자유론 — 현대성의 계보학』(自由論 — 現代性の系譜學), 靑土社, 2001.

09 이에 대한 상세한 내용은 본지에 실린 「대담 — 프랑스폭동, 어떻게 볼 것인가」 참조. (옮긴이)

할 때, '갖지 못한 자' 행동이 의미를 갖게 된다고 생각했다.

2006년 1월 오사카시는, '세계장미회의 오사카대회', '전국도시녹지화 오사카페어'의 개최를 구실로 우츠보공원과 오사카성공원의 노숙자를 대상으로 행정대집행 절차에 의한 강제퇴거를 강행했다. 이 강제퇴거에 대한 저항은 해당 공원 및 주변 공원에 살고 있던 노숙자 당사자와 활동가가 주축이 되어 전국적인 규모로 벌어졌다. 2월 8일 파리에서는, 이번 오사카에서의 강제퇴거에 항의해 프랑스 NO-VOX의 멤버 약 백 명이 일본 정부 관광국을 약 세 시간 동안 점거하고 대사와의 면담을 요구했다. 이에 일본대사관은 출입구를 완전히 폐쇄하고 기동대를 출동시켜 강제진압으로 대처했다.

6월 15일 오후부터는 브라질대사관에 대한 항의제기행동에 힘을 쏟았다. 브라질에는 국내 주변부나 다른 남미 국가들에서 돈벌이를 하러 왔다가 생활의 근거지와 살 곳을 잃은 사람들이 'MNLM'을 중심으로 빈집을 점거하여 생활하고 있다. 이번 행동은 브라질의 상파울루와 쿠리치바에서 정부의 강제퇴거를 앞두고 MNLM이 부르짖은 세계동시항의행동의 일환으로 행해졌다. 이 행동의 참여자들은 대사관 앞 도로에서 경찰에게 부당한 제지를 받았고, 그 중 한 명이 체포되었다. 이 탄압에 대한 정보는 같은 연대행동을 하고 있는 프랑스, 포르투갈, 브라질 등에 전달되었고, 각국에서 일본대사관에 대한 항의행동을 했다. 정도가 지나친 탄압이었으므로, 부당하게 체포되었던 사람들은 구류가 연장되지 않고 석방되었다. 그러나 '갖지 못한 자' 행동에 대한 경찰의 폭력적인 탄압은 급속도로 격화되어 갔다.

6월 30일부터 약 1주일 간, 프랑스의 활동가를 환영하는 몇 가지 행사를 하게 되었다. 참여한 사람은 DAL의 중심적 활동가인 부노와트 뷰로[Benoîte Bureau], NO-VOX의 이데올로그인 미겔 베나사야그[Miguel Benasayag]와 앙젤리크 델레이[10][Angelique del Rey]이다. 그들은 7월 1일과 2일에 도쿄 프랑스어학원에서 열린 행사 "그럼에도 불구하고: 갖지 못한 자들의 권리를 향한 저항, 일본과 프랑스"에 초대되어 일본에 왔고, 우리가 주최하는 집회나 현장교류회에도 열정적으로 참여했다. 또한 그들은 7월 5일 오사카 시청에 대한 강제퇴거 항의행

---

10 이들의 활동은 Resister Malgre Tout(그럼에도 불구하고, 저항하라). http://malgretout.collectifs.net. 참조.

동에 합류하고 시장실 앞 연좌시위에도 참여해서, 그 모습이 신문에 보도되었다.[11] 이 일련의 활동 속에서 우리들은 프랑스에서의 빈집점거투쟁이 가능한 조건, 구체적이고 일상적인 대처방식의 내용, NO-VOX 운동의 방향성 등 다양한 정보와 몇 가지 시사점을 얻을 수 있었다.

이제부터는 우리들 '갖지 못한 자' 행동의 과제에 대해, 프랑스의 활동을 참조하면서 정리하려고 한다.

4. '갖지 못한 자'의 주체를 어떻게 만들 것인가?

'갖지 못한 자'라는 자기규정이 자신도 '사회적 배제'를 당한 자 중 한 명이라고 파악하는 것인 한, 얼마나 그러한 계급을 의식하는 운동주체로 구성될 수 있는가를 먼저 물어야 한다. 현재 상황을 말하자면 이러한 문제의식을 공유하는 참가자, 특히 그 중에서도 노숙자운동에 관계된 활동가 중 일부가 행동을 기획하고 그때마다 관련된 영역에 참가를 호소하는 실정이다. 이 '갖지 못한 자' 행동에서 나타난 주체의 문제를 파악하려면, 다음과 같은 점부터 살펴 보아야 한다. ①노숙자운동이나 이주노동자운동 등 각기 다른 과제를 가진 현장에서 당사자와의 관계, ②각 운동부문 간의 연대, ③기존 운동의 손이 미치지 못했던 영역들의 연대가 그것이다.

각 현장에서 당사자들과의 관계라는 문제는 다음과 같다. 노숙자 커뮤니티나 이주노동자의 일상 활동에서 '갖지 못한 자' 행동이 자리를 잡아 가고 있는가 하는 점이다. 노숙자 커뮤니티의 경우, 강제퇴거 같은 위기가 닥쳐 올 때는 일상적인 상호부조를 넘어선 강력한 조직력이 발휘되지만, 한번 그 위기를 넘기면 다시 침체되곤 한다. 실제로 그날그날의 생활에 급급한 것이 노숙자의 실정이다. 취업 문제나 사회보장을 포함한 일상적인 운동을 어떻게 구성하며 커뮤니티를 발전시켜 갈 것인가라는 문제는 노숙자운동 현장에서 항상 과제가 되고 있다. 특히 노숙자 당사자에겐 '거시적으로 보고 일을 계획

---

11 『아사히 신문 간사이 판』(朝日新聞関西版), 2006년 7월 5일.

한다'는 식의 동기부여가 결코 높지 못하다. 결국 현장과 괴리된 '활동가의 자기선전'에 그치고 만다.

또한 각 운동 부문 간 연대라는 점에서 일상적인 공동활동은 힘들지만, 쟁의나 요청행동 등 각 현장행동에 대한 상호지원은 가능할까? 그리고 시위 등의 대외적인 공동행동을 조직하는 것이 가능할까? 즉, 그 정도의 관계성이 만들어지고 있냐는 문제가 있다. 현재는 아직 '갖지 못한 자' 행동 실행위원회가 운동단체가 아닌 개인의 집합이기 때문에, 그 개인 스스로가 자신이 기반으로 하는 운동부문에서 주체적으로 운동을 제기해야 하는 상황이다. 쟁의나 요청행동 등 현장에 대한 상호지원이나 공동행동은 '논리'로는 좀처럼 성립되기 힘들다. 그 상호지원이나 공동행동들을 가능하게 하는 것은 어디까지나 인간관계이므로, 호소할 수 있는 연결고리를 공들여 만드는 것이 필요하지 않을까?

이런 점에 관해서 집회 "국경을 초월한 '갖지 못한 자'의 연대"에서의 질의응답 시간에 프랑스의 사례가 소개되었다. 예를 들어, NO-VOX가 오사카에서 행해진 강제퇴거에 항의해 프랑스에 있는 일본대사관에 항의행동을 할 때에도, 일본의 상황이나 자신들이 연대행동을 하는 의미 등을 충분한 시간을 걸쳐 토의했다고 한다. 1997년에 있었던 실업자 '유로마치' Euro March 등도 준비 과정에서 충분한 토의를 거친 결과 가능했던 것 같다. 다시 말해 어느 정도 충분한 토의를 거치면 제각각의 과제를 가진 운동 하나하나가 모두 '갖지 못한 자' 행동에 속한다는 것을 자각하게 되어, '각 과제를 초월한 연대' 따위는 특별히 의식하지 않아도 되지 않을까? 또한 프랑스에서 빈집점거를 하는 사람들 중에는, 이른바 일본의 노숙자같은 사람 뿐 아니라 차별대우를 받는 이민자 가족이나 이주노동자도 많다. 때문에 프랑스에서는 '빈집점거' 자체가 다양한 배경을 가진 사람들, 혹은 각 운동 과제들, 공동의 직접행동이라고 할 만한 측면이 있다. 일본에서는 애당초 도시에 빈집 자체가 적고 경찰의 대응이나 여론의 동향도 전혀 다르기 때문에, 프랑스 같은 빈집점거는 구상하기 어렵다. 하지만 의미를 부여하자면, 공원이나 개천가에 있는 노숙자 천막은 프랑스와 마찬가지로 '점거투쟁'이라고 할 수 있지 않을까? 우리들은 '갖지 못한 자' 공동의 '장'을 어떻게 구상해 갈 수 있을까?

5. 조직되지 않은 '갖지 못한 자': 홈리스-프리타

그러나 가장 심각한 것은 분명 시장지상주의하에서 억압받고 있으면서도 운동이 일어나지 않는 영역의 문제다. 예를 들면, 프리타로 불리는 청년 노동자의 상황은 매스미디어에서 소개되고 있는 것과 다르다. 즉, 프리타들 중에는 일정한 저축이 있는 '단카이(団塊)세대'[12]인 부모에게 얹혀사는 사람들(패러사이트족)만 있는 것은 아니다. 우리들이 운동을 하면서 만난 젊은 프리타들은 오히려 홈리스 상황에 있는 경우가 많았다.

주로 일용직 건설노동으로 생활하는 젊은이들은 개인적인 연줄에 기대어 노무자 합숙소를 전전하다가, 합숙소에서 나오면 공원 등에서 일시적으로 노숙을 한다. 그러나 나이가 많은 사람들보다는 일터에 취직하기가 쉽고, 본래는 '노숙자 대책'인 '자립지원사업' 등을 활용하여 공공 직업안내소를 통한 취업도 비교적 용이한 편이다. 물론 불안정고용이라는 점은 변하지 않지만. 우리는 운동 중에서 이러한 일용노동으로 살아가는 젊은 노동자들을 자주 만나게 됐다.

유아사 마코토(湯淺誠)는 노숙자의 아파트 입주 시 연대보증인의 알선을 주선하는 NPO, 자립생활서포터센터에서 일하고 있다. 프랑스 활동가를 초청한 도쿄 프랑스어학원에서 열린 행사에서 유아사 마코토는 지금까지 말한 젊은 노동자와도 다른, 즉 홈리스-프리타라고 불릴 수 있는 새로운 노동자군에 대해 발표했다.[13] 이 새로운 노동자군이란 가령 만화카페의 개인실인 '야간 패키지'를 이용하며 살고, 그곳에서 인터넷을 사용해 구인란을 뒤지는 프리타들이다. 이 '야간 패키지'에는 숙박을 염두에 둔 도시락이나 샤워실까지 갖추어져 있다. 또한 기존 빌딩이나 아파트 맨션을 고쳐 프리타 대상의 숙박

---

12 단카이(団塊)세대: 일본어로 '뭉치, 덩어리'를 뜻하는 단카이세대는 1948년을 전후한 즉, 출생률이 폭발적으로 증가한 시기에 태어나 1960~70년대의 학생운동을 경험하고 고도성장기에 기업에 입사해 일본의 경제성장을 주도했던 세대이다. 2008년 현재에는 대량으로 정년 퇴직을 앞두고 있다. '단카이'라는 용어는 사카이야 다이치(堺屋太一)의 소설 『단카이의 세대』(団塊の世代; 1976)에서 비롯됐다. (옮긴이)

13 이와 같은 내용은 다음을 참조. 湯淺誠, 「생활이 곤궁한 프리타들의 '임금과 사회보장'」(生活困窮 フリーター たちの '賃金と社会保障'), 『임금과 사회보장』(賃金と社会保障), 1416호, 2006년 4월.

시설로 만든 '레스트 박스'[14]Rest box를 이용하는 젊은이도 많다고 한다.

그 회사 홈페이지에는 "프리타, 구직자, 자유인에 한해 하루 숙박을 무료로 제공합니다. 또한 2일 이상(장기도 가능) 이용하실 시, 당사의 멤버로 등록(무료)을 하시면, 자유로이 이용하실 수 있습니다"라고 적혀 있다. 더욱이 그 회사는 토목건설 공사에서 필요한 단순노동을 제공하는 하청업을 하고 있다. 일자리가 없는 숙박자에게 일자리 알선도 겸하고 있는 것이다(회사 내 용어로는 '컨스트럭션construction 사업'이라고 하는 듯하다). 바로 이렇게 홈리스-프리타를 이용해 인부를 공급하는 노무자 합숙소가 전철 야마노테(山手)선 대부분의 역 근처에 형성되어 있다. 아무리 세련된 이름을 사용한 벤처기업이라 하더라도 인부를 공급하는 노무자 합숙소에선 노동 문제가 생기지 않을 수 없다. 그렇지만, 이러한 만화카페나 숙박시설에서 살아가는 젊은 노동자들은 대개 현재 운동의 틀에서는 누락되어 버린다. 재빨리 수요를 감지해 어떤 것이든 돈벌이의 찬스로 바꾸어 순식간에 시장을 확장하는 만화카페나 기업은, 유감스럽게도 둔중한 운동의 행보와 명백하고 좋은 대조가 된다.

사쿠라다 가즈야는 우리가 주목해 온 프랑스를 중심으로 한 일련의 새로운 사회운동을 프레카리아트[15]를 주체로 한 운동이라는 관점으로 다시 정리한다.[16] 따라서 분명하게 우리들이 공동 목표로 했던 97년 '유로마치'는 "실업과 사회적 지위의 불안정화에 반대해 사회적 유럽을 요구하는 유럽대행진"이라는 명칭을 달고 있었다. 이 모든 '불안정'이 바로 '프레카리아트'이며 그것은 일본에서 말하는 불안정취업이라는 의미뿐만 아니라 '장기적 생활 계획·전망을 세우지 못하는'이라는 뉘앙스가 있다. 이런 점을 알게 된 것은 이번 프랑스 활동가를 초대해 개최한 프레카리아트 학습회에서였다(강사는 이나바 나나코).

이런 점들을 생각해 보면, 우리들의 '갖지 못한 자' 행동의 주체는 기존 운동의 집합체이기 때문에, 프랑스 사회운동의 주체들보다 협소할 수밖에 없다. 유아사 마코토가 보고한 홈리스-프리타야말로 전형적인 프레카리아트이며, '갖지 못한 자' 행동의 주체로 위치시켜야 한다. 그렇다곤 해도 단지 일

---

14 (주)엠크루(M. crew). 노상생활 경험이 있는 경영자가 노상생활을 하는 사람들을 위해서 만든 주거사업. 자세한 설명과 사진은 이 회사 사이트를 참고할 것. http://www.restbox.net/pc/ (옮긴이)

15 최근 몇 년 동안 유럽과 남미의 신좌파운동가들 사이에서 제시된 개념으로 연금, 의료보험, 평생 일자리 보장 등의 사회보장제도의 기반이 흔들리고 있는 상황에서, 이렇게 변화하고 있는 자본주의사회에 대항하고자 하는 운동과 관련된다. (옮긴이)

16 櫻田和也, 「프레카리아트 공모 노트」(プレカリアート 共謀ノート), 『임팩션』(インパクション), 151호, インパクト出版會, 2006.

본의 홈리스-프리타만을 위해 전담 활동가를 두는 것은 곤란하다. 최소한 여태까지 '갖지 못한 자' 행동에 참여했던 다양한 운동 영역의 경험을 결합해 결국엔 표면화될 수밖에 없는 홈리스-프리타의 노동 문제나 사회보장 문제를 강력하게 서포트하는 체제가 필요할 것이다.

6 . 마 치 며 : 반 권 력 의   리 좀

프랑스에서 온 초청자 중 한 사람인 미젤 베나사야그는 최근의 프랑스 사회운동이나 NO-VOX의 운동을 설명하면서, 저서 『반권력 — 잠재세력에서 창조적 저항으로』[17]에서 다음과 같이 서술하고 있다.

> 여기저기서 무수한 연대와 집단이 일어나서 진정한 네트워크와 권력에 대한 물음을 탈중심화하고, 그렇지만 그것을 부정하는 것은 아닌 새로운 전복적 주체성의 한가운데서 '반권력의 리좀'을 전개시킨다.

앞서 서술한 홈리스-프리타롤 고객으로 한 경영의 확대에는 감탄을 금할 수 없다. 노숙자들에게서 알루미늄 깡통을 회수하는 업자도 마찬가지인데, 인간이 필사적으로 살길을 찾아 헤매는 곳에는 반드시 그것을 돈벌이의 찬스로 생각하는 사람들이 손을 뻗쳐 순식간에 시장을 넓혀간다. 이것이 지배구조 리좀의 일단이라면, '갖지 못한 자'들이 삶을 영위하는 것이란 아무리 배제되고 주변화되어도 새로운 지배를 비대화시키는 데 공헌할 뿐이라는 느낌조차 든다. 그렇다면 확실히 우리들 '갖지 못한 자'의 투쟁도 수목형의 관계성이 아니라 베나사야그가 말하는 것처럼 '(대항권력이 아닌)반권력의 리좀'이어야, '지배구조 리좀'에 대항할 수 있지 않을까. 다시금, '연대행동'의 방향성과 내용에 대해 물음이 제기되고 있다.

---

17 Miguel Benasayag & Diego Sztulwark, 松本潤一朗 譯, 『반권력 — 잠재세력에서 창조적 저항으로』(反權力 — 潛勢力から創造的 抵抗へ), ぱる出版, 2005.

반권력의 리좀, '갖지 못한 자' 의 국제연대행동 모색

저 · 역 자 소 개

1 부 전 선 에 대 한 질 문

1-1 「기념의 역사에서 질문의 역사로—87년 이후 한국 사회와 사상의 변화」

이진경   현재 공부하는 이들의 '코뮨'인 '연구공간 수유+너머'에서 자본주의의 외부를 사유하고 실험하고 있으며, 박태호라는 이름으로 서울산업대 교양학부에서 강의하고 있다. 『철학의 외부』 (2002), 『노마디즘』(2002), 『자본을 넘어선 자본』(2004), 『미-래의 맑스주의』(2006) 등을 썼다.

1-2 David Graeber, "Revolution in Reverse — or on the Conflict between Political Ontologies of Violence and Political Ontologies of the Imagination", Anachist Infoshop

데이비드 그레이버(David Graeber)   인류학자. 영국 런던대학 골드스미스 칼리지(Goldsmith College)의 전임강사이다. 지은책으로는 『가능성들 : 위계, 반란, 그리고 욕망에 대한 논문들』 (*Possibilities: Essays on Hierarchy, Rebellion, and Desire*, 2007) 등이 있다.

황희선   생물학을 공부했었고 지금은 인류학을 공부하고 있다. 가장 큰 연구 관심사는 인류학의 연구 방식과 정치철학적 사유를 결합해서 비인간과 정치의 문제를 새롭게 제기하는 것이다. '수유+너머' 동료들과 함께 코뮨주의적 삶을 실험하고 있으며, 관심 있는 정치 현안에 대해 활동가 친구들과 직접행동을 기획하기도 한다.

1-3 Ramón Grosfoguel, "Les Implications des altérités épistémiques dans la redéfinition du capitalisme global : transmodernité, pensée-frontalière et colonialité globale", *multitudes*, No. 26

라몬 그로스포구엘(Ramon Grosfoguel)   버클리대학 민족학(Ethnic Studies) 교수. '치카노' (Chicano) 관련 연구를 담당하고 있다. 지은 책으로 『식민의 주체 : 세계적 관점에서의 푸에르토리코인』(*Colonial Subjects: Puerto Ricans in a Global Perspective*, 2003) 등이 있다.

현민   서울대 사회복지학과를 졸업했으며, 같은 대학 사회학과 대학원을 다니고 있다. 함께 지은 책으로 『소수성의 정치학』(2007), 『모더니티의 지층들』(2007) 등이 있다. 미시정치와 관련된 장애운동, 성소수자운동에 관심이 많다.

1-4 Maurizio Lazzarato, "Garantir le revenu : une politique pour les multitudes", *multitudes*, No. 8

마우리치오 랏차라토(Maurizio Lazzarato)   1980년대 초에 프랑스로 망명하여 파리 제8대학에서 커뮤니케이션 패러다임, 정보기술 그리고 비물질적 노동을 주제로 박사학위를 받았다. 『멀티튜드』지의 창간 발기인이자 편집인으로 활동하고 있다. 지은 책으로는 『발명의 힘들』(*Puissances de l'invention*, 2002), 『자본주의의 혁명』(*Les révolutions du capitalisme*, 2004) 등이 있다.

조성천　연세대 불어불문학과를 졸업하고, 파리 4대학에서 불문학을, 파리 3대학에서 공연예술학을 공부했다. 옮긴 책으로 『아주르와 아스마르의 이슬람 박물관』(2007)이 있다.

2부 대중의 추방

2-1 笹沼弘志, 「ホームレス, または世界の喪失」, 『現代思想』, 34卷 9號, 2006年 8月

사사누마 히로시(笹沼弘志)　시즈오카(樫屬)대학 교육학부 교수이며 헌법학을 전공하고 있다. '노숙자를 위한 시즈오카 패트롤' 사무국장으로서 노숙자, 생활곤궁자의 지원활동을 펼치고 있다.

김영수　서울대 법대 졸업. 은행을 정년퇴직한 후, '수유+너머' 일본근대사상사 팀과 '일본잡지읽기' 세미나팀*에서 활동 중이다. 『삼취인경륜문답』(2005), 『일본 근대 사상사』(2006) 등을 함께 옮겼다.

2-2 西澤晃彦, 「貧者の領域」, 『現代思想』, 33卷 1號, 2005年 1月

니시자와 아키히코(西澤晃彦)　일본 도요(東洋)대학 사회학부 교수이며 도시론을 연구하고 있다. 지은 책으로 『은폐된 외부―도시 하층의 에스노그라피』(隠蔽された外部―都市下層のエスノグラフィー, 1995), 『도시의 사회학』(都市の社會學, 2000) 등이 있다.

남효진　서울대 의류학과와 방송통신대 일본학과를 졸업했다. '일본잡지읽기' 세미나팀에서 활동 중이며, 『반일과 동아시아』(2005), 『확장하는 모더니티』(2007) 등을 함께 옮겼다.

2-3 德永理彩, 「ケア労動のグローバルな供給回路」, 『現代思想』, 31卷 6號, 2003年 5月

도쿠나가 리사(德永理彩)　호주 국립대학(ANU) 박사과정으로 '이민과 난민'을 주제로 연구중이다.

강현정　가톨릭대 심리학과/일어일본문화학과 전공. 퍼블릭 액세스 미디어 운동에 관심이 많다. 현재 시민방송 RTV에 방송되는 독립영화 소개 프로그램인 「영화, 날개를 달다」를 제작하고 있으며, 2001년부터 꾸준히 독립영화 작업을 하고 있다. '수유+너머'의 '일본잡지읽기' 세미나팀에서 활동 중이다.

2-4 海妻径子, 「「対抗の場」と「再生産」の保障」, 『IMPACTION』, 158號, 2007年 7月

가이즈마 게이코(海妻径子)　이와테(岩手)대학 인문사회과학부 국제문화과정 준교수이다.

강현정　퍼블릭 액세스 미디어 운동에 관심이 많다. '수유+너머'의 '일본잡지읽기' 세미나팀에서 활동 중이다.

---

* '일본잡지읽기' 세미나팀은 『현대사상』, 『임팩션』, 『vol』 등 진보적인 일본잡지 최신호를 번역하고 읽는 모임이다. 잡지를 통한 담론생산이 활발한 일본의 특성을 공략, 프랑스 폭동, 흘리스, 프리타, 동아시아 사상, 복지, 생명, 재일(在日), 글로벌리즘 등 다양한 주제를 다루고 있다. 번역한 글은 세미나 시간에 수정해, 누구나 볼 수 있도록 사이트에 올리고 있다. 풍부한 배경지식을 자랑하는 남효진, 번역의 오류를 용서치 않는 김영수 두 분이 세미나의 베테랑 멤버이며, 강현정(독립영화), 오영태(일본근대사), 성인모(건축), 한윤애(동아시아 영상이론), 최성연(철학 전공) 등이 참여하고 있다. 현재 일본에 거주하면서 정보와 책을 제공해주는 회원으로 신지영(한국근대문학), 김우자(사회학), 윤여일(사회학)이 있다. www.transs.pe.kr/japan

3 부 추 방 된 자 들 의 동 맹

3-1 鵜飼哲 · 平野千果子 · 森千香子 · なすび, 「フランス暴動をどう見るか」, 『現代思想』, 2006年 2月(臨時增刊號)

우카이 사토시(鵜飼哲) 프랑스 문학과 사상을 전공했으며, 현재 일본 히토쓰바시(一橋)대학 교수이다. 지은 책으로 『응답하는 힘』(應答する力, 2003) 등이 있다.

히라노 치카코(平野千果子) 프랑스제국사를 전공했으며, 일본 무사시(武藏)대학 인문학부 교수이다. 지은 책으로 『프랑스식민지주의의 역사』(フランス植民地主義の歷史, 2002) 등이 있다.

모리 치카코(森天香子) 사회학을 전공했으며 일본 난잔(南山)대학 프랑스학과 강사로 있다.

나스비(なすび) 산야노동자복지회관 활동위원회에서 활동하면서 『현대사상』, 『임팩션』, 『계간 Shelter-less』 등에 글을 기고하고 있다.

남효진 서울대 의류학과와 방송통신대 일본학과를 졸업했다. '일본잡지읽기' 세미나팀에서 활동 중이며, 『반일과 동아시아』(2005), 『확장하는 모더니티』(2007) 등을 함께 옮겼다.

3-2 伊藤公雄, 「聖プレカリオの降臨」, 『IMPACTION』, 151號, 2006年 4月

이토 기미오(伊藤公雄) 교토(京都)대학 문학부 문학연구과 교수로 있으며 미디어 · 젠더 · 문화를 연구하고 있다. 현재 『임팩션』 편집위원으로 활동하고 있다. 지은 책으로 『남성학 입문』(男性學入門, 1996) 등이 있다.

신지영 연세대 국어국문학과 박사과정에 있으며 「'대한민보' 연재소설의 담론적 특성과 수사학적 배치」로 석사학위를 받았다. 함께 지은 책으로 『소수성의 정치학』(2007), 『일제 식민지 시기 새로 읽기』(2007) 등이 있다. '일본잡지읽기' 세미나팀의 회원으로 현재 일본에 거주하면서 세미나팀의 활동을 돕고 있다.

3-3 なすび, 「反勸力のリゾーム としての『持たざる者』の國際連帶行動」の摸索」, 『現代思想』, 34卷 9號, 2006年 8月

나스비(なすび) 산야노동자복지회관 활동위원회에서 활동하면서 『현대사상』, 『임팩션』, 『계간 Shelter-less』 등에 글을 기고하고 있다.

신지영 '일본잡지읽기' 세미나팀 회원으로 현재 일본에 거주하며 세미나팀의 활동을 돕고 있다.